Appunto 2

Unterrichtswerk für Italienisch

C.C. Buchner

Appunto

Unterrichtswerk für Italienisch
Herausgegeben von Andreas Jäger und Karma Mörl

Appunto 2

Erarbeitet von Michaela Banzhaf, Verena Bernhofer, Alessandra Bianchi,
Marco Depietri, M. Cristina Fronterotta, Luciana Gandolfi, Ursula Hoffmann,
Andreas Jäger, Karma Mörl, Anneliese Pohl und Theo Stoltenberg

Bildnachweis:
Bildagentur Schapowaldow, Hamburg – S. 112; Cinetext, Frankfurt – S. 44; dpa Picture-Alliance GmbH, Frankfurt – Einband, S. 19, 25 (3), 31, 44 (3), 51 (2), 61 (2), 67, 74 (6), 83, 84, 85 (5), 86, 97 (2), 103, 105 (2), 106, 111, 131; Luciana Gandolfi, München – S. 68 (6), 69 (2), 75 (4), 76 (2), 78, 122 (3), 123, 125 (3), 130, 131, 138, 139 (3); Kartographie Huber, München – S. 19, 48, 68, 84, 104, 112, 119, 122, 123; Caroline Meidenbauer, Bamberg – S. 25, 36, 39, 46 (3), 123 (3), 125, 130 (3), 131 (3), 132 (3); Karma Mörl, München – S. 24, 56, 94, 116, 127, 128; Scala, Antella – S. 25, 97; Sonja Schmiel, Genua – S. 27, 28, 37 (6); Peter Weigelt, Hirschaid – S. 18; Wolterfoto/ Joern Wolter, Bonn – S. 60

Trotz entsprechender Bemühungen ist es uns nicht in allen Fällen gelungen, den Rechtsinhaber ausfindig zu machen. Gegen Nachweis der Rechte zahlt der Verlag für die Abdruckerlaubnis die gesetzlich geschuldete Vergütung.

Dieses Werk folgt der reformierten Rechtschreibung und Zeichensetzung. Ausnahmen bilden Texte, bei denen künstlerische, philologische oder lizenzrechtliche Gründe einer Änderung entgegenstehen.

1. Auflage 1 ⁵⁴³ 2015 13 11
Die letzte Zahl bedeutet das Jahr des Druckes. Alle Drucke dieser Auflage sind, weil untereinander unverändert, nebeneinander benutzbar.

© 2007 C.C. Buchners Verlag, Bamberg
Das Werk und seine Teile sind urheberrechtlich geschützt. Jede Nutzung in anderen als den gesetzlich zugelassenen Fällen bedarf der vorherigen schriftlichen Einwilligung des Verlages. Das gilt insbesondere auch für Vervielfältigungen, Übersetzungen und Mikroverfilmungen. Hinweis zu § 52a UrhG: Weder das Werk noch seine Teile dürfen ohne eine solche Einwilligung eingescannt und in ein Netzwerk eingestellt werden. Dies gilt auch für Intranets von Schulen und sonstigen Bildungseinrichtungen.

www.ccbuchner.de

Gestaltung: Artbox Grafik & Satz GmbH, Bremen
Umschlagmotiv: Matera, Basilicata
Illustrationen: Svetlana Gilenko, Ulm
Druck: Creo Druck & Medienservice, Bamberg
Bindearbeiten: Stürtz GmbH, Würzburg

ISBN 978-3-7661-**4982**-4

Liebe Schülerinnen und Schüler, cari appuntisti!

Mit *Appunto 2* setzt ihr euren Italienischlehrgang im zweiten Lernjahr fort. Zur Einleitung hier noch einige grundlegende Informationen zu eurem Buch:

Appunto 2 umfasst acht Lektionen: In den ersten sieben Lektionen werdet ihr eine virtuelle Reise von Nord nach Süd durch ausgewählte Regionen Italiens machen; Lektion 8 schließlich fasst Wesentliches noch einmal in einem Spiel zusammen. Die Lektionen 1–7 bestehen jeweils aus drei Abschnitten, **A**, **B** und **C**; während die Abschnitte A und B neue Grammatik beinhalten, werden im Abschnitt C landeskundliche Aspekte und literarische Texte präsentiert, ohne dass unbekannte grammatische Phänomene eingeführt werden.

Jeder Lektion vorgeschaltet ist ein sogenannter *Ingresso*, der in die Bearbeitung der Lektion einführt. An jeden Textabschnitt schließen sich Übungen **E** *(esercizio)* an, ein **G** *(grammatica)* verweist auf den zugehörigen Paragraphen im Grammatikteil hinten im Buch.

Zusätzlich zur lektionsbegleitenden neuen Grammatik findet sich in *Appunto 2* eine Zusammenstellung der Grammatik aus dem ersten Lernjahr in Themenbereichen, so dass ihr jederzeit nachschlagen und eure Kenntnisse auffrischen könnt. Außerdem wurde eine Liste mit den schon bekannten unregelmäßigen Verben eingefügt.

Nicht der ganze Grammatikstoff des zweiten Lernjahres muss jedoch **aktiv** beherrscht werden. Die Phänomene, die ihr zwar erkennen und verstehen sollt, aber noch nicht aktiv anwenden müsst, sind in der Grammatik als **rezeptiv** gekennzeichnet.

Innerhalb jeder Lektion befinden sich neben den Texten und Übungen kleine, nützliche Extras, die ihr an folgenden Zeichen erkennen könnt:

SECONDO TE, CHE COS'È ?

Hier findet ihr Fotos von Gegenständen aus dem alltäglichen Leben, die euch vielleicht nicht bekannt sind. Versucht gemeinsam herauszufinden, was sie bedeuten bzw. wozu sie verwendet werden.

INFO

Diese Abschnitte enthalten Sachinformationen zur Erweiterung eures Hintergrundwissens zu Italien.

In den Lektionen und Übungsteilen begegnen euch außerdem folgende Zeichen, die euch auf bestimmte Arbeitsformen hinweisen:

 Dieser Text liegt auch als Hörtext auf CD vor. Das Symbol kennzeichnet zudem alle Hörverstehensübungen.

 Hierbei handelt es sich um einen Lesetext.

 Hier handelt es sich um eine Partnerübung.

 Diese Aufgabe sollte schriftlich ausgeführt werden.

 Achtung Baustelle! Wo Salvatore auftaucht, muss gearbeitet, d. h. meist aus einem vorangegangenen Text eine grammatische Regel ermittelt werden.

 Hier arbeitet ihr am besten in einer Gruppe zusammen.

 Hier handelt es sich um ein Rollenspiel.

Nach den Lektionen 2, 4 und 6 findet ihr jeweils zusätzliche Seiten, **Strategie** genannt, auf denen einige besonders wichtige Fähigkeiten vorgestellt werden, die ihr als Schülerinnen und Schüler im Rahmen eures Italienischunterrichts erwerben sollt, um innerhalb wie außerhalb des Schulunterrichts besser bestehen zu können.

Und nun viel Vergnügen und viel Erfolg bei der Erweiterung und Vertiefung eurer Italien- und Italienischkenntnisse! Forza ragazzi!

Euer *Appunto*-Team

Inhalt

Vorwort/Wegweiser — 3

		Kommunikative Ziele	Grammatik	Seite
Lezione 1	**In vacanza con gli amici**			7
A *Tutti a Gardaland ...*		über Zukünftiges sprechen	Futur I, Verneinung II (zweiteilig)	10
B *... e in Val d'Aosta*		Möglichkeiten erörtern persönliche Vorlieben artikulieren	Konditional I · rezeptiv Relativpronomen **chi**, **il quale**	18
C *Un simbolo dell'industria italiana*		sich zu gesellschaftlichen Veränderungen äußern		25
Lezione 2	**Due facce della Liguria**			27
A *Il festival di Sanremo*		eigene und fremde Meinungen wiedergeben	Konjunktiv Präsens	30
B *Genova, la superba*		Zustände und Befindlichkeiten beschreiben	Bildung des Adverbs auf -mente	37
C *Due genovesi famosi*		über berühmte Persönlichkeiten sprechen		44

Strategie 1
Strategia 1a: Informarsi e fare ricerche, presentare i risultati — 45
Strategia 1b: Preparare un viaggio in Italia, prenotare un albergo — 46

		Kommunikative Ziele	Grammatik	Seite
Lezione 3	**Nel cuore verde dell'Italia**			47
A *Giochiamo al "Chi è"?*		außergewöhnliche Verhaltensweisen beschreiben	Steigerung und Vergleich von Adjektiven und Adverben	49
B *Il Parco Nazionale d'Abruzzo*		Vorgänge wiedergeben	indirekte Rede I · rezeptiv il trapassato prossimo	57
C *Il cantico delle creature*				64

Inhalt

Lezione 4	Gente di terra, gente di mare		67
A *Intervista a una famiglia che abita in un trullo*	Gepflogenheiten schildern Vorgänge beschreiben	si impersonale, si passivante	69
B *Le isole Tremiti*	Örtlichkeiten charakterisieren		75
C *Clandestini, emergenza sbarchi*	Zusammenfassungen vornehmen, Fakten wiedergeben		79

Strategie 2
Strategia 2a: Scrivere una lettera a una scuola italiana e fare domanda per un soggiorno più lungo sulla base di uno scambio individuale con una ragazza italiana — 80
Strategia 2b: Leggere e capire un testo italiano con l'aiuto di un dizionario italiano-tedesco, marcare i punti più importanti e presentarli in tedesco — 82

Lezione 5	... alla napoletana		83
A *Se volete conosecere più da vicino i napoletani, vi presento ...*	Personen beschreiben und charakterisieren Möglichkeiten und Bedingungen erörtern	Bedingungssätze Teil 1	86
B *Il caffè sospeso*	Örtliche Gepflogenheiten erklären irreale und hypothetische Vorstellungen artikulieren	Konjunktiv Imperfekt, Bedingungssätze Teil 2	91
C *Lettura*	Lo strillone		101

Lezione 6	Divi di ieri e di oggi		103
A *Due eroi*	Vergangenes erzählen	rezeptiv Passiv	105
B *A Matera, città dei 'sassi'*	Vorschläge machen, Abmachungen treffen	kombinierte Objektpronomen	111
C *Minoranze linguistiche*	Sachinformationen entnehmen und zusammenfassen		117

Strategie 3
Leggere e capire testi letterari, parlarne e trovare il significato di vocaboli sconosciuti — 119

cinque 5

Inhalt

Lezione 7	Terra di sale e di sole		121
A Sardegna: un'isola con tante facce	Charakteristika und Besonderheiten beschreiben und hervorheben	rezeptiv die Hervorhebung	124
B La Sicilia nelle sue città	Örtliche Besonderheiten beschreiben über persönliche Erfahrungen in einem fremden Umfeld berichten	die Konjunktionen	130
C Cocktail con la frutta siciliana			136

Lezione 8	Il Sentiero Italia		137
	Spielregeln und konkrete Handlungs- anweisungen formulieren		

Grammatica	141
Systematische Übersicht zur Grammatik in Appunto 1	141
1. Aussprache und Betonung	141
2. Das italienische Alphabet (l'alfabeto italiano)	144
3. Die Artikel (gli articoli)	144
4. Die Substantive (i sostantivi)	147
5. Die Adjektive (gli aggettivi)	149
6. Die Pronomen (i pronomi)	151
7. Die Adverbien (gli avverbi)	162
8. Die Verben (i verbi)	164
9. Die Zahlen (i numeri)	172
10. Die Verneinung (la negazione)	175
11. Die Präpositionen (le preposizioni)	175
Grammatica Appunto 2	176
Lektionsbegleitende Grammatik zu den Lektionen 1–7	176
Die unregelmäßigen Verben (i verbi irregolari)	199
Vocabolario lezioni 1–8	206
Alphabetisches Vokabelverzeichnis	243

Lezione 1

In vacanza con gli amici

Ingresso

Tre percorsi per vivere indimenticabili emozioni:
Adventure, Fantasy o Energy

http://www.gardaland.it

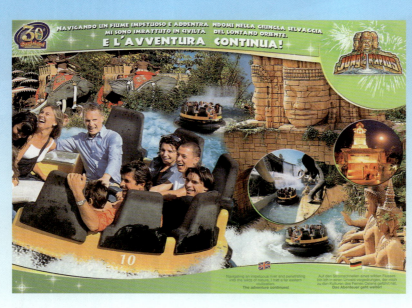

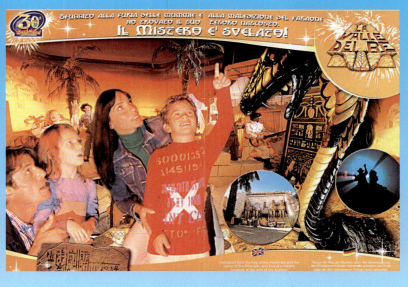
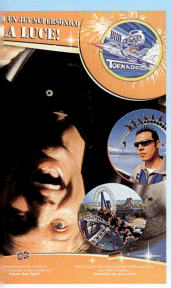
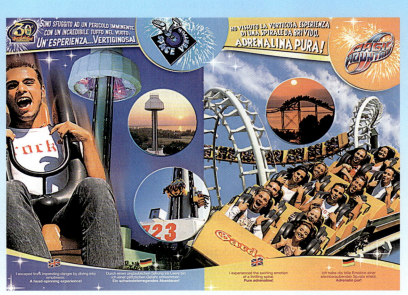

nove 9

Tutti a Gardaland ...

Il futuro è a Gardaland!
Il nuovo anno scolastico è cominciato già da un mese e mezzo e i cinque amici hanno pensato di andare a Gardaland per il ponte di Ognissanti. Hanno deciso di invitare anche Claudia, la ragazza tedesca e i cugini svizzeri di Francesco. Si danno appuntamento all'entrata del più grande parco di divertimenti d'Italia.

Lorenzo:	Ciao ragazzi! Abbiamo avuto proprio una bella idea! Quanti siamo?
Gennaro:	Molti! Lorenzo, ti presento la mia amica Claudia. Tu non la conosci.
Claudia:	Piacere.
Lorenzo:	Piacere.
Francesco:	E non conosci nemmeno i miei cugini di Basilea: Andreas e Philipp.
Lorenzo:	Piacere ragazzi.
Andreas e Philipp:	Piacere.
Chiara:	Allora ragazzi, vogliamo andare a divertirci? Io non sono mai stata sulle montagne russe!
Lorenzo:	Nemmeno io.
Nicola:	Non è proprio cambiato niente dal giorno del concerto. Sembrano proprio innamorati.
Giulia:	Eh sì!
Martina:	Allora, con che cosa cominciamo?
Philipp:	Ma Martina, è ovvio, con il Blue Tornado. È la nuova generazione delle montagne russe.
Andreas:	Sì e poi andiamo sullo Space Vertigo.
Martina:	Sentite, con calma per favore. Io ho paura!
Luca:	Quante storie! Non ti preoccupare, Martina, sei con noi! E comunque non c'è niente di più entusiasmante che vincere la paura.
Claudia:	Ehi, guardate lì. C'è una chiromante! Andiamo a sentire che cosa ci porta il futuro.
Chiara:	Ecco, proprio quello che ci voleva per iniziare in una maniera un po' più soft. Dai, andiamo!
Nicola:	Ma Chiara, non crederai mica a queste cose!
Chiara:	No, ma voglio sapere se resteremo sempre amici.
Chiromante:	Venite da Vera, la chiromante sincera. Vera non vi dice né bugie né sciocchezze. Nessuno vi saprà descrivere il futuro meglio di me. Che aspettate? Nessuno mi crede?
Chiara:	Non è vero che non ti crede nessuno. Noi siamo qui perché vogliamo sapere il futuro del nostro gruppo.
Vera:	Bene, entrate pure! Però ricordate cosa vi dirò ora: se qual-

	cuno di voi non mi crederà, qualcosa nella mia predizione non funzionerà; se uno solo scettico sarà, nessuno di voi il futuro saprà.
Tutti:	Ok!
Vera:	Allora, vediamo un po': nella mia sfera magica vedo che ... resterete sempre amici anche se il lavoro porterà alcuni di voi in posti lontani. Nel vostro gruppo ci saranno due coppie che si sposeranno.
Nicola:	E chi sarà mai? Eheheh ...
Vera:	Ssshhh. Non mi interrompere! ... La ragazza tedesca si trasferirà in Italia per amore.
Gennaro:	Bene!
Vera:	Mica tanto! Tu andrai in Svizzera per lavoro. Ma se sarai bravo ...
Martina e Luca:	E noi? Che cosa faremo noi?
Vera:	Voi ... realizzerete i vostri sogni molto presto. Siete un bel gruppo, ragazzi. Se continuerete così, sarete sempre felici!
Chiara:	Grazie Vera! Sei stata fantastica.
Vera:	Prego, ragazzi, e buon divertimento.
Tutti:	Grazie e arrivederci.
Claudia:	Ragazzi, è incredibile ... tutte le cose che ci ha detto ... Quale sarà il suo segreto?
Gennaro:	Boh? Io però le credo perché ha indovinato che c'è una ragazza tedesca nel gruppo.
Giulia:	Bene ragazzi, saremo tutti felici. Ma anche ora lo siamo! Allora andiamo a divertirci!

E 1 **Di chi o di che cosa stanno parlando?**

Spiega a chi o a che cosa si riferiscono le espressioni sottolineate.

Modello: Tu andrai in Svizzera per lavoro. Di chi parla la chiromante?
Vera parla di Gennaro.

1. Abbiamo avuto una bella idea.   Quale?
2. Piacere, ragazzi.   Chi sono?
3. Sembrano proprio innamorati.   Chi?
4. È proprio quello che ci voleva per
   iniziare in una maniera più soft.   Che cosa?
5. Però ricordate cosa vi dirò ora.   Che cosa?
6. E chi sarà mai?   Chi?

E 2 **Tutto chiaro?**

Spiega da quali frasi capisci che ...
1. alcuni ragazzi non sono di Roma.
2. nel gruppo ci sono coppie di innamorati.
3. i ragazzi sono scettici nei confronti della chiromante.
4. i ragazzi hanno un bel rapporto di amicizia.

undici 11

E 3 Il futuro visto da Vera
Abbina.

1. I ragazzi resteranno sempre amici	a. andrà in Svizzera per lavoro.
2. Nel gruppo ci saranno due coppie	b. che gli amici saranno sempre felici.
3. La ragazza tedesca abiterà in Italia	c. che si sposeranno.
4. Il ragazzo italiano però	d. anche se il lavoro porterà alcuni di loro in altri posti.
5. Vera è sicura	e. perché si è innamorata di un ragazzo italiano.

ATTENZIONE! LAVORI IN CORSO!

Rileggi la seconda parte del dialogo e trascrivi le forme verbali al futuro. Completa la coniugazione di ogni verbo per analogia. Secondo te, quali forme sono regolari, quali irregolari? **G** → 1.1

E 4 Vera ... la chiromante che predice tutto!
Formate delle frasi intere.

Vera predice che ...

1. Giulia – lavorare – banca
2. Lorenzo – stare – sempre – Chiara
3. Philipp – innamorarsi – ragazza – svedese
4. Martina e Luca – comprare – casa – Lago di Garda
5. Chiara – partire – Francia
6. Claudia – lasciare – Germania
7. Nicola – vivere – genitori – fino ai 30 anni
8. Francesco – vincere – premio della lotteria

dodici

E 5 Il futuro di Gennaro e Claudia: Che cosa vede Vera nella sfera?
Descrivi i disegni e usa forme verbali al futuro.

Modello: studiare il tedesco → Gennaro studierà il tedesco

1. innamorarsi di Gennaro

2. venire in Italia

3. abitare insieme

4. partire per la Svizzera

5. vedersi una volta al mese

6. sposarsi in Italia

7. abitare per tre anni in Svizzera

8. tornare in Italia con due figli

tredici 13

E 6 Ecco cosa dicono gli astri …

Completa con le forme dei verbi al futuro.

Il nuovo anno __ (portare) delle bellissime sorprese agli amici dell'**Acquario**, attenzione però: non __ (dovere) innamorarvi dei nati sotto il segno dei **Pesci**.
Per voi del **Toro** __ (essere) un anno indimenticabile, se __ (fare) attenzione alla salute e non __ (stressarsi) troppo.
Gli amici della **Vergine**, se __ (smettere) di pensare solo al lavoro, __ (trovare) finalmente l'amore vero ed eterno.
Per la **Bilancia** __ (essere) meglio cercare di cambiare vita, __ (ricevere/voi) un aiuto da un amico del **Sagittario**.
Caro amico dell'**Ariete**, il lavoro ti __ (dare) molte soddisfazioni, ma in amore … che disastro!
Il single del **Cancro** __ (trovare) un nuovo partner.
Premi e sorprese ne __ (avere) in gran quantità gli amici del **Leone**.
La salute non __ (mancare) quest'anno né al **Capricorno** né ai **Gemelli**.
Infine noi dello **Scorpione** __ (dovere) cercare di essere più generosi, altrimenti __ (perdere) molti amici.

Acquario

Pesci

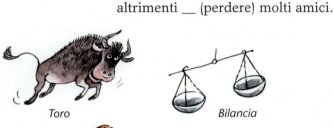
Toro — Bilancia — Sagittario

Capricorno

Vergine

Cancro

Leone

Scorpione

Gemelli

E 7 Anche tu predici il futuro! Ma a chi?

Scrivi l'oroscopo di un compagno o di una compagna di classe e leggilo poi a tutta la classe. Non dimenticare di usare il futuro. La classe deve cercare di capire di chi parli.

E 8 La chiromante

Formate gruppi di tre persone. Una fa la chiromante, le altre due vogliono sapere il futuro. Avete cinque minuti di tempo per prepararvi: la chiromante pensa a cosa predire, i due compagni a quali domande fare.
Attenzione! È vietato **leggere** le domande e le risposte! La conversazione è **libera** e dura minimo tre minuti.

E 9 *Divertimenti diversi*
Completa con le preposizioni e, se necessario, con l'articolo.
1. Gli amici vogliono divertirsi __ ponte di Ognissanti: fanno una gita a Gardaland.
2. Invitano tutti gli amici conosciuti __ l'anno.
3. Si incontrano __ entrata __ parco.
4. Philipp e Andreas vogliono cominciare __ le giostre più emozionanti.
5. Chiara non è mai stata __ montagne russe. Ha paura __ questo tipo __ giostre e vuole cominciare __ qualcosa __ più soft.
6. Lorenzo è ancora innamoratissimo __ Chiara.
7. I ragazzi vogliono conoscere il futuro __ gruppo.
8. I ragazzi sono un po' scettici, non credono __ chiromante.
9. Vera vede __ sua sfera magica che il gruppo sarà sempre unito.
10. Un giorno Claudia si trasferirà __ Italia e Gennaro __ Svizzera __ lavoro.

E 10 *Tutta la giornata con tutti gli amici* G → p. 154, 6.3
Inserisci le forme corrette dell'aggettivo **tutto**. Fai attenzione all'articolo.

Modello: Non c'è fretta, abbiamo __ giorno per vedere il parco.
Non c'è fretta, abbiamo **tutto il** giorno per vedere il parco.

1. Che bella idea invitare __ amici conosciuti durante l'anno.
2. Claudia vuole guadagnare molti soldi per viaggiare in __ mondo.
3. La chiromante ha detto __ verità.
4. Andreas e Philipp vogliono andare su __ giostre.
5. Nicola è andato a Verona e ha visitato quasi __ monumenti.
6. Martina vuole stare __ vita con Luca.

ATTENZIONE! LAVORI IN CORSO!

Rileggi il dialogo e trascrivi tutte le frasi che contengono una negazione.
Ora osserva e rispondi:
1. Quando si trova in italiano una doppia negazione?
2. Quando non c'è bisogno del "non"?

E 11 *Uno, nessuno ... ognuno!*
Inserisci i seguenti aggettivi e pronomi indefiniti.

alcuno – ciascuno – nessuno – tale – tutto – ogni – qualche – qualsiasi – qualunque – chiunque – niente – ognuno – qualcosa – qualcuno – uno

1. __ giorno Lorenzo telefona a Chiara.
2. Vera non può essere di __ aiuto, perché __ crede in lei.
3. Francesco ha conosciuto __ che si chiama Federico.
4. Claudia è disposta a fare __ cosa per vivere in Italia.
5. __ i ragazzi sono contenti, perché __ rovinerà la loro amicizia.
6. __ capisce che Martina e Luca sono innamorati.

7. Giulia ha provato una __ emozione sul Blue Tornado che vuole ritornarci a __ costo.
8. __ rimane sorpreso dalla profezia di Vera.
9. __ ha pensato di portare __ da mangiare a Gardaland.
10. __ vuole conoscere il proprio futuro, anche se __ notizia può essere spiacevole.

E 12   *Dopo la gita*

Quando i ragazzi ritornano la madre di Giulia vuole sapere tante cose.
Rispondi con una frase negativa con <u>nessuno</u> *o* <u>mai</u>.

Modello: <u>Tutti</u> hanno letto il libro sulla storia del Lago di Garda?
            No, <u>nessuno</u> ha letto il libro.

1. Gennaro fa <u>sempre</u> le vacanze in Germania?
2. <u>Tutte le</u> ragazze hanno veramente creduto alla chiromante?
3. <u>Tutti</u> hanno comprato una maglietta di Gardaland?
4. I cugini di Francesco vanno <u>spesso</u> a Gardaland?
5. I genitori di Gennaro parlano <u>spesso</u> tedesco tra di loro?
6. Ci sono <u>altre</u> chiromanti a Gardaland?
7. Hai incontrato <u>qualcuno</u> di Roma?
8. Quel ragazzo, Lorenzo, è <u>sempre</u> innamorato di Martina?
(Attenzione al tempo!)

E 13   *Finisce l'amore, nasce l'amicizia ...*

Completa con **non ... più** – **... neanche/nemmeno** – **... mica** – **... né ... né.**
Lorenzo __ è __ insieme a Chiara. Chiara lo ha lasciato perché __ lo ama __. Lorenzo, comunque, non è triste perché __ lui vuole più stare con lei. Certo si vogliono ancora bene, ma da amici. __ lui __ lei pensano che la loro amicizia finirà. __ sono __ bambini! Che senso ha __ salutarsi __? E poi continuano a stare bene insieme. __ Chiara __ Lorenzo dimenticheranno i bei momenti passati insieme, ma __ i problemi! La loro storia, poi, __ è __ diversa da tante altre! Finisce un amore, nasce un'amicizia.

E 14   *Per chi conosce Gardaland ed i cinque amici*

Completa con le forme corrette di **quanto** *e* **quale** *e poi rispondi alle domande.*
1. __ costa il biglietto d'entrata a Gardaland?
2. Con __ giostre vogliono cominciare i due fratelli di Basilea? Con __ Chiara?
3. __ cose ha indovinato Vera?
4. Per __ ragione Nicola è scettico?
5. __ è la differenza tra lo Space Vertigo e il Blue Tornado?
6. __ ragazze ci sono nel gruppo?
7. __ amici non sono italiani? __?
8. __ ragazzo o ragazza del gruppo ti è più simpatico? Perché?

16 .... *sedici*

E 15 Povera Melanie!

1. Traduci questa lettera per Giulia.

> Liebe Giulia,
> es sind einige Wochen vergangen, seit Du mir geschrieben hast. Ich sehe, dass es Dir gut geht: keine Schule, keine Hausaufgaben und so viele liebe Freunde.
> Leider geht es mir nicht sehr gut. Meine Freundin Susan spricht nicht mehr mit mir und auch die anderen kommen mich nie besuchen. Niemand ruft mich an. Was sind das für Freunde? Den ganzen Monat Juli habe ich keinen von ihnen gesehen. Ich bin sehr traurig, aber ich habe auch keine Lust mit ihnen zu sprechen.
> Aber wie sehr sie mir (doch) fehlen!
> Willst Du wissen, warum sie so sind? ...

2. Finisci la lettera e trova un motivo per il comportamento degli amici.

E 16 Il Garda

1. Ogni gruppo fa una ricerca su uno di questi luoghi sul Garda e presenta i risultati alla classe.

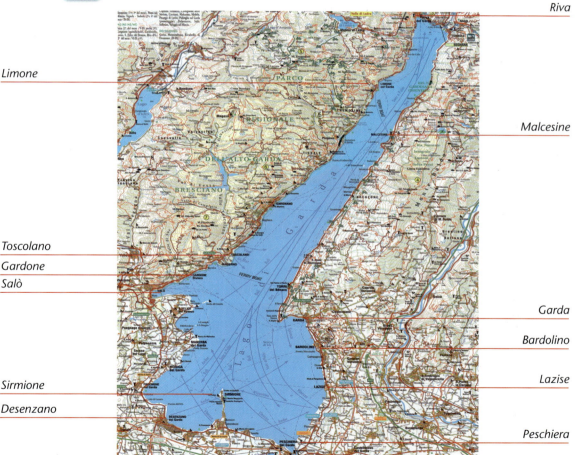

Riva
Limone
Malcesine
Toscolano
Gardone
Salò
Garda
Bardolino
Sirmione
Lazise
Desenzano
Peschiera

2. Dopo le presentazioni formate nuovi gruppi. Ogni gruppo sceglie tre dei luoghi, trova argomenti per andarci e li presenta alla classe.

diciassette 17

B ... e in Val d'Aosta

La breve vacanza a Gardaland è ormai finita. Per la prima volta i ragazzi non sono partiti con le loro famiglie, ma hanno organizzato loro una gita secondo il loro gusto.

Francesco: Ragazzi, certo che ci siamo proprio divertiti a Gardaland!
Gennaro: Sì, è vero! Ci penso sempre!
Nicola: Ehi! E la chiromante a cui abbiamo fatto tante domande? Come si chiamava?
Gennaro: Si chiamava Vera, che faceva rima con "la chiromante sincera". Che forza quella donna! Ancora non so se crederle o no! Comunque ci ha detto tante belle cose! Sarei proprio curioso di sapere se aveva ragione.
Nicola: A chi lo dici! Un po' di pazienza! Prima o poi dovremmo vedere se aveva ragione o no!
Francesco: Ho pensato tanto a tutti voi domenica scorsa! Pensavo che sarebbe bello fare un'altra gita insieme! Mi piacerebbe passare con voi tante altre giornate come quella! Che dite? Dove potremmo andare?
Gennaro: Io ho un amico a Torino. Lui ama il Piemonte e dice che è bellissimo! Forse potremmo andarci in gita scolastica! Ma tu Francesco, non sei stato in vacanza in Piemonte con i tuoi genitori l'estate scorsa?
Francesco: Sì, siamo stati in Piemonte e in Val d'Aosta e, nelle città che abbiamo visitato, abbiamo visto tutti i monumenti di cui parlano sempre i miei nonni. Loro sono piemontesi di origine.
Gennaro: Ah, sì? Ma senti: sei anche stato in quella città della quale mi hai parlato una volta, quel posto in cui lanciano le arance a Carnevale?
Francesco: Parli di Ivrea, vero? Sì, sì, ci siamo passati. Certo! Una volta mi piacerebbe vedere dal vivo una manifestazione così!
Nicola: Senti, e invece della Val d'Aosta che ci racconti? Ti ricordi dei miei zii, di cui parlo sempre? Pensa che loro sono andati per così tanti anni in vacanza in Val d'Aosta, a Cogne, che una volta il comune gli ha dato anche un premio!
Francesco: La Val d'Aosta è una regione interessantissima! Ci sono dei luoghi bellissimi, è un vero paradiso per gli sport invernali! Quando ero bambino andavo sempre con i miei genitori a sciare a Ovindoli, poi, una volta siamo stati a Courmayeur ... ragazzi! Che posto incredibile!
Gennaro: Ehi! Ho un'idea! Perché non cerchiamo di organizzare una settimana bianca con la classe quest'inverno?

Francesco: Ottima idea! Ma sentite, ieri mentre navigavo in Internet ho trovato per caso un quiz con cui la settimana bianca la potremmo pure vincere. Ci sono delle domande alle quali dovremmo rispondere e con un po' di fortuna potremmo andare a sciare gratis per una settimana.

Gennaro: Perfetto! Proviamoci!

Val d'Aosta: una regione a statuto speciale

Una regione a statuto speciale è una regione che ha una speciale autonomia amministrativa. La Val d'Aosta non è l'unica regione italiana a statuto speciale. Le altre sono: il Trentino-Alto Adige, il Friuli-Venezia Giulia, la Sicilia e la Sardegna.

Il Carnevale di Ivrea è caratterizzato dalla Battaglia delle Arance.
La tradizione è cominciata verso la metà dell'Ottocento con i cittadini che lanciavano i frutti dai balconi.
La manifestazione è diventata subito una vera e propria battaglia.
Dopo la fine della seconda guerra mondiale sono nate le prime squadre a piedi che si opponevano alle squadre sui carri.
In tutto, ogni anno vengono lanciati 3 600 quintali di arance.
Tutti possono partecipare alla battaglia, anche i "forestieri": basta iscriversi ad una delle squadre.

diciannove 19

E 1 **Progetti, ricordi e informazioni**
1. Abbina i nomi dei posti alle informazioni e forma delle frasi complete.

Gardaland	È un paradiso per una persona che ama sciare.
	Lì i ragazzi si sono divertiti.
Torino	È interessante e piena di bellissmi posti.
	A Gennaro piacerebbe farci una gita scolastica.
Piemonte	Ci abita un amico di Francesco.
	Francesco ci ha passato le vacanze l'estate scorsa.
Ivrea	Francesco ci è già stato con la famiglia.
Val d'Aosta	I nonni di Francesco sono nati lì.
	Lì festeggiano il carnevale con le arance.
Courmayeur	Francesco ci è già stato.
	È stata una gita secondo il gusto dei ragazzi.

2. "Potremmo andare a sciare gratis"
Che cosa devono fare i ragazzi per realizzare questo progetto?

ATTENZIONE! LAVORI IN CORSO!

Rileggi il testo 1B e completa la tabella con le forme del condizionale presente sul quaderno: G → 1.3

presente	futuro	condizionale presente
sono	sarò	?
dobbiamo	dovremo	?
è	sarà	?
mi piace	mi piacerà	?
possiamo	potremo	?
e ricorda Appunto 1!		
posso	potrò	?
voglio	vorrò	?

E 2 **Presente – futuro – condizionale**
Metti le forme del presente al futuro e al condizionale.
Modello: piace – piacerà – piacerebbe

sei, perdo, potete, finisci, hanno, vede, giochiamo, tornano, vieni

Continua con altri verbi.

20 .... venti

E 3 *Vuoi essere molto gentile e …*
metti la forma del verbo al condizionale:
1. *Posso* chiederti un favore?
2. *Ho* bisogno del tuo aiuto.
3. *C'è* tanto da dire, ma … .
4. *Voglio* una bella pizza quattro stagioni.
5. *Sai* dirmi dove è Carlo?
6. *Hai* una penna per me?
7. Al momento non *ho* voglia di fare proprio niente.
8. *Preferisco* tornare un'altra volta.

E 4 *Vuoi dare un buon consiglio ad un amico/un'amica*
Che cosa potrebbe/dovrebbe fare?

Modello: "In inglese vado sempre male." –
"Ma potremmo studiare insieme."

1. "Il professore di storia mi dà sempre brutti voti. Non sono d'accordo."
2. "Non ho capito bene quello che ha spiegato il professore di matematica."
3. "I miei genitori non mi fanno uscire la sera perché ho preso un brutto voto in inglese."
4. "La mia migliore amica/il mio migliore amico non mi parla più."
5. "Mi piacerebbe tanto invitare Francesco/Francesca al cinema. Ma sono troppo timida, -o."
6. "La mia squadra del cuore perde sempre."
7. "Nel tempo libero non so che cosa fare."
8. "Mia madre non mi dà i soldi per il cinema."

E 5 *I cinque amici e le loro buone idee*
Sostituisci *il quale* con le forme adatte di altri pronomi relativi.

che, cui, dove

1. Torino è la città nella quale Gennaro vorrebbe andare.
2. Ivrea è il posto del quale Francesco si interessa.
3. Gli amici cercano di vincere la settimana bianca la quale sarà in Val d'Aosta.
4. La chiromante alla quale hanno fatto tante domande si chiamava Vera.
5. Francesco ha visitato i monumenti dei quali parlano sempre i suoi nonni.
6. In Internet c'è un quiz con il quale possono vincere la settimana bianca come premio.
7. Il Piemonte e la Val d'Aosta sono due regioni nelle quali potrebbero andare con la classe.

E 6
Progetti dei ragazzi
Abbina la frase relativa a destra a quella giusta a sinistra e metti il pronome relativo se è necessario, con la preposizione adatta.

Modello:
Vera è il nome della chiromante – i ragazzi hanno fatto delle domande.
Vera è il nome della chiromante **a cui** i ragazzi hanno fatto delle domande.

1. In Internet hanno trovato un quiz	a. sono di origine piemontese.
2. Il lancio delle arance ad Ivrea è una manifestazione	b. preferirebbe una settimana bianca.
3. Courmayeur è una delle città della Val d'Aosta	c. potrebbero vincere una settimana bianca.
4. Francesco ha dei nonni	d. da bambino andava a sciare in Val d'Aosta.
5. Nicola ha degli zii	e. il comune di Cogne ha dato un premio.
6. Francesco parla anche dei suoi genitori	f. piace molto a Francesco.
7. A Gennaro non piacciono tanto le solite visite culturali	g. Francesco è già stato.

E 7
C'è sempre una parola che non va bene con le altre
1. la sfera magica – la chiromante – la giostra
2. la maniera – la predizione – il futuro
3. indovinare – divertirsi – credere
4. la gita – la visita culturale – la festa
5. la vacanza – la settimana bianca – la ragazza
6. Internet – la forza – il computer

E 8
Sentiamo dire spesso queste frasi
Abbina ogni frase a sinistra alla situazione adatta a destra.

1. Ci penso ancora spesso.	a. Mio fratello è stato in Norvegia.
2. Vorrei andarci anch'io.	b. Ragazzi, adesso andrebbe bene un bel gelato.
3. Ci siamo solo passati.	c. Sarà difficile vincere con/contro la 2B.
4. Che ne dite?	d. Non siamo entrati nel centro di Roma.
5. Proviamoci!	e. Tu aspetti le tue amiche. Qualcuno bussa alla porta.
6. Entrate pure!	f. La gita a Venezia mi è piaciuta tanto.
7. Fa' con calma!	g. Fra poco partirà il vostro autobus.
8. Fate presto!	h. Hai ancora tanto tempo per finire i tuoi compiti.

E 9

Parliamo delle nostre idee ed esperienze
Tu domandi, il tuo compagno di banco risponde e viceversa.
Du möchtest wissen,
1. ob er schon einmal ohne Eltern in den Ferien gewesen sei.
2. ob Ferien ohne Eltern ihm gefallen/gefallen würden.
3. ob er lieber mit Freunden in die Ferien fahren würde.
4. ob er schon einmal einen Ausflug mit der Schule gemacht habe.
5. wohin er mit der Klasse gefahren sei.
6. ob er schon einmal bei einer Wahrsagerin gewesen sei.
7. (wenn ja,) was sie ihm gesagt habe/(wenn nein,) ob es ihn interessieren würde.
8. ob er Angst habe, seine Zukunft kennenzulernen.

E 10

XIV Edizione
Festa del riso italiano di qualità

Ormai da 14 anni, il secolare parco del castello di Desana a Vercelli si apre al visitatore per una deliziosa kermesse gastronomica dedicata al riso. Vogliamo far capire quanto è importante il riso per la nostra alimentazione e per la nostra economia.

La sagra si svolge dal **17 al 19 Settembre**, con il biglietto di ingresso (8,– Euro) il visitatore potrà partecipare a tutti gli avvenimenti, degustare un piatto a base di riso ed averne in omaggio un sacchetto.

Il programma della manifestazione è molto ricco. C'è sicuramente qualcosa per tutti:

• visita in riseria • canti popolari • spettacolo di bande musicali
• pomeriggio d'animazione con i bambini • visita di Gianduja
• spettacolo di musica e cabaret con l'elezione di Miss Riso
• un concorso di cucina organizzato dalla Provincia di Vercelli in collaborazione con la Regione Piemonte.

www.giraitalia.it/sagre/10886_xiv_edizione_festa_del_riso_italiano_di_qualita.html-29k-

Cinzia vuole portare un amico tedesco/un'amica tedesca a vedere la festa del riso.
1. Cercate le informazioni e il vocabolario che vi servono per capire il testo. Usate un dizionario bilingue.
2. Presentate il dialogo tra Cinzia e l'amico/l'amica che parlano delle cose che (non) vorrebbero vedere.

E 11 — Una settimana particolare

Rispondi alle domande.

1. Dove si trova il monastero di cui si parla?
2. Che cosa veniamo a sapere del numero e delle confessioni dei membri di questa comunità?
3. Di che cosa vivono?
4. Qual è stata l'esperienza più impressionante del ragazzo con gli scout nella comunità religiosa?
5. Perché questo posto è molto adatto per i giovani, per es. per gli scout?
6. Dove ha deciso di andare il gruppo degli scout?

SECONDO TE, CHE COS'È?

C Un simbolo dell'industria italiana

Torino, capoluogo del Piemonte e capitale dell'industria automobilistica italiana con la FIAT (Fabbrica Italiana Automobili Torino).

Ecco alcune foto. Confronta il passato e il presente di quest'industria:

1.

Modello: Nel passato tante persone dovevano lavorare insieme per costruire una macchina, oggi invece bastano poche persone.

2.

Modello: Nel passato le grandi fabbriche si trovavano nei centri delle città, oggi invece queste fabbriche sono diventate centri culturali e sportivi.

3.

Modello: Nel passato la macchina era il simbolo della libertà di pochi, oggi invece è spesso il simbolo della distruzione della natura.

Continua.

venticinque 25

Quando si pensa all'Italia, spesso si pensa alle caratteristiche per cui questo paese è famoso in tutto il mondo: la cultura, la moda, la cucina, il mare, le spiagge, il sole ... Ma l'Italia non è solamente questo. Il Bel Paese ha anche molte industrie e, in buona parte, queste si trovano nel
5 nord-ovest, quindi in Lombardia, Piemonte, Valle d'Aosta e Liguria. Non dobbiamo dimenticare che l'Italia è la sesta potenza industriale del mondo.
Le industrie più importanti sono quella meccanica, metallurgica, tessile e chimica. La Lombardia e il Piemonte sono le due regioni più
10 industrializzate d'Italia.
In particolare Torino è nota per la FIAT, fondata nel 1899 da Giovanni Agnelli: il cognome Agnelli e la FIAT sono sempre stati legati.
Negli anni '20 un architetto ha progettato lo stabilimento del Lingotto, un vero e proprio esempio di architettura industriale. Ora nel Lingotto,
15 ristrutturato dall'architetto genovese Renzo Piano c'è un Centro Congressi, un Auditorium, un Centro Esposizioni, uffici e diversi negozi.

E 1 „*In Italien haben sie viel Sonne, eine gute Pizza und das Meer*"
Erkläre diesem Touristen, dass es in Italien viel mehr als nur Sonne und Pizza gibt und gehe dabei besonders auf die Rolle der Industrie ein.

26 .... *ventisei*

Lezione 2
Due facce della Liguria

Lezione 2

Ingresso

Genova, Il porto

ernazza, Cinque Terre

A Il festival di Sanremo

| Speaker: | Eccoci di nuovo qui a Sanremo per il festival della canzone. Questa bellissima cittadina, capitale della Riviera dei fiori, chiamata appunto anche la Città dei Fiori, ospita ogni anno il famoso festival. |

E come ogni anno, anche in questi giorni, la città si prepara a ricevere artisti, politici e personaggi famosi. Ma ascoltiamo cosa dicono gli abitanti di questa meravigliosa città della manifestazione più famosa dell'anno.
Buongiorno! Posso farLe qualche domanda?

Signore: Ma sì certo! Lei è un giornalista vero?

Speaker: Sì! Senta, Lei è proprio di Sanremo?

Signore: No, sono nato a Porto Maurizio ma abito a Sanremo ormai da 30 anni. Questa città mi piace moltissimo, sebbene io abbia spesso nostalgia del mio paese d'origine, un piccolo paese di pescatori molto pittoresco. Sinceramente penso che Porto Maurizio sia anche più carino di Sanremo …

Speaker: Come vede Lei il festival di Sanremo? È un evento che Le dà fastidio o Le fa piacere vedere questo grande movimento, la preparazione e la realizzazione di un grande spettacolo?

Signore: Mah, sinceramente mi dà fastidio, benché capisca che è un evento importante per la nostra città. La gente che viene a Sanremo per il festival ci spende anche molti soldi: fa spese nei negozi più chic, mangia nei ristoranti più cari anche se in una semplice pizzeria mangerebbe molto meglio. Insomma, dal punto di vista economico non potrebbe andare meglio di così!

Speaker: Grazie mille per aver risposto alle nostre domande! Ma vediamo un po', gentili ascoltatori: ci sono due ragazze che hanno appena lasciato il motorino qui davanti … Ehi, ragazze, posso farvi qualche domanda?

Ragazza 1: Va bene! Ma non abbiamo molto tempo, vogliamo entrare per vedere le prove: se arriviamo tardi, troviamo liberi solo i posti peggiori!

Speaker: Certo certo! Solo un paio di domande! Voi siete di Sanremo?

Ragazza 2: No, siamo di Imperia! … E siamo venute con il motorino a Sanremo perché amiamo la musica e ci piace vedere i cantanti dal vivo … ehm … non siamo in onda vero? … Siamo venute con il motorino, sebbene i nostri genitori non siano assolutamente d'accordo e abbiano sempre paura che ci succeda qualcosa. Noi pensiamo che siano un po' esagerati, ma i genitori, si sa, sono sempre così.

Speaker: Sentite ragazze: chi è il vostro cantante preferito?

Ragazza 1: Oh io amo Jovanotti, sono una fan del rap però mi piace anche la Pausini e poi ...

Ragazza 2: Oddio nooooo, la Pausini! Ma per favore! È terribilmente noiosa e romantica, no, la Pausini no! A me piacciono molto le canzoni di Manu Chao ... Ehi guarda! Sta uscendo Tiziano Ferro! Voglio un autografo ... ciao!!! ...

Speaker: Ciao ragazze! ... Ah, Signora ... posso farLe qualche domanda?

Signora: Mi dica!

Speaker: Signora, Lei segue il festival di Sanremo?

Signora: Sì, certo, mi piace molto! ... Anche se non ci sono più i cantanti di una volta!

Speaker: E chi è il Suo cantante preferito?

Signora: Mah, tra i cantanti degli ultimi anni, per me Luca Carboni è il migliore. Mi sembra che abbia la voce più affascinante di tutti. Ma io, sa, amavo le canzoni di Gino Paoli e Ornella Vanoni! Eh sì ... loro mi facevano proprio sognare! Mi dispiace che nel frattempo siano invecchiati, come noi tutti, però trovo che cantino sempre le canzoni più belle ... e credo che vendano ancora tanti CD.

Speaker: Grazie Signora ... e adesso ... pubblicità!

INFO

Il Festival di Sanremo

Il festival di Sanremo è nato negli anni '50. Dopo la fine della guerra la città aveva ancora molti problemi. Il festival è nato per caso ed è stato il pubblico che lo ha fatto diventare famoso. Oggi è un appuntamento televisivo fisso per giovani e meno giovani che seguono con grande interesse la fortuna o la sfortuna di nuovi cantanti come anche il successo di artisti famosi nel mondo. Il teatro in cui si svolge il festival è decorato sempre con bellissimi fiori. Di questo si occupa proprio la città stessa, chiamata appunto anche la "città dei fiori".

Nelly Furtado con il presentatore Pippo Baudo e il duo "Zero Assoluto"

trentuno 31

Lezione 2

E 1 **Tutto chiaro?**
1. Che tipo di testo è? Da quali espressioni lo capisci?
2. Perché si parla qui di Sanremo?
3. Come descrive Sanremo all'inizio lo speaker?
4. Chi viene a Sanremo in occasione del festival?
5. Che cosa sappiamo della prima persona intervistata?
   – di dov'è?
   – che cosa pensa del festival e della sua importanza per l'economia della città?
6. Che cosa sappiamo delle due ragazze intervistate?
   – perché sono venute a Sanremo?
   – che cosa penserebbero i loro genitori della decisione delle ragazze di andare/venire a Sanremo con il motorino?
7. Che cosa pensa la signora dei cantanti di oggi e di una volta?

E 2 **Dal tu al Lei**
Il professor Previato ha cambiato scuola. Prima lavorava in una scuola media, adesso insegna in una scuola per adulti ai quali dà del Lei.
1. Che cosa dice invece di

Leggi! Sta' attento, -a! Non disturbare il compagno di banco! Parla più forte! Ripeti!

Modello: Traduci! → Traduca!

2. Continua con altri verbi.

ATTENZIONE! LAVORI IN CORSO!

Rileggi il testo e trascrivi le forme del congiuntivo
    -are   -ere   -ire

E 3 **Indicativo – congiuntivo ↔ congiuntivo – indicativo**
Metti le forme adatte:

1. congiuntivo – indicativo
   siate
   giochino
   (io) torni
   perdiamo
   (che) (lei) manchi
   (tu) voglia
   sentiate
   (tu) spieghi
   credano

2. indicativo – congiuntivo
   credo
   mangiate
   puoi
   prende
   finisci
   siamo
   hanno
   bevete

32 .... trentadue

ATTENZIONE! LAVORI IN CORSO!

Rileggi il testo e trascrivi le forme del congiuntivo secondo i due casi indicati

1.
Penso che ... sia
Abbiamo paura che ... succeda

2.
sebbene ... io abbia
mi dà fastidio benché ... capisca

E 4 Un'occhiata al testo G → 2.1

1. Completa con i verbi al congiuntivo.

Per l'economia di Sanremo è molto importante che gli ospiti _spendano_ molti soldi.	spendere
Non credo che a tutti gli abitanti di Sanremo il festival _piaccia_ molto.	piacere
Le ragazze intervistate pensano che i genitori _esagerino_ spesso.	esagerare
Sembra che le due ragazze _preferiscano_ le canzoni di oggi a quelle di una volta.	preferire
Una delle ragazze trova che la Pausini _sia_ molto noiosa.	essere
Alla signora dispiace che tanti dei suoi cantanti preferiti non _partecipino_ più al festival	partecipare

2. Spiega perché ci deve essere il congiuntivo.

E 5 Una festa fra amici G → 2.1

Completa le frasi con **prima che** o **sebbene/benché** e la forma giusta del verbo.

1. __ (voi) __ (andare) a casa, vi faccio ascoltare la mia canzone preferita. [① andiate]
2. __ (tu) __ (avere) poco tempo, ti prego di restare un po' con noi. [② abbia]
3. __ Raffaele non __ (cantare) proprio bene, ha molto successo con le ragazze. [② canti]
4. __ gli altri ti __ (raccontare) quello che mi è successo, ti racconto tutto io. [① raccontino]
5. __ la bella serata __ (finire) avrei voglia di cantare un po'. [① finisca]
6. __ Maria a volte __ (essere) un po' strana, mi è molto simpatica. [② sia]
7. __ non __ (avere, io) fame, prendo uno di questi tramezzini. [② abbia]
8. __ (dare, tu) i fiori alla persona sbagliata, ricordati che è Marisa che compie gli anni oggi. [① dia]

trentatré 33

E 6 — Parliamo della scuola

Completa le frasi.

1. So che Roberto non studia quasi mai. Sembra che Roberto __.
2. Vedo che oggi non c'è scuola. Penso che __.
3. Antonio mi ha detto che il nuovo professore di matematica dà dei voti molto bassi. Adesso tutti noi abbiamo paura che __.
4. Ho saputo che Lidia non viene con noi alla gita. Mi dispiace che __.
5. Leggo spesso che la scuola tedesca è troppo severa. Non credo che __.
6. Tanti dicono che molti studenti non amano la matematica. Non penso che __.

E 7 — Indicativo? Congiuntivo?

1. *Dopo quali dei seguenti verbi usi (in genere) il congiuntivo?*

credo che – dico che – voglio che – vedo che – ho capito che – è importante che – ho paura che – è chiaro che – non sono sicuro che – ti spiego che – è probabile che – penso che – so che – mi sembra che – non permetto che – ripeto che – preferisco che – è vero che

2. *Forma delle frasi con cinque di queste espressioni.*

E 8 — È veramente così?

1. *Formate delle frasi secondo le vostre esperienze*

Molti tedeschi Molti italiani Molte persone	pensano credono sono dell'opinione	che	tutti i tedeschi (essere) biondi in Italia (esserci) sempre il sole tutti i tedeschi (bere) tanta birra le macchine sportive più belle (essere) quelle italiane i brasiliani (giocare) il calcio più bello tutti i popoli del nord (essere) freddi a tutti gli italiani (piacere) il vino tutti i tedeschi (amare) l'Oktoberfest tutti gli austriaci (andare) a sciare i tedeschi (parlare) poco solo le donne (cucinare) bene i giovani (studiare) poco e (volere) solo divertirsi le mamme italiane (preferire) i figli maschi alle figlie femmine

2. *Contraddite questi cliché e anche altri con esempi concreti e in brevi dialoghi:*

Modello: "Mi sembra che tutte le canzoni italiane trattino d'amore."
"Ma non è vero, conosco molte canzoni che parlano di politica."

E 9 **Prima dello scambio**
*Prima dello scambio scolastico con la scuola italiana, i ragazzi tedeschi
parlano dei loro desideri e delle loro paure con il professore d'italiano.*

1. *Traduci le frasi in italiano.*

Desidero/mi auguro
1. dass mein Partner und ich uns verstehen.
2. dass die Familie des Partners nett ist.
3. dass mein Italienisch reicht, um mich verständlich zu machen.
4. dass wir auch genügend Freizeit haben.
5. dass das Wetter schön ist.
6. dass ich auch manchmal meine deutschen Freundinnen/Freunde
   treffen/sehen kann.
7. dass wir schöne Ausflüge machen.

2. *E tu? Quali sono i tuoi desideri?*

E 10 **C'è spesso qualcosa che non va**
1. *Trova le parole che disturbano.*

canzone – voce – movimento   spettacolo – fastidio – evento
una volta – preparazione – nostalgia   bellissimo – meraviglioso – noioso
motorino – in onda – ascoltare   fan – pittoresco – autografo

2. *Adesso tocca a te continuare questo esercizio. Usa, se è possibile, molte
   parole nuove del testo A.*

E 11 **Un'altra intervista nella Città dei Fiori**
*Nei giorni del festival alcuni ragazzi tedeschi sono a Sanremo, ospiti
dell'Istituto tecnico "Cristoforo Colombo". Oggi uno studente italiano, che
collabora al giornalino della scuola fa un'intervista a Tobia e Tobias, due
partner dello scambio. (Tobias è già molto bravo in italiano.)*

Ecco una parte dell'intervista:

Intervistatore: Come vi chiamate?

Der italienische Austauschschüler sagt, dass er Tobia heiße.

Intervistatore: E tu?

Der deutsche Partner antwortet, dass auch er Tobias heiße, allerdings mit
einem „s" am Ende des Namens; denn im Deutschen sei Tobia Tobias.

Intervistatore: E come vi trovate insieme?

Beide antworten, dass sie sich gut verstünden. Tobia fügt hinzu, dass er
Glück gehabt habe, da Tobias der sympathischste Junge der ganzen
Gruppe sei. Tobias bedankt sich verlegen für das Kompliment und gibt
zurück, dass Tobia ein guter Freund sei.

trentacinque 35

Intervistatore: Ma che tipi siete?

Tobia sagt, dass er und sein Partner sehr sportlich seien. Während er Fußball spiele, spiele Tobias lieber Basketball. Zudem liebten sie beide die Musik.

Intervistatore: Ecco. Tobias, ti piace l'atmosfera qui a Sanremo?

Tobias antwortet, dass es ihm sehr gut gefällt, wie sich die ganze Stadt für das Festival begeistert, nicht nur die Jugendlichen, sondern auch die Erwachsenen.

Intervistatore: E che cosa pensi della musica italiana?

Tobias antwortet, dass er einige Sänger und Gruppen sehr gerne höre, vor allem Eros Ramazzotti, Articolo 31 und Gianna Nannini. Einiges gefalle ihm aber nicht so gut.

Intervistatore: Com'è la situazione in Germania?

Tobias erzählt, dass auch in Deutschland die italienische Musik recht bekannt sei, aber natürlich nur wenige Sänger. Das Interesse an der italienischen Musik wachse, weil ja auch immer mehr Jugendliche Italienisch lernen.

Intervistatore: Ci sono festival come quello di Sanremo anche in Germania?

Tobias glaubt nicht, dass es so etwas in der Art in Deutschland gibt, aber vor allem im Sommer gibt es schon große Festivals, vor allem in den Städten mit großen Stadien.

Intervistatore: Mille grazie, Tobias e Tobia.

Riscrivi l'intervista in italiano.

E 12 **Ed adesso pubblicità!**
1. Dopo una trasmissione come quella nel testo A, per quali prodotti si potrebbe fare pubblicità?
2. Scrivete alcuni testi!

B Genova, la superba

La vecchia fontana in piazza delle Erbe

Il Porto Antico

Il porto di Genova con la Lanterna, simbolo della città

Le due torri di Porta Soprana, una delle porte della città medievale

Palazzo Ravasco (Scuola Germanica di Genova)

Il Duomo di San Lorenzo

trentasette

Parla un genovese:

Genova, "la superba" è una bellissima città di origini molto antiche. Era già un porto importante ai tempi dei romani e ha conosciuto il suo massimo splendore intorno al 1600. È bene ricordare che Genova è anche la città di Cristoforo Colombo di cui ancora oggi possiamo visitare la casa nella centralissima Piazza Dante. Genova, a differenza di qualunque altra grande città, si è sviluppata in lunghezza. Ci sono i monti a nord e il mare a sud e i genovesi quindi sono abituati a vivere nella mancanza di spazio.

A questo punto diamo la parola a un genovese doc che ironicamente parla degli abitanti della sua città con un collega romano da poco trasferito a Genova.

Simone: Vedi, siccome manca lo spazio i genovesi sono spesso chiusi e meno comunicativi degli altri italiani.

Mario: Guarda che siete davvero strani voi genovesi, a Roma la gente è completamente diversa! Che fatica qui fare amicizia con qualcuno!

Simone: È vero! Prima che per un genovese una persona sia anche solo un conoscente – ho detto "conoscente" e non "amico"! – ci vogliono anni e la serata a casa di amici comuni non basta! È possibile infatti che si vada ad una festa o ad una cena e si incontrino delle persone nuove. È probabile che si chiacchieri educatamente e gradevolmente tutta la sera, ma non per questo un genovese direbbe di aver fatto la conoscenza di qualcuno.

Mario: Ma dici davvero? Non ci posso credere!

Simone: Certo che dico sul serio! Può succedere infatti che qualche giorno dopo ti capiti di incontrare una di queste persone per la strada e di vedere con grande sorpresa come questa cambi marciapiede soltanto per non dover salutare. Strano no?

Mario: Madonna mia, mi sembra impossibile! Però mi è già successo! La settimana scorsa sono stato a cena dai miei vicini di casa e naturalmente c'erano anche altri ospiti: uno di loro l'ho incontrato tre giorni dopo dal panettiere e non mi ha neanche salutato!

Simone: Sì, da queste parti ti può succedere veramente! Sembra che su questo ci sia una leggenda a Genova: nel passato c'era una tassa sul saluto e poiché si sa che i genovesi non spendono volentieri, è probabile che ancora oggi non vogliano correre rischi.

Mario: Questa non l'ho mai sentita! Siete proprio tirchi!

Simone: Naturalmente non sono tutti così, ma lo sai, no? I tirchi, secondo il cliché, ci sono in molti paesi. Per esempio: in Germania sono gli svevi, poi ci sono gli olandesi, gli scozzesi ...

trentotto

Mario: Già è vero! Senti, ma ... sbaglio o siete anche un po' campanilisti?
Simone: Beh, decidi tu: a Genova si fa una precisa distinzione tra genovesi veri e foresti – parola genovese per indicare chi non è nato a Genova. Questa differenza si vede anche nel calcio. Ci sono due squadre: il Genoa e la Sampdoria. Il Genoa ha come tifosi i genovesi "veri", la Sampdoria invece i "nuovi" genovesi. Ovviamente questa distinzione non è chiarissima ma rispecchia in gran parte questa realtà.
Mario: Allora diventerò anche io tifoso della Sampdoria!

(tratto da: Simone Boscardi, Genova, giugno 2004)

INFO

Genova capitale della cultura 2004

Insieme a Lille, in Francia, Genova è stata nel 2004 capitale europea della cultura (terza città italiana dopo Firenze nel 1986 e Bologna nel 2000). Per questa occasione sono state organizzate molte manifestazioni culturali.
(tratto da: www.repubblica.it/advertising/advertorial/genova2004/eventi.htm)

Traduzione dal genovese:
"Parto per le Indie"
"Speriamo che tu non scopra l'America!"

E 1 · Genova è veramente così?

Correggi gli sbagli nella cartolina di Silvia, ma di' anche quello che è vero.

> Caro zio,
> Genova è veramente bella! Non per niente la chiamano la 'Suprema'. È una città antichissima. La conoscevano già i romani. Il periodo intorno al 130 d.C. è stato quello più importante per Genova. Ci sono nati Cristoforo Colombo e Dante Alighieri, due grandi poeti italiani.
> Siccome intorno a Genova ci sono solo monti, non c'è mai stato molto spazio per costruire le case. Quindi i palazzi sono molto alti e stanno molto vicini uno all'altro.
> Un saluto, tua Silvia

E 2 · Tutto chiaro?

Rispondi a queste domande.
1. Chi sono Simone e Mario?
2. Simone caratterizza i genovesi come poco comunicativi e ne dà due motivi. Quali?
3. Quale esperienza con un genovese ha fatto Mario?
4. Secondo Simone, qual è la differenza fra i tifosi della Sampdoria e del Genoa?

E 3 · Come dice il testo?

Trova le espressioni usate nel testo per le parti sottolineate.
1. <u>È molto difficile</u> fare amicizia con qualcuno.
2. <u>Devono passare</u> molti anni prima che una persona sia un conoscente.
3. <u>Mi sembra difficile crederci!</u>
4. <u>I miei vicini di casa mi hanno invitato a cena.</u>
5. Questa persona <u>passa da una parte della strada all'altra.</u>
6. <u>Qui ti può succedere veramente.</u>

ATTENZIONE! LAVORI IN CORSO!

1. Trova nel testo A gli avverbi che corrispondono ai seguenti aggettivi:
   Sincero – buono (!) – terribile
2. Trova nel testo B tutti gli avverbi e metti accanto gli aggettivi corrispondenti.
   Modello: ironicamente – ironico
   completamente – ...

E 4 · Assolutamente semplice?

1. Trova gli avverbi che corrispondono ai seguenti aggettivi:

strano – forte – gentile – giusto – buono (!) – necessario – probabile – possibile – diverso – serio – cattivo (!) – aperto – cordiale

2. Continua con altri aggettivi.

E 5   *Aggettivo o avverbio, questo è il problema*
Metti le forme adatte dell'aggettivo e dell'avverbio.

Antonio è un ragazzo molto __. Mi ha detto __ che non vuole venire stasera.	aperto
Non mi sembra __ quello che ha detto Maria. __ non ha capito bene quello che è successo.	probabile
Ho __ dimenticato il programma di stasera. Ma ho molta fame. Per questo mi piacerebbe una cena __ al ristorante.	completo
Il mio ragazzo mi ha chiesto di essere sempre __. Allora gli ho detto __ che non ho voglia di venire alla partita.	sincero
Questo non è un piatto italiano __. Mi sembra __ tedesco.	tipico
Tobia è __ simpatico. È sempre __ quello che dice.	vero
Questo esercizio è abbastanza __. Dovete __ completare le frasi.	semplice
Mi basta una risposta __. Basta che mi risponda __.	breve

E 6   *Torniamo al festival: Sei <u>brava, -o</u>, se fai <u>bene</u> questo esercizio*
Metti la forma giusta.

1. Quello che Maria mi ha detto del festival, è __ vero.   certo
2. Quest'anno il festival è stato molto __.   speciale
3. La mia cantante preferita stasera non ha cantato proprio __.   buono
4. Il cantante che ha vinto ha una voce __.   bello
5. __ vengo anch'io al festival.   probabile
6. Ieri sera prima dello spettacolo abbiamo mangiato __.   cattivo
7. Senza di voi mi sono sentito __ solo.   terribile
8. Non è stato __ trovare un biglietto per il festival.   facile

E 7   *Eugenio e Laura – Che tipi!*
1. Metti, secondo la tua fantasia, i seguenti aggettivi in forma di avverbio
davanti agli aggettivi che descrivono Eugenio e Laura:

incredibile – terribile – eterno – pazzo – assoluto – completo – forte

Modello: Eugenio è incredibilmente stupido.

Che tipo, questo Eugenio, lui è __ stupido, __ allegro, __ simpatico, __
giovane, __ solo!!!!!

E Laura? Lei è__ allegra, __ stupida, __ simpatica, __ giovane, __ sola.

2. Come potresti dirlo in tedesco?

quarantuno......................................

E 8 Genova in breve

Metti la preposizione giusta (se è necessario, con l'articolo determinativo) e le parole che mancano.

1. __ tempi dei romani Genova era già un __ importante.
2. __ differenza di molte altre città Genova si è sviluppata in __, __ est __ ovest.
3. I monti __ nord e il mare __ sud spiegano la __ di spazio.
4. Quindi gli abitanti __ Genova sono __ __ vivere con lo __ limitato.
5. Ma molti pensano lo stesso che la loro città __ la più bella.
6. Anche Mario, un amico romano che si è __ __ poco __ Genova, si sente già un genovese __.
7. È già __ __ Sampdoria.
8. Insieme __ Lille, __ Francia, Genova è stata __ __ 2004.

E 9 Amico ↔ conoscente

Come sapete, i genovesi fanno la distinzione tra amici e conoscenti. E tu? Che cosa faresti per un amico/un'amica o per un(a) conoscente o per tutti e due?

Rispondi con delle frasi intere:
1. invitare alla festa di compleanno
2. raccontare tutto
3. aiutare quando ne ha bisogno
4. telefonare quando ne ho bisogno
5. giocare a tennis
6. ballare in discoteca
7. prestare il cellulare
8. andare insieme in vacanza
9. suggerire *(vorsagen)* durante le lezioni

Continua.

E 10 Anche tu conosci queste persone

Come si comporta
- una persona poco comunicativa?
- una persona molto comunicativa?
- una persona tirchia?
- una persona che non vuole correre rischi?
- un/a campanilista?
- una persona gentile?

Ogni gruppo sceglie tre di questi tipi e presenta tre scenette in cui vediamo queste caratteristiche.

E 11 *A proposito di genovesi doc.*
Cerca in Internet il luogo e la regione di nascita di questi famosi personaggi italiani.
Per es. Gianna Nannini è nata a Siena. È una senese/toscana doc.
Michelangelo Buonarroti
Giuseppe Verdi
Leonardo da Vinci
Giacomo Puccini
Carlo Goldoni
Leoluca Orlando
Sophia Loren
Maria Montessori
Laura Pausini
Renzo Piano

Continua.

E 12 *Un po' di geografia*
1. Quali grandi città ci sono in Liguria?
2. Quali regioni si trovano a nord, ovest ed est della Liguria?
3. Come si chiama il mare che bagna la Liguria?

E 13 *Eine Reise im Frühjahr nach Italien*

Du überlegst zusammen mit deiner Familie, wo man im nächsten Frühjahr hinfahren könnte. Die Eltern wollen nach Rom, dein Bruder/deine Schwester ans Meer. Du schlägst eine Fahrt nach Ligurien vor, zunächst lehnen das alle ab, aber schrittweise überzeugst du deine Familie.

*Formate gruppi di tre, preparate gli argomenti (avete 15 minuti) e presentate la conversazione alla classe, ma **senza leggere i testi scritti**.*

quarantatré 43

C Due genovesi famosi

Fabrizio De André

Fabrizio De André è nato nel 1940. Da ragazzo ha ricevuto in regalo una chitarra e da quel momento non l'ha più lasciata, la portava sempre con sé. Al centro della sua vita stavano la musica, la poesia e le serate con gli amici. Nel
5 1979, in Sardegna, è stato vittima di un rapimento insieme alla sua compagna.
Nel 1999 è morto di cancro a Milano.
Tra le sue canzoni più famose ricordiamo
La canzone di Marinella, Bocca di rosa e *Via del Campo*.
(tratto da: www.viadelcampo.com/html/biografia.html)

Renzo Piano

Renzo Piano nasce a Genova nel 1937. È un architetto famoso in tutto il mondo, ha realizzato grandi progetti come il centro Georges Pompidou a Parigi, l'aeroporto di Osaka, il Design Center della Mercedes Benz a Stoccarda,
5 l'Auditorium a Roma. La caratteristica dei progetti di Renzo Piano è che questi sono realizzati con materiali e tecnologie modernissimi.
(tratto da: www.archimagazine.com/bpiano.htm)

centro Georges Pompidou a Parigi

l'aeroporto di Osaka

l'Auditorium a Roma

Strategie 1

Anna, studentessa della nona classe del liceo Dante a Monaco di Baviera, è al secondo anno d'italiano. Nel corso di quest'anno non solo imparerà sempre di più sulla lingua e la cultura italiana, ma sempre più spesso dovrà informarsi, fare ricerche, mettersi in contatto con persone e istituzioni italiane. Ecco come fare:

Strategia 1a:
Informarsi e fare ricerche, presentare i risultati

Le prime due lezioni, che trattano regioni dell'Italia del nord, sono finite. Nella parte 2C abbiamo letto di Renzo Piano, famoso architetto genovese. Nella terza lezione incontreremo Padre Pio. Anna ha il compito di trovare informazioni su che cosa Padre Pio ha a che fare con Renzo Piano.

Anna consulta Wikipedia, l'enciclopedia libera in Internet.
Digita http://it.wikipedia.org e cerca: Renzo Piano
Che cosa troverà tra le opere del famoso architetto?

Anna presenta alla classe quello che ha trovato:
Alcune opere di Renzo Piano famose in tutto il mondo (con foto)
La nuova chiesa a San Giovanni Rotondo (con foto):
le informazioni più importanti: anno dell'inaugurazione, dimensioni, numero di visitatori, struttura

Ecco alcuni consigli semplici sulla tecnica di una presentazione:
- cercare di parlare liberamente, lentamente e a voce alta, non leggere un testo scritto a casa,
- chiedere ai compagni di classe di prendere appunti,
- usare frasi corte con parole chiare e facili; scrivere parole difficili e sconosciute, come per esempio pellegrino[1] alla lavagna e spiegarle all'inizio,
- preparare un lucido[2] e un foglio per i compagni,
- su questi ci sono solo gli aspetti più importanti,
- non usare troppi stili e colori diversi, solo perché è possibile con il computer,
- guardare la classe e cercare di mantenere il contatto con i compagni,
- lasciare spazio ai compagni per fare domande
- alla fine fare alcune domande concrete per controllare se i compagni hanno capito.

[1] *pellegrino*: Pilger   [2] *lucido*: Folie

quarantacinque 45

Strategia 1b: Preparare un viaggio in Italia, prenotare un albergo

Nella sua famiglia solo Anna parla italiano. Quest'anno tutta la famiglia – i genitori, Anna e la sua sorellina Lea – vuole andare a Venezia in febbraio, per vedere il famoso Carnevale.

Anna si è già informata in Internet e alla fine ha trovato un albergo interessante:
www.hotellarondine.it

Anna informiert ihre Eltern über:
• die Lage des Hotels • die Preise • die Zimmer

I genitori decidono di prenotare. E Anna scrive l'e-mail:

> Egregi Signori,
>
> vorrei prenotare una camera tripla e una singola, entrambe con doccia, dal 26 al 28 febbraio.
> È possibile avere anche la mezza pensione?
> Grazie per una pronta risposta,
>
> Anna Pfister

E 1 *Vocaboli utili*
Nella sua e-mail Anna usa parole che sono facili da capire. Come si dice in tedesco?
Consulta un dizionario italiano-tedesco.
camera tripla/doppia/singola
entrambi, -e
doccia
mezza pensione

E 2 *La ricerca di un albergo in Italia*
I compagni di classe ti dicono dove vogliono andare …
Cerca tu in Internet un albergo in Italia e fa' una richiesta di prenotazione.

Lezione 3

Nel cuore verde dell'Italia

Ingresso

Perché si chiama Umbria?
  Il nome deriva dagli Umbri, un'antica popolazione italica che abitava quei territori.

Ma si dice Abruzzo o Abruzzi?
  Si possono usare tutte e due le forme.

Giochiamo al "Chi è?"

1. Nasce ad Assisi in Umbria; la sua famiglia è molto più ricca di tante altre.
2. È uno dei ragazzi più allegri della città: gli piace più fare festa che lavorare.
3. I suoi genitori lo amano più di tutto al mondo.
4. Parte come soldato per la guerra contro Perugia.
5. Quando torna è un'altra persona; dimostra una trasformazione interiore radicale.
6. Dopo una lunga malattia cambia vita e diventa molto meno egoista di prima: regala vestiti e soldi ai poveri e passa il tempo a guardare gli uccelli.
7. Il padre più disperato che mai non ha la minima idea di cosa fare e lo porta dal vescovo.
8. Finalmente il giovane capisce cosa deve fare: davanti a tutta la città si toglie i vestiti e abbandona la famiglia.
9. Durante una passeggiata gli appare Dio che gli perdona i suoi peccati maggiori.
10. Tra i boschi e le valli dell'Umbria raccoglie le più importanti regole sulla vita che un fratello deve seguire per diventare dal peggiore al migliore fra gli uomini.
11. Per tutta la vita ha una fede superiore a quella degli altri.
12. Ama le cose più semplici e le persone meno fortunate.
13. Parla con gli animali, specialmente con gli uccelli e i lupi cattivi.
14. Scrive una canzone bellissima per lodare Dio.
15. È il santo più amato dagli italiani.
16. È il patrono d'Italia.

Chi è?

INFO

Il Cammino di San Francesco

Dal 21 dicembre 2003 è possibile visitare i luoghi tanto cari a San Francesco e fare così un viaggio nella cultura e nella storia, a contatto con la natura e alla ricerca della spiritualità del tempo. Sull'esempio del Cammino di Santiago di Compostela in Spagna si possono fare ben 80 km che attraversano la cosiddetta Valle Santa.

La religiosità in Italia

Il Bel Paese è una nazione fortemente cattolica. Ma attenzione! Credenti sì, ma non sempre e a tutti i costi. La cosa più strana: gli italiani non credono sempre nella chiesa ma in Dio; non vanno spesso in chiesa la domenica ma pregano molto; criticano la chiesa ma anche per i più giovani l'insegnamento della religione a scuola è molto importante.

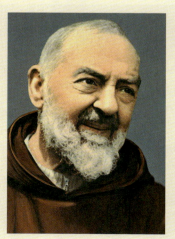

Curiosità

Un Santo in Internet:
http://www.pietrelcinanet.com/padre_pio/

Accanto a San Francesco, fra i santi più amati in Italia, ricordiamo Francesco Forgione, più conosciuto come Padre Pio (1887–1968). Padre Pio è amatissimo già in vita per tutto quello che fa per i poveri. Costruisce un ospedale per i malati che si trova a San Giovanni Rotondo, in provincia di Foggia, ed è ancora oggi fra i più grandi d'Italia.

INFO

Umbria

Il capoluogo
Perugia è il capoluogo dell'Umbria. La città presenta ancora le antiche mura e ospita un' università importantissima per studenti stranieri. www.uni-strapg.it

Da non perdere in Umbria

Il Duomo romanico di Orvieto.

Sport a contatto con la natura.

In Umbria la tradizione musicale è molto ricca. Ci sono alcuni festival di musica e di teatro a Spoleto.

Hai mai sentito parlare del colore umbro?
Chiedi al tuo professore d'arte.

cinquantuno 51

Lezione 3

E 1 **Vero o falso?**

Correggi dove è necessario:
1. La persona cercata nel testo viene da una famiglia povera.
2. È un ragazzo molto allegro.
3. Subito dopo la guerra contro Perugia ha di nuovo voglia di combattere.
4. Una grave malattia cambia il suo carattere.
5. Un giorno si presenta nudo a tutta la città.
6. Nei boschi raccoglie i funghi.
7. Ama tutte le persone fortunate.
8. Sa parlare molte lingue: l'inglese, il tedesco e anche la lingua dei lupi e degli uccelli.
9. È l'unico santo d'Italia.

E 2 **La vita di San Francesco a fumetti**

Metti i disegni nell'ordine giusto e trova un titolo per ogni disegno.

52 .... *cinquantadue*

ATTENZIONE! LAVORI IN CORSO!

Fai una lista di tutti i comparativi e superlativi relativi e assoluti che trovi nel testo! Che cosa noti?

Modello:

superlativo assoluto	superlativo relativo	comparativo
bellissima	il santo più amato	più di tutto
...	il peggiore fra gli uomini	superiore
	...	...

E 3 San Francesco parla con gli animali. Loro si presentano a lui

Modello: Il topo dice: Sono ...

Usate gli aggettivi seguenti per presentare gli animali:
grande – bello – timido – piccolo – furbo – intelligente – fiero – brutto – stupido – paziente – benevolo – pesante

E 4 Chiacchiere al bar della scuola

Completa le frasi con comparativi e superlativi.
1. Questo caffè è ancora __ (cattivo) di quello che fa mio fratello.
2. Conoscete le due sorelle di Giancarlo? Carla, la __ (grande) e Marina, la __ (piccolo)?
3. Il gelato fatto da mia nonna è il __ (buono) della città.
4. Questa pizza è di __ (basso) qualità.
5. Scusate, ragazzi. Dov'è l'aula della 4B? È la 47, al piano __ (alto).
6. Ecco Mara: porta sempre vestiti di __ (buono) qualità.
7. Oggi sto ancora __ (male) di ieri. Carla invece sta __ (bene) di ieri.
8. Questo gelato __ (buono) di quell'altro. È meglio prendere l'altro.

cinquantatré 53

E 5 **Francesco si toglie i vestiti**

La gente di Assisi osserva Francesco mentre si toglie i vestiti in mezzo al paese. Le persone che lo vedono commentano quello che fa.
Scrivi quello che dicono.

E 6 **Franziska ad Assisi**

Franziska, una ragazza tedesca, ha sempre sognato di visitare Assisi, il luogo dove è vissuto San Francesco, il santo di cui porta il nome. Eccola finalmente ad Assisi!

Forma delle frasi con il superlativo assoluto.

Modello: Assisi è bellissima.

La chiesa di San Francesco		interessante
Gli alberghi ad Assisi		caro
Gli affreschi di Giotto e Cimabue		grande
L'architettura	è	molto
Assisi		poco
Il vino umbro		tanto
Il parcheggio vicino alla chiesa	sono	bello
I turisti		antico
L'Umbria		ricco
		famoso
		brutto

E 7 **Una cartolina a Francesca**

Franziska ha trascorso la prima giornata ad Assisi. Quando torna all'albergo Franziska scrive subito una cartolina alla sua amica italiana Francesca, la sua partner dello scambio di tre mesi fa.

Cara Francesca, ...

Tanti saluti ...

54   cinquantaquattro

E 8 *Estremi positivi ... e negativi*

Completa con la forma giusta. Devi scegliere tra il superlativo assoluto e quello relativo.

Modello: Tra tutte le città umbre, Assisi è *la più famosa*.
Il turismo è *importantissimo* per l'Umbria.

1. Ho visto una chiesa __ (bello).
2. Tra gli uccelli il colibrì è __ (piccolo).
3. In quel museo abbiamo visto le opere __ (bello).
4. Questa trattoria è __ (buono) di Assisi.
5. Ho visto molte città, ma Roma è la città __ (interessante) di tutte.
6. Ho passato una serata __ (divertente).
7. Per alcuni ragazzi andare a scuola è __ (noioso).
8. Chi studia poco prende spesso voti __ (brutto).
9. San Francesco è un santo __ (famoso), si può dire che è il santo __ (famoso) d'Italia.
10. Tra tutte le sorelle Marina è __ (intelligente).

ATTENZIONE! LAVORI IN CORSO!

La sua famiglia è molto più ricca di tante altre.
Gli piace più fare festa che lavorare.
Quando si usa **di** e quando **che**?   G → 3.3

E 9 *Di o che?*

Completa con la forma giusta.

Modello: Andare in macchina è *più* comodo *che* andare a piedi.
Andare a piedi è *meno* comodo *che* andare in macchina.
Carla è *più* bella *di* Monica. Claudio è *meno* alto *di* Gennaro.

1. L'Italia è __ grande __ Austria, ma è __ grande __ Germania.
2. Francesca è __ alta __ sua sorella.
3. In Italia nascono __ bambini __ in Francia.
4. La bicicletta è __ veloce __ moto.
5. Pernottare all'ostello della gioventù è __ economico __ pernottare all'albergo.
6. È __ divertente andare in spiaggia __ al museo.
7. Questo ragazzo è antipatico. Ma quell'altro è ancora __ antipatico.
8. Questo ristorante è __ caro, ma offre la stessa qualità.
9. Questa trattoria è cattiva. Ma quella in piazza Marconi è ancora __.
10. Mio fratello ha tre anni __ __ me. Sono __ piccola __ lui.

cinquantacinque 55

E 10 Città italiane – luoghi di superlativi!

Con l'aiuto delle parole che trovi qui sotto forma almeno dieci frasi.
Usa sempre il superlativo (relativo o assoluto)!

Modello: A Firenze abbiamo mangiato un gelato grandissimo.

Roma Gubbio Firenze Spoleto Assisi Perugia Napoli Bologna il Lago Trasimeno	esserci avere mangiare trovarsi
i ristoranti le chiese l'albergo i ragazzi le strade la pizza il gelato i turisti le case	il più il meno -issimo buono interessante caro bello male romantico grande piccolo cattivo

E 11 Una vacanza in Umbria

1. La famiglia di Stefania ha deciso di passare le prossime vacanze in Umbria e sta facendo dei progetti per il viaggio. Purtroppo genitori e figli non hanno le stesse idee.
   Informatevi sull'Umbria e completate la lista

Genitori	Figli
Visitare Gubbio, Perugia, Assisi ...	Fare lo sport come canyoning, rafting, sci nautico ...
Andare a un festival di musica ...	Andare in discoteca ...
Andare a un ...	Incontrare altri ragazzi ...

2. Dividete la classe in genitori e figli e fate una discussione! Trovate una soluzione?

B Il Parco Nazionale d'Abruzzo

Come arrivare al Parco

Il Parco Nazionale d'Abruzzo, Lazio e Molise è situato nel cuore dell'Appennino centrale, a cavallo tra Abruzzo, Lazio e Molise e a uguale distanza tanto dal mare Adriatico che dal Tirreno.

Dove orsi e lupi sono di casa.

I ragazzi del Marconi hanno deciso di passare un fine settimana in mezzo alla natura e così hanno organizzato una gita al Parco Nazionale d'Abruzzo. Eccoli tutti intorno alla guida che fanno mille domande.

5 *Guida:* Allora, ragazzi, cosa sapete del parco?
Giulia (sottovoce): Ma non è lui la guida!?!
Gennaro: Mah, veramente non molto. Il professore di geografia ci ha detto che il Parco Nazionale d'Abruzzo è molto antico e che ci sono molti animali.
10 *Guida:* Sì, esatto. Ecco un vecchio libro sul parco: c'è scritto che nel 1872, dopo che negli Stati Uniti era nato Yellowstone, il primo parco nazionale del mondo, anche in Italia, e precisamente a Camosciara nell'Appennino centrale, oggi cuore del Parco Nazionale d'Abruzzo, il governo ha deciso di
15 creare una grande riserva reale di caccia. La gente aveva capito che era necessario proteggere alcune specie rare, come il Camoscio d'Abruzzo e l'Orso bruno. Questa riserva è diventata uno dei parchi naturali più importanti d'Italia.
Chiara: Perché? Che cosa è successo?
20 *Guida:* Con gli anni il parco è cresciuto tanto; oggi il parco ha un'area totale di 50.000 ettari ...
Gennaro: Mio nonno mi ha raccontato una volta che è conosciuto in tutta Europa come parco-pilota di grande importanza. Vorrei proprio sapere se è vero.
25 *Guida:* Sì, è vero. In poco tempo il Parco Nazionale d'Abruzzo è diventato un parco-pilota per le altre aree protette italiane ed europee. I visitatori restano spesso senza parole perché il parco è così bello e perché gli animali hanno così tanto spazio.
Giulia: Ma siamo sicuri che ci sono anche gli animali? Io finora non ne
30 ho visto neanche uno!
Guida: Stai tranquilla, ce ne sono tanti, eccome! Pensate che il parco ospita una grande varietà di animali: mammiferi, uccelli, rettili, anfibi e pesci, e tantissimi insetti.
Chiara: Io odio gli insetti!
35 *Guida:* Volete vedere animali più interessanti? Allora, forse dovreste tutti fare un po' più di silenzio.

cinquantasette 57

INFO

Abruzzo – Da vedere

Il Gran Sasso d'Italia è, con il Corno Grande – 2912 m –, la zona montuosa più importante dell'Appennino centrale. C'è anche un ghiacciaio, l'unico dell'Appennino. Dal 1991 il territorio è un Parco Nazionale che è particolarmente affascinante sia per gli sportivi (sci, alpinismo, trekking), sia per i turisti più pigri.

E 1

Abbiamo capito bene il testo 3A?
Completa le frasi.
1. I ragazzi del Marconi hanno organizzato una gita al Parco Nazionale d'Abruzzo perché __.
2. I ragazzi sanno del parco che __.
3. Nel 1872 a Camosciara nell'Appennino centrale il governo ha deciso di creare __.
4. La riserva reale di caccia oggi è uno dei parchi più importanti d'Italia perché __.
5. Il nonno di Gennaro ha detto che __.
6. Molti visitatori restano senza parole perché __.
7. Nel parco vivono molti animali come __.
8. I ragazzi devono fare un po' di silenzio se __.

E 2

Che cosa significa?
Spiega le seguenti espressioni sottolineate del testo a parole tue.
1. Eccoli intorno alla guida che fanno <u>mille</u> domande.
2. ... oggi <u>cuore</u> del Parco Nazionale d'Abruzzo, ...
3. ... come <u>parco-pilota</u> di grande importanza ...
4. I visitatori <u>restano</u> spesso <u>senza parole</u>.

E 3

Come va avanti la gita?
La visita guidata non è ancora finita. I ragazzi fanno un po' di silenzio.
Ma che cosa succede? Continua la storia e scrivi la fine nel tuo quaderno.

E 4

Tanti animali!
Completa la tabella con altri animali. Puoi anche usare il dizionario bilingue.
Scrivi la lista sul quaderno! (Puoi trovare altri animali negli esercizi 1 e 3, Lez. 3 A)

Specie	Esempio
mammiferi	il cane ...
uccelli	il colibrì ...
rettili	...
anfibi	...
pesci	...
insetti	...

ATTENZIONE! LAVORI IN CORSO!

Cerca nel testo tutte le frasi in cui si trova il discorso indiretto.
Cosa noti per quanto riguarda l'affermazione e la domanda?

E 5 **Cosa dicono le persone nel parco?**
Trasforma il discorso diretto in discorso indiretto:

Modello: Giulia dice: "Ho fame!"
Giulia dice che ha fame.

1. Non c'è solo **dire**!
Quali altri verbi conosci per introdurre un discorso? Fa' una lista.

2. Ora usa questi verbi per il discorso indiretto.
1. "Guardate come è grande il parco nazionale!"

2. "Il Parco Nazionale d'Abruzzo è molto antico e ci sono molti animali."

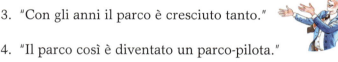

3. "Con gli anni il parco è cresciuto tanto."

4. "Il parco così è diventato un parco-pilota."

5. "Ma non ci sono animali."

6. "Stai tranquilla, ci sono tanti animali, eccome!"

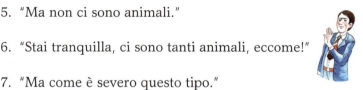

7. "Ma come è severo questo tipo."

8. "Il parco ospita una grande varietà di animali, anche insetti."

9. "Odio gli insetti!!"

10. "Dobbiamo veramente stare più in silenzio."

E 6 **L'Abruzzo**
Di che cosa parla l'infobox sull'Abruzzo?

Modello: L'infobox spiega che/ci informa che ...

E 7 **Dopo la gita tutti sono curiosi** G → 3.4
Trasforma le domande:

Modello: Mio padre mi chiede: "**Hai visto** il parco?"   *discorso diretto*
Mio padre mi chiede **se ho visto** il parco.   *discorso indiretto*

Il professore chiede: "Chi **è stato**?"   *discorso diretto*
Il professore chiede **chi è stato**.   *discorso indiretto*

cinquantanove 59

1. Gennaro chiede ai suoi amici: "Dove avete visto gli orsi?"
2. Giulia dice a Gennaro: "Potresti dare il libro sulla storia del parco anche a me?"
3. Giulia dice a Chiara: "Perché hai comprato tante cartoline?"
4. Giulia domanda: "Quanto costavano dieci cartoline?"
5. Gennaro esclama: "Dovete sempre gridare?"
6. Il professore di geografia ci domanda: "Avete capito tutto quello che diceva la guida?"
7. La guida ci domanda: "Tornate presto?"
8. Il padre vuole sapere: "Com'è stata la gita?"
9. La mamma domanda: "Anche le amiche sono state bene?"

E 8 A casa della famiglia Giacomelli
Trasforma le frasi:

Modello: Mio padre mi dice: "**Dammi** il giornale!"
Mio padre mi dice **di dargli** il giornale.
Mio padre mi dice **che gli dia** il giornale.

1. Isabella dice a Chiara: "Dammi il libro sulla storia del parco!"
2. La mamma dice alla figlia: "Raccontami tutto!"
3. Chiara dice a Isabella: "Fa' attenzione anche tu!"
4. Isabella e Chiara dicono alla madre: "Abbiamo fame. Facci un panino, per favore!"
5. Il padre dice: "Mangiate in cucina!"
6. Chiara dice a Isabella: "Prepariamoci una bella merenda!"
7. La madre dice a Isabella: "Non parlare ad alta voce! Ho mal di testa."

E 9 Il volo libero al Gran Sasso!

Dein sportlicher Onkel hat folgende Internetadresse gefunden:
http://www.ilgransasso.it/ctgs/stagione_estiva/home.html
Da er aber kein Italienisch versteht, musst du ihm die wesentlichen Informationen zusammenfassen. Benutze ein italienisch-deutsches Wörterbuch.
1. Wie gelangt man nach Campo Imperatore?
2. In welcher Höhe befindet man sich dann?
3. In welchen Jahreszeiten ist das Fliegen möglich?
4. Sind die Lehrer auch wirklich erfahren?
5. Welche speziellen Windbedingungen müssen herrschen?
6. Wo kann man Erkundigungen einholen?

E 10   **Ti piacerebbe fare il volo libero?**
Tua zia ti ha regalato un volo libero. Come reagisci?
Scrivile una lettera!

E 11   **Ancora il Gran Sasso**
Conosci un "acrostico"?
Si fa così: scegli una parola, per esempio **ITALIA**, la scrivi in direzione verticale e scrivi accanto a questa parola altre parole che hanno a che fare con la parola in mezzo.

```
        a m I c i
          s T o r i a
        R o m A
        b e l L a
          v I a g g i a r e
        m A r e
```

1. Scrivi nel tuo quaderno il nome GRAN SASSO e fai un acrostico con questa parola.
2. Scegli anche altre parole che hanno a che fare con gli Abruzzi o con l'Umbria!

E 12   **Folklore in Umbria: la corsa dei Ceri a Gubbio**

1. Ecco due foto della Corsa dei Ceri. Descrivile e parla di quello che fa la gente.
2. Leggi le domande seguenti e rispondi dopo l'ascolto.

   1. In quale provincia umbra si trova Gubbio?
   2. Di quale materiale sono fatti i Ceri?
   3. Quanti Ceri ci sono?
   4. Sono pesanti o leggeri?
   5. Che figure vediamo sui Ceri?
   6. Che cosa fa un Ceraiolo?
   7. Come comincia la festa la mattina?
   8. Qual è il momento più emozionante della festa?

Lezione 3

E 13

Un parco nazionale in Baviera

Un tuo amico italiano ha sentito parlare del parco nazionale e vorrebbe visitarlo con la sua famiglia. Ti chiede qualche informazione. Fai un riassunto delle informazioni più importanti da dargli.

Größe	• 24.250 Hektar (Staatswaldbesitz)
Lage	• In den Landkreisen Regen und Freyung-Grafenau im Inneren Bayerischen Wald entlang der Grenze zur Tschechischen Republik
Höhenlage	• Zwischen 600 und 1453 Meter (Kolbersbach / Großer Rachel)
Klima	• Rau mit kontinentaler Tönung; lange, schneereiche Winter und kühle, feuchte Sommer • Jahresmitteltemperatur: je nach Höhenlage 2 bis 6 Grad Celsius • Jahresniederschläge: 1200 mm (Tallagen) bis über 2000 mm (Kammlagen)
Vegetation	• Waldanteil über 98 % der Nationalparkfläche • Bergfichtenwälder in den Hochlagen ab 1200 m Seehöhe • Bergmischwälder (Fichte, Tanne, Buche, Bergahorn) in den Hanglagen • Aufichtenwälder in den nassen Talmulden mit nächtlichem Kaltluftstau • Hochmoore, Bergbäche, Eiszeitsee sowie nacheiszeitliche Blockfelder
Tierwelt	• Typisches Artenspektrum mitteleuropäischer Bergwälder wie Rothirsch, Reh, Wildschwein, Fuchs, Dachs, Marder und auch Fischotter • über 50 Waldvogelarten, darunter sehr seltene • Zahlreiche, auch seltene Insektenarten, insbesondere auf Totholz lebende Käfer
Rad- und Wanderwege	• Über 300 km gut markierte Wanderwege erschließen die charakteristischen Landschaftsausschnitte des Nationalparks wie Berggipfel, Bergbäche und auch Moore. • Mehr als 200 km markierte Radwege durchziehen den Nationalpark. Unentbehrlicher Bestandteil jedes natürlich sich entwickelnden Waldes, in dem der Mensch nicht pflegend oder nutzend eingreift, sind aber auch absterbende Bäume. Achten Sie deshalb bei Ihren

Wanderungen auf herabstürzendes Totholz und verlassen Sie den Wald bei stürmischem Wind.

Besucher-einrichtungen

- Informationszentrum mit Hans-Eisenmann-Haus, Tier-, Pflanzen- und Gesteins-Freigelände, Erlebniszentrum Haus zur Wildnis mit Tier-Freigelände und Steinzeithöhle, Erlebnisweg Watzlik-Hain, Erlebnisweg „Schachten & Filze", Seelensteig, Aufichtenwaldsteg, Hochwaldsteig, Waldspielgelände, Felswandergebiet

- Das zweisprachige grenzüberschreitende Waldgeschichtliche Wandergebiet „Natur & Geschichte erleben" verbindet die beiden Nationalparke Bayerischer Wald und Sumava am Fußgänger- und Radfahrer-Grenzübergang bei Buchwald/Bucina miteinander.

- Kneippanlagen, Spiel- und Grillplätze komplettieren die Möglichkeiten zur Erholung

Gründung
- 1970; 1997 erweitert

Verwaltung

Nationalparkverwaltung
Freyunger Straße 2, 94481 Grafenau
Telefon 08552/96000, Fax: 08552/9600100
poststelle@npv-bw.bayern.de
Eine Sonderbehörde des Bayerischen Staatsministeriums für Umwelt, Gesundheit und Verbraucherschutz.

Auszeichnungen
- 1972 internationale Anerkennung durch die International Union for Conservation of Nature and Natural Ressources (IUCN). Seit 1986 Verleihung des Europadiploms der Kategorie A durch den Europarat (letztmals 2001 verlängert bis 2006)

www.nationalpark-bayerischer-wald.de

C Il cantico delle creature

Altissimu, onnipotente, bon Signore,
tue so' le laude, la gloria e l'honore et onne benedictione.
Ad te solo, Altissimo, se konfano,
et nullu homo ène dignu te mentovare.

5 Laudato sie, mi' Signore, cum tucte le tue creature,
spetialmente messor lo frate sole,
lo qual'è iorno, et allumini noi per lui.
Et ellu è bellu e radiante cum grande splendore:
de te, Altissimo, porta significatione.

10 Laudato si', mi' Signore, per sora luna e le stelle:
in celu l'ài formate clarite et pretiose et belle.

Laudato si', mi' Signore, per frate vento
et per aere et nubilo et sereno et onne tempo,
per lo quale a le tue creature dài sustentamento.

15 Laudato si', mi' Signore, per sor'aqua,
la quale è multo utile et humile et pretiosa et casta.

Laudato si', mi' Signore, per frate focu,
per lo quale ennallumini la nocte:
ed ello è bello et iocundo et robustoso et forte.

20 Laudato si', mi' Signore, per sora nostra matre terra,
la quale ne sustenta et governa,
et produce diversi fructi con coloriti flori et herba.

Laudato si', mi' Signore, per quelli ke perdonano per lo tuo amore
et sostengo infirmitate et tribulatione.
25 Beati quelli ke 'l sosterrano in pace,
ka da te, Altissimo, sirano incoronati.

Laudato si', mi' Signore, per sora nostra morte corporale,
da la quale nullu homo vivente pò skappare:
guai a quelli ke morrano ne le peccata mortali;
30 beati quelli ke trovarà ne le tue sanctissime voluntati,
ka la morte secunda no 'l farrà male.

Laudate e benedicete mi' Signore et rengratiate
e serviateli cum grande humilitate.

*Cantico di Frate Sole o Delle Creature,
scritto da San Francesco d'Assisi nel 1224*

Übersetzung:

Höchster, allmächtiger, gütiger Herr;
Dir seien Lob, Ruhm, Ehre und Lobpreis gewidmet.
Dir allein, Höchster, wenden sich alle zu
und kein Mensch ist würdig, Deinen Namen zu nennen.
5 Gelobt seist Du, oh Herr, durch alle Deine Geschöpfe,
besonders durch den Bruder Sonne[1]
er gibt uns das Licht für den Tag
und er ist schön und hell und leuchtet mächtig.
Von Dir, Herr, ist er ein Abbild.

[1] *die Sonne*: i̱l sole

10 Gelobt seist Du, oh Herr, durch die Schwester Mond[2]
und die Sterne
im Himmel hast Du sie erschaffen, hell, kostbar und schön.

[2] *der Mond*: la̱ luna

Gelobt seist Du, oh Herr, durch den Bruder Wind
denn durch die Luft und die Wolken und heiteres Wetter
15 erhältst Du Deine Geschöpfe am Leben.

Gelobt seist Du, oh Herr, durch Schwester Wasser,
denn sie ist sehr nützlich und bescheiden und kostbar und rein.

Gelobt seist Du, oh Herr, durch Bruder Feuer,
denn durch ihn erleuchtest Du unsere Nacht,
20 und er ist schön und heiter und kräftig und stark.

Gelobt seist Du, oh Herr, durch unsere Schwester Mutter Erde,
denn sie erhält und lenkt uns
und bringt viele Arten von Früchten und bunte Blumen und Kräuter hervor.

Gelobt seist Du, oh Herr, durch die, die durch Deine Liebe verzeihen
25 und Krankheit und Leid ertragen.
Glücklich sind die, die in Frieden ruhen,
und die von Dir, höchster Gott, aufgenommen werden.

Gelobt seist Du, oh Herr, durch unsere Schwester Tod[3],
denn ihr kann kein Mensch entfliehen:
30 Wehe denen, die in Todsünden sterben;
glücklich diejenigen, die Deine heilige Zuneigung haben,
denn der heitere Tod wird ihnen nichts anhaben.

[3] *der Tod*: la̱ morte

Lobt und preist meinen Herrn und sagt ihm Dank,
und dient ihm mit großer Ehrfurcht.

sessantacinque 65

E 1　Il cantico delle creature

Leggi questa versione scritta nel Medioevo in dialetto umbro.
Quali parole riconosci?
Fai una lista di queste parole e traducile in italiano!

Cimabue (ca. 1270), **Madonna, Angeli e San Francesco**, Basilica di San Francesco, Assisi

E 2　Gli elementi

Conosci i quattro elementi? Come si chiamano in italiano?
Come caratterizza l'autore gli elementi, il sole, la luna e le stelle?

Lezione 4

Gente di terra, gente di mare

Ingresso

La Puglia
- è la regione più orientale d'Italia
- ha le coste più lunghe (800 km)
- è la regione con meno montagne
- vive di agricoltura (frutta, verdura, olio, vino), industria, servizi, turismo, pesca

A Intervista a una famiglia che abita in un trullo

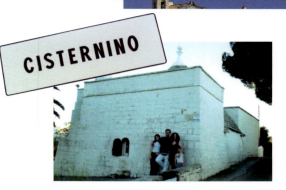

Maria e Totò Monfregola vivono, insieme ai loro due figli Silvia e Adriano di 16 e 10 anni, a Cisternino in provincia di Brindisi. Non abitano però in una casa qualsiasi, ma in un trullo ristrutturato.

Giornalista: Come mai avete deciso di vivere in un trullo?
Maria: Non l'abbiamo deciso: questo trullo era la casa dei miei genitori ed io sono cresciuta qui insieme ai miei due fratelli. I miei erano contadini e lavoravano la campagna qui intorno. Allora si stava più stretti di adesso perché in una parte del trullo si mettevano gli attrezzi agricoli. Ci si alzava tutti molto presto e noi figli andavamo a scuola in paese a piedi. Quando mi sono sposata i miei hanno deciso di trasferirsi in paese per essere più vicini ai negozi e a tutti i servizi e io e Totò abbiamo pensato di ristrutturare il trullo e continuare ad abitarci.
Giornalista: Totò, tu non sei di queste parti, ma ti è piaciuta l'idea di stare in un'abitazione così caratteristica?
Totò: Mah, vedi, uno che viene da fuori pensa ai trulli come a qualcosa di strano, da fotografare ... ma i trulli sono proprio una parte di questa terra e della sua cultura e quando li si conosce non si può non amarli. La loro storia è affascinante: si dice che abbiano cominciato a costruirli per ordine di un conte che non voleva pagare le tasse al governo centrale. Le abitazioni si dovevano costruire solo con le pietre, che qui di sicuro non mancavano, a secco, per poterle smontare in fretta in caso di ispezione!
Giornalista: Ma perché questa strana forma?
Totò: La cupola e i grossi muri sono molto stabili e mantengono una temperatura costante e un po' l'umidità ... e qui si ha sempre mancanza d'acqua. Le pietre della cupola sono di sette centimetri al massimo e si mettono una sull'altra in un cerchio sempre più stretto. È veramente qualcosa di magico!
Giornalista: È vero: quando uno entra in un trullo e alza gli occhi, gli sembra di essere quasi in una chiesa ...
Maria: Beh, certo non si possono mettere sullo stesso piano delle case moderne in cui sembra che manchi l'aria ... e che

sessantanove 69

	acustica! Senti, stasera vengono degli amici e faremo un po' di musica tradizionale: se hai voglia di venire ...
Giornalista:	Con molto piacere, ma avrei ancora una cosa da chiedere: che significato hanno quei simboli che si vedono sulla cima?
Maria:	Mah, rappresentano segni zodiacali o simboli religiosi, ma restano comunque misteriosi. Allora ci si vede stasera? ...

Pinnacoli e simboli dei Trulli

Simboli primitivi

Simboli cristiani

Simboli magici

E 1 **Il trullo dei Monfregola**
Dove e come dice il testo ...
1. ... che Silvia non è figlia unica?
2. ... che Adriano ha due zii?
3. ... che la vita della piccola Maria non era facile?
4. ... che i genitori di Maria non vivono con la figlia?
5. ... che il conte era intelligente?
6. ... che le temperature dentro il trullo non cambiano molto?
7. ... che ai Monfregola piace invitare gente?

E 2 **In altre parole**
Usa le espressioni del testo per le parole in grassetto.
1. Non è una casa come **tutte le altre**.
2. **Non c'era molto spazio.**
3. Andavamo a scuola **a Cisternino** a piedi.
4. Totò non è cresciuto **vicino a Cisternino**.

settanta

ATTENZIONE! LAVORI IN CORSO!

Come dice il testo?
La gente dice ...

"**Mettevamo** gli attrezzi in una parte del trullo."
"**Dovevamo** costruire le case solo con le pietre."
"**Stavamo** più stretti."
"**Ci alzavamo** presto."
"**Ci vediamo** stasera."
Cerca le frasi corrispondenti nel testo.

Come si traduce il «si» di queste forme in tedesco?
Quando bisogna mettere il verbo al plurale?
Che cosa succede agli aggettivi?
Che cosa succede quando si incontrano il si riflessivo e il si impersonale?

E 3 Che cosa si fa ...
Decidi tu:
Si impersonale e/o si riflessivo?
1. Alle sette e mezzo Luigi si lava in fretta.
2. In quel ristorante si mangia a tutte le ore.
3. I nostri amici si fermano da noi per una settimana.
4. Per il compleanno di Teresa si comprano molte bevande.
5. Carlo sente freddo e si mette una giacca di lana.
6. Qui si deve fare attenzione.
7. Mario si vuole lavare i capelli.
8. Le abitazioni si dovano costruire solo con le pietre.

E 4 ... e che cosa non si fa
Un giorno Maria va a trovare un'amica all'ospedale. Porta anche il suo nipotino Vito che però si annoia tanto.
Trasforma gli ordini della zia.

Modello: Non correre → Qui non si corre!

1. Non parlare a voce alta.
2. Non toccare niente.
3. Non mettere i fiori vicino al letto.
4. Non disturbare quelli che dormono.
5. Non giocare.
6. Non portare il cane.
7. Non accendere il telefonino.

Continua con gli infiniti seguenti e forma frasi complete:
mangiare – ridere – gridare – bere – ascoltare

sessantuno... 71

E 5 — Un trullo – agriturismo
Trasforma le frasi.

Modello: Prepariamo il pane in casa. Si prepara il pane in casa.
Prepariamo tutti i dolci in casa. Si preparano tutti i dolci in casa.

1. Usiamo solo prodotti della zona.
2. Rispettiamo la cucina tradizionale.
3. Compriamo solo vini italiani.
4. Proteggiamo l'ambiente.
5. Andiamo a cavallo.
6. Risparmiamo energia.
7. Vendiamo prodotti artigianali.
8. Mangiamo solo i nostri formaggi.

E 6 — Tempi passati: il padre di Maria si ricorda
Modello: "Una volta **si stava più stretti**, oggi invece, si ha più spazio."

Completa le frasi.
"Quando **si era giovani si** __."
"Oggi, **si è più ricchi**, ma nello stesso tempo __."
"Prima **si era più coraggiosi**, oggi invece, __."
"50 anni fa **si era generosi**, oggi __."
"Sì, è vero, non **si era mai soli**, ma dall'altra parte __."
"Quando andavamo a scuola, **si era tutti un po' innamorati** della professoressa, oggi __."
"Allora, ci **si accontentava di poco e si era felici**, oggi __."
"Da bambini **si era gelosi** dei fratelli più grandi, oggi invece __."

E 7 — Quando si è giovani

Lavora con il tuo vicino. Formate delle frasi secondo il modello.

Modello: Quando si è giovani ... non si crede sempre a tutto quello che dicono i genitori.

settantadue

E 8 *Prima di andare a una festa ...*

Allora che si fa?
Modello: Ci si lava la faccia.

E 9 **Preparati bene per una vacanza in Puglia**
Secondo te, che cosa bisogna fare **prima di** andarci?

Ecco alcune espressioni utili:

bisogna	è necessario	è importante	è evidente	indubbiamente
uno può	occorre		è utile	non dimenticare	è opportuno
è chiaro	sembra	uno deve assolutamente		meglio
si può	si possono		è utile	...

Fai delle frasi secondo il modello:

Bisogna **guardare** i seguenti siti sulla Puglia: www.puglia.it
Bisogna che **tu guardi** i seguenti siti: ...
Uno deve assolutamente prenotare un volo.

E 10 **Mi manca lo spazio!**
Silvia non vuole più abitare nel trullo, ma vuole andare a vivere con la nonna in paese. Perché?

1. Con quali argomenti Silvia cerca di convincere i suoi genitori?

2. Come reagiscono i genitori?

settantatré 73

E 11 — Altre case strane

Descrivi le abitazioni e spiega perché o per chi possono essere utili.

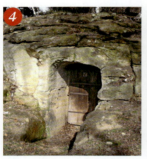

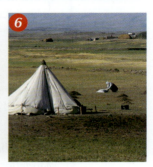

E 12 — Musica tradizionale

Una canzone popolare pugliese: "Beddha ci stai luntanu"

Beddha ci stai luntanu

2 *il ponente*: Westen; Abend
3 *il sospiro*: Seufzer
4 *ardente*: glühend, brennend
5 *temere*: (be)fürchten
6 *il fiume*: Fluss
  l'argento: Silber
7 *lamentare*: (be)klagen, jammern

Beddha ci stai luntanu e boi me viti
nfacciate alla fenescia te lu punente
se sienti friddu suntu li mei suspiri
se sienti cautu ete stu core ardente

5 se viti onde a mare nu le timire
suntu le lacrime mei fiumi d'argentu
e ci pe l'aria sienti uci e lamenti
su ieu ca te chiamu ma nu me sienti

Bella che stai lontano e vuoi vedermi
Affacciati alla finestra di ponente
Se senti freddo sono i miei sospiri
Se senti caldo è il mio cuore ardente

5 *Se vedi onde in mare non le temere*
Sono le lacrime mie fiumi d'argento
E se per l'aria senti voci e lamenti
Sono io che ti chiamo ma non mi senti

Vero (v) o falso (f):
1. La ragazza sta vicino.
2. Per vedere il ragazzo, deve affacciarsi alla finestra.
3. Se lei vede onde in mare, sono le lacrime del ragazzo.
4. Se sente voci, sono quelle di suo padre.
5. Se sente freddo, è l'inverno.
6. Se sente caldo, è il suo cuore.
7. Lui le dice di temere le onde del mare.
8. Lui chiama lei.
9. Lei lo sente.

74 .... *settantaquattro*

B *Le isole Tremiti*

Raccontano che l'eroe greco Diomede sia morto sull'isola di San Domino e che i suoi compagni si siano trasformati in uccelli bianchi per stargli vicino. Ancora oggi le isole Tremiti si chiamano anche Diomedee, proprio come gli uccelli bianchi che ci abitano.

5 San Domino, San Nicola, Pianosa e Capraia sono il luogo ideale se uno vuole trascorrere una vacanza al sole, con un mare pulito ed un ambiente naturale ancora quasi intatto. A San Nicola, per esempio, non si possono usare le automobili e si ha quindi l'opportunità di girare tranquillamente a piedi e fare bellissime escursioni.

10 Le isole sono raggiungibili in aliscafo, in motonave, in elicottero e, se si è coraggiosi, si può pure provare in gommone. Qui preparano i piatti tipici della cucina mediterranea, con pesce e verdure. Non hanno costruito molti alberghi per i turisti e così esiste la possibilità di alloggiare nelle case dei pescatori.

15 Non sempre però i due mondi che si incontrano, quello turistico e quello locale, si capiscono, anche perché certi turisti sono proprio tipi strani …

Tutto chiaro?

1. Perché le isole Tremiti si chiamano anche Diomedee?
2. Che cosa ci si può fare?
3. Come ci si arriva?
4. Dove si può alloggiare?

Racconta un pescatore

1. Perché il pescatore si alza tardi?
2. Che lavoro faceva suo padre?
3. Che lavoro vorrebbe fare lui?
4. Come si mangia il pesce alle Tremiti?
5. Cosa pensa il turista del dover mangiare il pesce crudo?

E 3 *"ci" – "si "–"ci si" – Che confusione!*
Decidi tu quale pronome/quali pronomi mettere nelle frasi seguenti.
1. Le isole __ chiamano anche Diomedee.
2. Qui __ preparano i piatti tipici.
3. Non __ possono usare le automobili.
4. __ può quindi girare tranquillamente a piedi.
5. Se __ è coraggiosi, __ può provare in gommone.
6. __ può alloggiare nelle case dei pescatori.

E 4 *Che cosa uno può – o non può – fare sulle isole?*
Rileggi il testo e forma delle frasi con i verbi seguenti:
vedere – raggiungere – trascorrere – alloggiare – mangiare – incontrare – girare – usare le automobili

E 5 *Il mondo locale e il mondo turistico*
Molto spesso in luoghi come le Tremiti c'è un conflitto tra gli interessi dei visitatori e quelli degli abitanti.
1. Spiega perché e usa le parole seguenti:
   traffico – soldi – inquinamento – rifiuti – natura – tranquillo – pescatore – ambiente naturale
2. In questo contesto si parla spesso dei "turisti mordi e fuggi". Che tipo di turista è? Usa un dizionario bilingue e spiega l'espressione.

E 6 *Un ambiente naturale quasi intatto*
L'organizzazione Legambiente lavora per proteggere la natura intatta delle isole.
Quali consigli darebbe al sindaco delle isole? (6 proposte)

E 7 *Uno stage sulle isole*
Silvia vuole fare uno stage sulle Tremiti con Legambiente.
1. Quali sono i suoi argomenti?
2. Quali sono le domande dei genitori?

E 8   *Lucio Dalla: Cantautore bolognese con fortissimi legami con le Tremiti*

Musica: Lucio Dalla torna con un concerto alle Tremiti
13 aprile 2007 **Dopo un anno di assenza Lucio Dalla torna a cantare e a suonare alle isole Tremiti.**

La conferma è venuta dal sindaco, Giuseppe Calabrese, che chiarisce anche che lo scorso anno il cantante bolognese non ha tenuto il suo solito concerto a causa dei mondiali di calcio. Quest'estate, dunque, Dalla, che ha anche una casa nell'isola di San Domino,
5 tornerà con il suo gruppo di musicisti. "Ancora non sappiamo la data precisa del suo concerto – ha spiegato Calabrese – ma quasi sicuramente si terrà entro la fine di giugno. Mi devo sentire con Lucio per decidere la data in base ai suoi impegni." Quello di quest'anno però sarà un mini concerto, proprio per i numerosi
10 impegni del cantante tra cui anche una tournee all'estero.
"Durante il concerto di Lucio Dalla" – ha aggiunto il sindaco delle Tremiti – "inaugureremo anche la nuova piazza Belvedere che si trova proprio a pochi metri dall'abitazione del cantante." Un legame forte quello di Lucio Dalla con le isole Tremiti e con la provincia di
15 Foggia in genere. Alcuni anni fa il cantante è stato l'ospite d'onore di una manifestazione a Panni, uno dei più piccoli centri del foggiano. Ma è proprio con le isole Diomedee il legame più forte, tanto che alcune delle più belle canzoni di Dalla sono nate proprio sulle isole.

Fonte: repubblica.it (adattato)

1. Fasse die wesentlichen Informationen des Textes auf Deutsch zusammen.
2. Trova le espressioni che usa il testo per:
   – spiegare
   – dare un concerto
   – casa
   – i lavori che uno deve fare
3. Fa' una lista di tutte le forme del futuro che ci sono.

tornerà
sarà
terrà
inaugureremo

C Clandestini, emergenza sbarchi

Otranto: 461 profughi sbarcano in Puglia.
L'odissea dei disperati
Ogni adulto ha pagato 2.500 dollari, la tariffa per i bambini era la metà. 10 giorni a pane e acqua ed ora l'arrivo negli ospedali o ai centri di accoglienza.
Che fine faranno?
Parla un volontario che lavora in uno di questi centri:
"Si sentono raccontare storie terribili da quasi tutti quelli che arrivano da noi, e non solo di fame e miseria, ma anche di persecuzioni. La procedura è questa: dopo essere stati identificati, si può chiedere asilo politico, se si hanno le condizioni previste, e si resta qui circa 20 giorni. Gli altri devono andarsene dall'Italia entro 30 giorni. Pochissimi vogliono restare in Italia: la maggior parte dei profughi cerca di arrivare in Germania o in Francia o in Inghilterra.

Si sbaglia se si pensa di risolvere il problema con la chiusura delle frontiere: troppo grande è la speranza di queste persone di trovare un futuro migliore.
Per fortuna la popolazione pugliese capisce la situazione e le famiglie che abitano qui vicino sono pronte a darci aiuto. Ci si chiede solo: per quanto ancora?"

E 1 *La realtà in numeri e quantità*
A chi o a che cosa si riferiscono?
Numeri: 10; 20; 30; 461; 2.500
Quantità: pochissimi / la metà / la maggior parte / tutti

E 2 *La realtà dietro questi numeri*
Spiega il significato delle espressioni sottolineate in questo testo.
– l'odissea dei disperati (r. 2)
– si può chiedere asilo politico (r. 10)
– per quanto ancora? (r. 20)

E 3 *Conosci delle persone che aiutano i profughi?*
Racconta alla classe.

Strategie 2

Strategia 2a: Scrivere una lettera a una scuola italiana e fare domanda per un soggiorno più lungo sulla base di uno scambio individuale con una ragazza italiana

Anna vuole imparare veramente bene l'italiano e conoscere la vita di ogni giorno di una studentessa in Italia. Ecco perché scrive una lettera al preside del liceo Marconi, il professor Mario Rusconi e propone la sua idea di frequentare la scuola a Roma per tre mesi e di invitare Chiara a passare tre mesi al liceo Dante:

Anna Pfister   Monaco di Baviera, 12/12/2008
Daiserstr. 18
81371 München
Germania

                                                     Liceo scientifico statale Marconi
                                                     Via Antonio Bosio 17
                                                     I-00601 Roma
                                                     Italia

Egregio prof. Rusconi,

durante quest'anno scolastico ho già avuto il piacere di passare una settimana al liceo Marconi come partecipante allo scambio tra la Sua scuola e il liceo Dante di Monaco. La mia corrispondente è Chiara Ruggeri della IIIB. Lo scambio mi è piaciuto molto e l'italiano è veramente la mia materia preferita. Perciò vorrei passare un periodo più lungo in Italia. C'è la possibilità di organizzare scambi più lunghi tra le nostre scuole? Mi piacerebbe tanto passare tre mesi a Roma e conoscere bene la vita quotidiana nella Sua città. La famiglia di Chiara sarebbe disposta a ospitarmi nei primi tre mesi dell'anno scolastico 2009/2010, e la mia famiglia è disposta ad accogliere Chiara da febbraio a maggio 2010. Anche il preside del liceo Dante è d'accordo.

Le invio in allegato il mio curriculum vitae.

Spero in una Sua risposta positiva e Le porgo distinti saluti.

Anna Pfister

CURRICULUM VITAE

Dati personali: Nome e cognome: Anna Pfister
Luogo e data di nascita: Monaco di Baviera
                            03/02/1993
Nazionalità: tedesca
Residenza: Daiserstr. 18, D-81371 München
Tel.: 0049-89-7289437
E-mail: anna_pfister@gmx.net

Lingue conosciute: Francese (cinque anni): buona conoscenza scritta
e parlata
Inglese (quattro anni): buona conoscenza scritta
e parlata
Italiano (due anni): conoscenze elementari scritte
e parlate

Soggiorno all'estero: 2007: vacanza-studio EF a Brighton (Inghilterra)
2008: scambio scolastico con il liceo Marconi a
Roma

Monaco di Baviera, 12/12/2008

E 1   *Quali sono le differenze tra una lettera tedesca e una italiana?*

E 2   *Scrivi anche tu una tale lettera simile a una scuola italiana.*

E 3   *Scrivi il tuo curriculum vitae.*

Strategia 2b: Leggere e capire un testo italiano con l'aiuto di un dizionario italiano-tedesco, marcare i punti più importanti e presentarli in tedesco

Tre settimane dopo arriva una lettera da Roma al liceo Dante:

Dante-Gymnasium München
Neusprachliches Gymnasium
Wackersberger Str. 61
81371 München
Germania

Schulleiter

Anna Pfister, classe 9a

Roma, 2 gennaio 2009

In riferimento alla richiesta di scambio dell'alunna Anna Pfister, classe 9 sezione A del Vostro istituto, siamo lieti di comunicarVi che in data 20 dicembre 2008 il collegio dei docenti della IIIB del nostro liceo ha accolto tale richiesta.
Lo scambio, che si svolgerà dal 30 settembre 2009 al 20 dicembre 2009, prevede la presenza nella nostra scuola dell'alunna Anna Pfister nella classe IVB.

Al termine del periodo di scambio il nostro istituto rilascerà un attestato di frequenza delle lezioni con una valutazione del comportamento e delle prestazioni scolastiche dell'alunna.

Confidiamo che lo scambio con il nostro istituto possa rappresentare per l'alunna Anna Pfister una importante esperienza formativa che non mancherà di dare in futuro i suoi frutti migliori.

Cordiali saluti

Il Preside

Prof. Mario Rusconi

E 1 *Anna ha una fotocopia di questa lettera: deve cercare di capirla con l'aiuto di un dizionario italiano-tedesco.*

E 2 *Anna sottolinea le informazioni più importanti.*

E 3 *Fasse für den Schulleiter die wichtigsten Informationen zusammen.*

82 .... *ottantadue*

Lezione 5

... alla napoletana

Ingresso

Il capoluogo della Campania è Napoli tutta sul mare e ai piedi del Vesuvio – vulcano ancora oggi attivo. Napoli è la terza città per numero di abitanti.
Ci sono quartieri eleganti, con bei palazzi e grandi quartieri popolari con vicoli stretti e case povere. È una città ricca di storia e di tradizioni locali. Prende il suo nome dal greco *Neapolis*, "città nuova".
Nel XIII secolo conosce un periodo di grande splendore sotto l'imperatore Federico II. Dal 1860 Napoli fa parte del regno d'Italia. Proprio per la sua ricca storia, Napoli conserva testimonianze importanti del suo passato, fra cui ricordiamo il Castel Novo, detto anche Maschio Angioino, il Duomo con la Cappella di San Gennaro, patrono amatissimo della città e il teatro San Carlo. Napoli ospita anche un'antica università.

Piazza del Plebiscito

Galleria Umberto I

Forcanapoli

Lezione 5

ottantacinque 85

A Se volete conoscere più da vicino i napoletani, vi presento …

 … una maschera napoletana

Buongiorno a tutti, sono io, il vostro Pulcinella.
Sono una maschera, napoletana di nascita e di testa. Porto un costume bianco stretto in vita e una maschera nera con un grande naso. Se mi chiedete che tipo sono, vi rispondo subito che sono pigro, sono chiacchierone, mi ritrovo sempre nei guai, ma prendo la vita con filosofia da buon napoletano. Mi piace sapere i fatti di tutti, non mi piace lavorare, ma ho tanti amici e tutti mi chiedono consigli, perché in fondo sono buono e anche abbastanza intelligente; se ci penso bene, non sono poi così male. Se volete conoscermi, venite pure a teatro, sono sempre lì, pronto a vivere una nuova avventura tra la mia gente.

Napule è di Pino Daniele

Napule è mille culure. Napule è mille paure.
Napule è a voce de' criature che saglie chianu chianu
e tu sai ca' nun si sulo.

Napule è nu sole amaro. Napule è addore e' mare
Napule è 'na carta sporca e nisciuno se ne importa
e ognun a aspetta a' ciorta.

Napule è 'na camminata inte viche miezo all'ato
Napule è tutto nu suonno e a' sape tutto o' munno
ma nun sanno a' verità.

Napule è mille culure. Napule è mille paure.
Napule è nu sole amaro. Napule è addore e' mare
Napule è 'na carta sporca e nisciuno se ne importa
Napule è 'na camminata inte viche miezo all'ato
Napule è tutto nu suonno e a' sape tutto o' munno

Napoli è mille colori. Napoli è mille paure
Napoli è la voce dei bambini che sale piano piano
E tu sai che non sei solo

Napoli è un sole amaro. Napole è odore di mare
Napoli è una carta sporca e nessuno se ne importa
E ognuno aspetta la fortuna.

Napoli è una camminata nei vicoli in mezzo agli altri
Napoli è tutto un sogno e la conosce tutto il mondo
Ma non sanno la verità

Napoli è mille colori. Napoli è mille paure.
Napoli è un sole amaro. Napoli è odore di mare
Napoli è una carta sporca e nessuno se ne importa
Napoli è una camminata nei vicoli in mezzo agli altri
Napoli è tutto un sogno e la conosce tutto il mondo

INFO

Musica napoletana

Conosci *O sole mio*? Questa canzone fa parte del repertorio della musica napoletana di inizio Novecento che ancora oggi ha tanto successo. Così come *O sole mio* anche altre melodie rappresentano il modo in cui questo popolo sentimentale esprime l'amore per una donna, per la propria patria, per Napoli, per la vita in genere. Un'altra canzone simbolo della città di Napoli è *Funiculì Funiculà*, scritta nel 1880 per inaugurare la funicolare.

una canzone una storia

E 1 Pulcinella, chi è?

Ecco una lista di espressioni e di aggettivi – quali descrivono Pulcinella?

1. furbo
2. lavora sempre
3. segue la moda
4. curioso
5. aiuta sempre gli altri
6. simpatico
7. parla molto
8. gli piace stare con gli altri
9. cattivo
10. è un tipo aperto
11. bello
12. chiuso

E 2 È così Pulcinella?

Correggi le affermazioni false.

Pulcinella è un'attrice che lavora al teatro di Verona. Preferisce fare parti tristi. Porta sempre un costume rosso e stretto in vita. A Pulcinella piace il suo lavoro e collabora molto spesso con gli altri. Dà anche consigli a tutti. Perciò deve sapere i fatti di tutti. Pulcinella ha pochi amici perché è un tipo chiuso. Durante il suo tempo libero, Pulcinella, da buon napoletano, lavora come professore di filosofia per riuscire meglio nella vita.

E 3 *Che cosa significano le espressioni del testo?*
Abbina le spiegazioni.

1. di nascita
2. stretto in vita
3. essere nei guai
4. in fondo
5. se ci penso bene

tutto sommato
avere problemi
dall'origine
stretto, non è mica largo
a rifletterci bene

E 4 **Andiamo a teatro**
Scrivete il dialogo per comprare i biglietti per voi e i vostri genitori.
Presentate la scena.

TEATRO DI SAN CARLO
Di Opera,
Balletti e Concerti

Giuseppe Verdi – **FALSTAFF**
Direzione d'Orchestra: Jeffrey Tate, Regia: Arnaud Bernard

Scene: Alessandro Camera, Costumi: Carla Ricotti
Luci: Roberto Venturi, Maestro del Coro: Marco Ozbic
Interpreti Principali: Sir John Falstaff – Ambrogio Maestri;
Fenton - Dmitry Korchak; Ford – Vladimir Stoyanov; Dott. Caius –
Luca Casalin; Bardolfo – Gregory Bonfatti; Pistola – Enrico Iori;
Alice Ford – Svetla Vassileva; Nannetta – Serena Gamberoni;
Mrs Page – Eufemia Tufano; Mrs Quickly – Mette Ejsing
Orchestra e Coro del Teatro di San Carlo (Nuova Produzione)

Leonard Bernstein – **CANDIDE**
Direttore: Jeffrey Tate, Regia: Lorenzo Mariani

Scene: Nicola Rubertelli, Costumi: Giusi Giustino
Coreografia: Richard Move, Maestro del Coro: Marco Ozbic
Interpreti Principali: Voltaire, Pangloss, Martin, Cacambo – Alan Opie;
Candide – Brandon Jovanovitch; Maximilian, Captain – William
Dazeley; Governor, Vanderdendur, Ragotski – John Graham Hall; –
Cunegonde – Laura Aikin; The Old Lady – Carole Farley; Paquette –
Cinzia Rizzone; Inquisitor I, Charles Edward – Gregory Bonfatti;
Inquisitor II, Croupier – Armando Gabba; Inquisitor III, Tsar Ivan –
Hector Guedes; Sultan Achmet, Crook – Thomas Morris; Hermann
Augustus – Andrea Martin – Con la partecipazione di Adriana Asti
Orchestra, Coro e Corpo di Ballo del Teatro di San Carlo
(Nuova Produzione)

STAGIONE LIRICA e di BALLETTI *Giuseppe Verdi* - **FALSTAFF**

Zona prezzo		Interno
Platea	Zona 1	102,96 €
Palchi	Zona 2	91,52 €
	Zona 3	102,96 €
	Zona 4	80,08 €
	Zona 5	68,64 €

88 .... *ottantotto*

ATTENZIONE! LAVORI IN CORSO!

Se mi chiedete, vi rispondo.
Se volete conoscermi, venite pure.
Quali sono i tempi usati?
Quando si usa questo tipo di frase? Pensa o al francese o all'inglese per trovare la regola!

E 5 *Se, se, se ...*
Abbina le parti che vanno insieme.

Modello: Se non piove mangio un altro gelato.

Se non piove	mangio un altro gelato.
Se non trovo le chiavi	facciamo una festa.
Se vuoi	compra sempre cose che gli piacciono.
Se i ragazzi non hanno compiti	invitiamo anche la nonna.
Se mio fratello fa la spesa	si annoiano di sicuro.
Se avete voglia	non risponde nessuno.
Se loro partono	arriviamo in tempo.
Se il telefono suona	la brucia.
Se ci sbrighiamo	partiamo anche noi.
Se Laura trova la lettera	rompe la finestra per entrare.

E 6 *La famiglia Rossi prepara una gita*
Completa:

1. *Padre:* Se (non piovere) __ domenica, facciamo una gita. Possiamo andare allo zoo o fare qualcos'altro.
2. *Paolo:* Se andiamo allo zoo, (volere/io) __ vedere animali esotici.
3. *Marisa:* Se tu guardi gli animali esotici, (fare/io) __ le foto.
4. *Madre:* Se volete andare allo zoo, (dovere/noi) __ partire presto.
5. *Padre:* Se devo alzarmi presto la domenica, (non sentirsi bene/io) __. In questo caso non voglio andare allo zoo. E se facciamo una gita nel bosco?
6. *Paolo:* Se andiamo nel bosco, (rimanere/io) __ a casa.
7. *Marisa:* A me piace molto quest'idea! Se andiamo nel bosco, (trovare/noi) __ funghi.
8. *Madre:* Se volete raccogliere funghi nel bosco, (dovere/voi) __ conoscere bene i diversi tipi di funghi.
9. *Paolo:* È noiosissimo! Perché non possiamo fare un'altra cosa? Se (esserci) __ un bel film al cinema, possiamo andarci insieme.
10. *Marisa:* Per una volta hai avuto una buon'idea! Se (non vedere/noi) __ l'ultimo film di James Bond, mi dispiace proprio.
11. *Padre:* Se voi andate al cinema, mamma ed io (venire/noi) __ con voi.

ottantanove 89

Lezione 5

E 7

Pino Daniele, Napule è ...

1. *Che cos'è Napoli secondo la canzone? Trova le immagini positive e negative.*

immagini positive	immagini negative

2. *Scegli una città che conosci bene e descrivila con immagini positive e negative.*

E 8

Parole, parole
Trova una parola della stessa famiglia.

Modello: colore – colorare

1. la camminata
2. sporco
3. la verità
4. la fortuna
5. un sogno
6. conoscere

Continua con altre parole.

E 9

Per conoscere Pino Daniele
Inserisci le parole del box.

album – chitarra – concerto – espressione – importante – nascita – nato – s'interessa – stadio – successo – tipicamente – tradizione

È __ a Napoli il 19 marzo 1955. Comincia a studiare __ per fare negli anni '70 il rock-blues. La __ musicale napoletana è __ per la sua musica. Il grande __ arriva nel 1980 con l'__ Nero che è la __ della nuova Canzone Napoletana: è blues latino con una melodia __ mediterranea. Nel 1980 Pino apre il __ di Bob Marley allo __ di San Siro a Milano dove ci sono 80 000 persone. Pino Daniele __ di jazz e di musica etnica. Cerca sempre nuove forme di __.

E 10

Cesare, sei anni, sogna di essere Pulcinella
Metti le forme del condizionale e completa le parole.

__ (essere) una maschera napoletana di na__ e di testa. __ (portare) un cos__ bianco e una maschera che __ (avere) un na__ lunghissimo. Tutti mi __ (chiedere) che ti__ sono, ed io gli __ (rispondere) subito che sono pi__ e chia__. Mi __ (ritrovare) sempre nei gu__, ma da buon napoletano __ (prendere) la vita con fi__. I fatti di tutti mi __ (interessare), __ (sapere) tanto e la mia intell__ __ (essere) utile per tutti.
__ (volere) conoscermi, voi? __ (potere) venire a te__ e lì ci __ (essere), pron__ a vivere nuove avv__!

novanta

B Il caffè sospeso

Rita: Uffa, ce l'ho fatta per un pelo ad arrivare: se le strade di Napoli sono sempre così piene di gente, macchine e motorini, muoversi sarà un problema per tutti e non solo per una "non-napoletana" come me, eh?

Ciro: Beh, è vero ... se la gente pensa che a Napoli non ci sia attività, si sbaglia proprio! Qui non c'è nessuno che stia fermo senza far niente ...

Rita: Quindi tu dici che nessuno sta fermo e così non c'è differenza con il nord?

Ciro: No, l'attività non ha niente a che fare con la velocità: qui ognuno ha il suo ritmo, non è come al nord dove tutti vanno sempre di corsa ... qui si trova il tempo per il contatto con gli altri, perché questo fa parte della vita quotidiana. È un continuo incontrarsi con le persone: se hai un problema, cerchi aiuto, se gli altri hanno un problema, tu li ascolti e insieme forse è possibile trovare una soluzione ... Sai, come dice Pino Daniele nella sua canzone: "... Napule è na' camminata inte viche miezo all'ato ...". Cioè dice che Napoli è una passeggiata tra i vicoli in mezzo alla gente ... Forse, se pensi all'usanza del "caffè sospeso", puoi capire meglio: se qui a uno è successa una cosa positiva, ad esempio una buona notizia o una piccola vincita, lui va al bar e lascia i soldi per un caffè per un cliente futuro che non se lo può permettere ...

Rita: No, scusa, fammi capire: tu dici che uno paga e un altro, sconosciuto e senza soldi, si beve il caffè? Incredibile! Al nord nessuno, se vincesse al lotto, penserebbe di offrire un caffè a persone sconosciute ...

Ciro: Ah, a proposito di lotto: un'altra caratteristica dei napoletani è la combinazione di religiosità e superstizione. Il culto di San Gennaro, ad esempio ...

Rita: Ma cosa c'entrano i santi con il lotto?

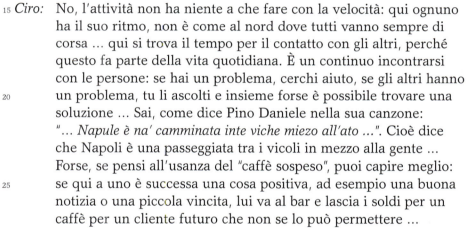

Napoli	Gen.	Feb.	Mar.	Apr.	Mag.	Giu.	Lug.	Ago.	Sett.	Ott.	Nov.	Dic.
Tx	12	13	16	19	23	27	30	30	28	22	17	14
Tn	6	6	8	10	14	17	19	19	17	13	10	7

Mare e sole tutto

TX = MEDIA MENSILE DELLE TEMPERATURE MASSIME (°C)
TN = MEDIA MENSILE DELLE TEMPERATURE MINIME (°C)

novantuno 91

Ciro: C'entrano, eccome: ogni napoletano ha un suo santo preferito, lo prega, gli chiede aiuto e consiglio se ha un problema, e gli chiede pure i numeri giusti da giocare al lotto.

40 Come vedi, qui tutti cercano continuamente e nei modi più vari di trovare una soluzione ai loro problemi di sopravvivenza, che in questa città non sono pochi: se non avessero tante cose a cui pensare troverebbero forse anche il tempo di stare a suonare il mandolino, come pensano certe persone ... Comunque la gente vive di più per la strada, questo è vero: se guardi i valori delle

45 temperature medie di Napoli, capirai perché ...

Rita: Certo quando il tempo è bello, è normale che la gente viva più fuori che dentro casa: prova a farlo dove piove sempre!

Ciro: Eh, sì, vedi ... ad esempio il tempo bello permette di vivere a molti venditori ambulanti che, sotto le case, si annunciano "'a voce" e la

50 gente fa scendere "'o panariello c'a lista d'a spesa e co 'e sord".

Rita: Cioè, aspetta un momento ... mi stai dicendo che i venditori gridano e così si annunciano e la gente fa scendere dal balcone un cesto legato ad una corda con la lista della spesa e con i soldi dentro?

Ciro: Sì, e il venditore ci mette i prodotti ... Naturalmente se tu andassi

55 a cercare i venditori ambulanti nei quartieri eleganti, che anche a Napoli ovviamente esistono, non li troveresti di sicuro ... Ma, senti un po': cosa ne diresti se ti offrissi un altro bel caffè, magari con uno di questi dolci ... una sfogliatella o un babà ...

Rita: Sì, hanno un aspetto delizioso ... e lasciamo un caffè sospeso anche

60 noi?

E 1   *La Napoli di Ciro*

Scegli le risposte giuste. Più di una soluzione è possibile.

1. Rita e Ciro sono
   - a. di Napoli tutti e due.
   - b. uno di Napoli e l'altra di un'altra città.
   - c. turisti a Napoli.

2. 'Attività' a Napoli significa
   - a. non stare fermi.
   - b. essere sempre veloci.
   - c. incontrare altre persone.

3. Il caffè sospeso è per
   - a. il barista.
   - b. uno sconosciuto.
   - c. un amico.

4. Secondo Ciro a Napoli è normale
   a. passare molto tempo fuori casa.
   b. suonare il mandolino.
   c. fare la spesa dal balcone.

5. Rita e Ciro parlano
   a. d'arte.
   b. di vacanze.
   c. di soldi.
   d. di religione.
   e. di politica.
   f. di criminalità.
   g. della scuola.
   h. di tradizioni.
   i. di musica.

E 2 Caratteristiche napoletane

Spiega.
1. Come fanno affari i venditori ambulanti?
2. Com'è il clima a Napoli? *Riferisciti alla tabella.*
3. Perché i santi sono importanti per il lotto?

ATTENZIONE! LAVORI IN CORSO!

"vincesse, avessero, andassi, offrissi ..."
Ecco le forme del congiuntivo imperfetto. Consulta la grammatica e completa la tabella nel tuo quaderno:

vincere	avere	andare	offrire
		andassi	offrissi
vincesse			
	avessero		

E 3 *Hai capito?*
Trova le forme corrispondenti nel congiuntivo imperfetto:
1. abitano
2. mangi
3. ascoltate
4. balli
5. sei
6. prendo
7. danno
8. bevi
9. stai
10. fanno
11. sto
12. dite

E 4 *La vita al sud e al nord*
Secondo il testo, cosa è diverso a nord e a sud, e che cosa hanno in comune?

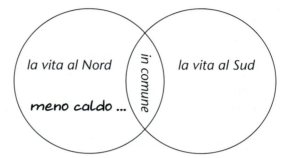

ATTENZIONE! LAVORI IN CORSO!

"Se hai un problema, cerchi aiuto."
"Se vincesse al lotto, penserebbe di offrire un caffè."
Che tempo si usa nella frase condizionale, che tempo si usa nella frase principale?
In che situazioni si usano questi tempi? Pensa anche al francese e all'inglese!

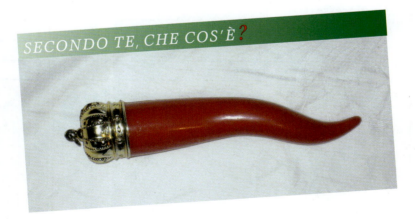

SECONDO TE, CHE COS'È?

E 5 — Tante possibilità
Abbina le parti che vanno bene insieme.

1	Se avessimo soldi	non andrebbe dal dentista.	a
2	Se Luisa studiasse di più	compreremmo una macchina da corsa.	b
3	Se i bambini trovassero il pallone	capirebbe più facilmente la storia.	c
4	Se tu fossi al mio posto	farebbero una partita di calcio.	d
5	Se gli spettatori applaudissero di più	la conosceremmo a memoria.	e
6	Se la banca non fosse chiusa	il cantante canterebbe un'altra canzone.	f
7	Se la poesia ci piacesse	decideresti in modo diverso.	g
8	Se il paziente non avesse mal di denti	non mi dovrebbe prestare soldi.	h

E 6 — Cosa succederebbe?
Completa le seguenti frasi.
1. Se gli studenti andassero a Napoli, __.
2. __, comprerei un asino.
3. Se facessimo una passeggiata tra i vicoli, __.
4. __, l'ascolto.
5. Se viveste in Italia, __.
6. Se non piovesse, __.
7. __, tornereste subito a casa.
8. __, gli amici andrebbero in discoteca.
9. Se andasse in Campania, __.
10. __, farebbero tante foto.

E 7 — Che cosa farebbero queste persone se fossero/avessero …?

E 8   **Bere il caffè sospeso**

Un cliente povero va al bar e chiede al barista se un'altra persona ha pagato il caffè sospeso. Infatti, qualcuno ha già pagato. Mentre beve il caffè sospeso riflette in che occasione lui pagherebbe per qualcun altro se avesse soldi.

Modello: Se avessi un aumento di stipendio,
             pagherei/lascerei/offrirei/darei il caffè sospeso.

1. avere un aumento di stipendio
2. la sua squadra di calcio vince
3. i suoi figli hanno bei voti
4. i suoi vicini di casa non litigano più
5. la sua famiglia trascorre una bella estate
6. il cane perso torna a casa
7. non piove più
8. il mal di denti finisce

E 9 Tanti progetti
Usa questi elementi e forma delle frasi con il «se».
1. noi – vincere al lotto – dare i soldi al WWF
2. i ragazzi – studiare di più – avere buoni voti
3. esserci il sole – le ragazze – andare in spiaggia
4. la famiglia – andare in vacanza – scegliere l'Italia
5. non esserci tante macchine – la città – essere più calma
6. non piovere – fare una gita
7. voi – avere una buona notizia – farlo sapere a tutti
8. i venditori ambulanti – passare – la gente – comprare
9. gli studenti – andare di corsa – arrivare in tempo
10. io sapere suonare – il mandolino – dare un concerto

E 10 Dopo il suo ritorno a casa Rita ricorda il soggiorno a Napoli
Riassumi le esperienze di Rita, scrivi almeno dieci frasi.

E 11   Dopo lo scambio

Annette, una ragazza tedesca di Stoccarda e Mauro, un ragazzo italiano di Napoli sono corrispondenti in uno scambio scolastico. Dopo il suo ritorno, Annette scrive a Mauro.
Scrivi la lettera per Annette. Le riflessioni seguenti devono essere incluse nella lettera.

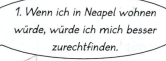

1. Wenn ich in Neapel wohnen würde, würde ich mich besser zurechtfinden.
2. Wenn ich eine Freundin in Neapel hätte, würde ich dorthin ziehen und würde Dich dann auch oft besuchen.
3. Die Leute in Neapel würden mir sicher auch helfen, wenn ich Probleme hätte.
4. Die Straßenverkäufer (venditori ambulanti) kämen auch zu mir, wenn ich dort leben würde.
5. Wenn ich eine Neapolitanerin wäre, würde mir das Leben auf der Straße auch gefallen.
6. Wenn ich öfter in der Region Campania wäre, würde ich sicher auch ein motorino haben.
7. Wenn Du in Stuttgart wohnen würdest, wäre Dir sicher oft kalt.
8. Du müsstest immer im Supermarkt einkaufen, wenn Du nach Stuttgart ziehen würdest.
9. Wenn Du länger im Norden wärest, würdest Du mehr dicke Pullover haben.

E 12   Come si può dire ancora?

Trova le espressioni corrispondenti nel testo.

1. con grande difficoltà
2. essere passivo
3. avere fretta
4. la vita di tutti i giorni
5. qualcuno che va di casa in casa per vendere prodotti
6. muoversi
7. un gran numero di
8. vivere fuori, vivere all'aperto
9. le difficoltà della vita
10. avere una bella sorpresa

E 13   **Scopriamo Napoli**

Usa l'indirizzo Internet indicato per rispondere alle domande seguenti:
www.napoli.net
1. Quanti abitanti ci sono a Napoli?
2. Come si chiamano i sei quartieri della città?
3. Indica tre chiese per ogni quartiere.
4. Che cos'è Posillipo?
5. Come si chiama il santo patrono di Napoli?
6. Descrivi tre dolci napoletani.
7. Come si può raggiungere il Vesuvio?

E 14   **Un americano a Napoli**

Ascolta il testo seguente. Dopo l'ascolto, rispondi alle domande.
1. Perché ama Napoli?
2. Che cos'hanno in comune Napoli e New York secondo Warhol?
3. Che cosa preferisce a Napoli?

> **INFO**
>
> Sapete perché la pizza Margherita si chiama così? In onore di una donna, naturalmente, della prima regina d'Italia, Margherita di Savoia. E il verde del basilico, il bianco della mozzarella e il rosso del pomodoro, invece, ricordano i colori della bandiera dell'Italia unita. Volete prepararla?
> Consultate il libro degli esercizi.

E 15   **La funicolare e il vesuvio**

Già nel 1870 l'ingegnere ungherese Ernesto Emanuele Oblieght ha cominciato a studiare un sistema che permettesse una salita comoda al Vesuvio. Il costo dei lavori, completati nel 1880, era di 435.000 lire. Il 25 maggio prima dell'inaugurazione ufficiale si era riunita a Napoli la Com-
5 missione per il collaudo e il 6 giugno, verso le cinque del pomeriggio, hanno inaugurato la funicolare del Vesuvio.

Il 10 giugno la funicolare è stata aperta al pubblico iniziando così il servizio regolare. L'evento è stato accompagnato da un grande entusiasmo in tutto il mondo, come testimonia la celebre melodia
₁₀ <u>Funiculi' Funicula'</u>.

Ma una tremenda eruzione nel 1906 ha interrotto il successo di quella moderna tecnologia. Il 7 e l'8 aprile sono state distrutte la stazione inferiore e superiore, le attrezzature e le due vetture della funicolare; il tutto era sotto una coltre di cenere alta 20-30 m.

₁₅ Ma i napoletani non volevano più vivere senza la funicolare ed in poco tempo i danni alla ferrovia sono stati riparati e già nel 1909 era pronta una nuova funicolare.

Ancora una volta, nel 1911, un'eruzione ha distrutto quello che le persone avevano costruito; la stazione superiore è stata distrutta e ci è
₂₀ voluto quasi un anno per ricostruirla. Dal 1911 in poi, la funicolare ha funzionato benissimo. Ma 23 anni dopo, il Vesuvio si è risvegliato per quella che sarà fino ad oggi l'ultima eruzione. La funicolare, già sotto il controllo degli alleati dal 1943 ha subito danni irreparabili, e non è stata più ricostruita.

L'eruzione del 1944, ha seppellito in parte la stazione inferiore della funicolare

₂₅ Dal 1990 esiste alla Regione Campania un progetto per una nuova funicolare realizzato dall'architetto Nicola Pagliara; i lavori sono stati iniziati nel novembre del 1991, ma dopo un po' sono stati interrotti e mai più ripresi. Durante gli scavi hanno scoperto i resti di una delle due vetture.

1. *Cerca di capire il testo in generale. Le lingue che conosci già possono aiutarti a capire molte parole sconosciute.*
2. *Usa un dizionario bilingue per il vocabolario che ti manca.*
3. *Uno della classe è la guida di un gruppo tedesco. I turisti (cioè la classe) fanno delle domande (in tedesco) a cui deve saper rispondere.*

C Lettura

Lo strillone[1]

Nel suo libro famoso **Così parlò Bellavista** *(dt.: Also sprach Bellavista)*
l'autore napoletano Luciano De Crescenzo racconta anche episodi divertenti
della vita di ogni giorno a Napoli

Oggi pomeriggio ho incontrato De Renzi, mio vecchio amico di scuola.
Io stavo ad una fermata dell'autobus e lui era fermo di fronte a me, in
macchina, prigioniero[2] del 'serpentone'.
La velocità zero del traffico ci ha consentito[3] di riconoscerci e di iniziare
5 tutta una piccola rimpatriata[4] dei nostri ricordi di scuola a base di: "Ma
che ne sarà successo di Bottazzi?" "E ti ricordi del professore Avalone?"
"Ma come si chiamava quella ragazza della IE?" Tutto questo sempre ri-
manendo io in piedi alla fermata dell'autobus, e lui, seduto in una Fiat
127 rossa targata[5] Catania. Ad un certo punto De Renzi mi ha chiesto:
10 "Ma dov'è che devi andare?"
"Vicino piazza Nazionale."
"E allora sali che ti do un passaggio[6]."
E così, più per continuare la parata dei ricordi che per fare più in fretta,
mi sono seduto in macchina accanto a lui.
15 "De Renzi, e dimmi una cosa: ma tu che fai? Dove lavori?"
"Sono direttore della filiale di Catania della SAMAPITALIA e mi occupo
di articoli in plastica per l'edilizia[7]. Diciamo che non sto né bene né male. Adesso sono qui per Natale. Ovviamente ho sempre un po' di nostalgia di Napoli, ma ormai sono più di sette anni che mi sono trasferito.
20 Ho sposato una catanese e tengo[8] due bambini – uno di cinque ed uno
di tre anni. Sai com'è? Abbiamo il nostro giro di amicizie e ringraziando
Dio, stiamo tutti bene in salute. E tu invece che fai?"
Stavo per rispondere quando abbiamo sentito uno strillone che vendeva
il *Corriere di Napoli* e che gridava a squarciagola[9]: "Grande sciagura[10] a
25 Catania, grande sciagura!" Un po' impressionato De Renzi ha comprato
subito una copia del *Corriere* e velocemente si è messo a sfogliare il giornale. Nessun titolo però, nessun trafiletto[11], parlava di questa grande
sciagura ed eravamo ancora alla ricerca della notizia quando il ragazzo
dei giornali si è avvicinato di nuovo e ci ha detto: "Non vi preoccupate
30 dottò[12], è cosa 'e niente, se il giornale non lo porta vuol dire che non è
successo niente d'importante."
E si è avviato[13] verso una macchina targata Caserta.

Luciano de Crescenzo, *Così parlò Bellavista* (Milano, 1977) *(adattato)*

---

[1] *lo strillone:* un ragazzo che vende i giornali per strada   [2] *il prigioniero:* der Gefangene
[3] *consentire:* permettere   [4] *la rimpatriata:* hier: die Rückschau   [5] *targato, -a:* mit dem
   Kennzeichen von   [6] *dare un passaggio a qn:* jdn mitnehmen   [7] *l'edilizia:* das Bauwesen
[8] *tenere:* qui: avere (dialetto napoletano)   [9] *a squarciagola:* molto forte   [10] *sciagura:* catastrofe
[11] *trafiletto:* una breve notizia   [12] *dottò:* Signore (dialetto napoletano)   [13] *si è avviato:* è andato via

E 1 *Capire vocaboli sconosciuti …*
Conosci parole della stessa famiglia che ti possono aiutare a capire?
il serpentone
la rimpatriata
il passaggio
la parata
catanese
squarciagola
sfogliare

E 2 *… e capire anche il testo*
1. Per quali ragioni si incontrano il narratore e De Renzi?
2. Di che cosa parlano durante il loro incontro?
3. Come riesce lo strillone a vendere i giornali e che cosa griderà vicino all'altra macchina?
4. In che senso lo strillone è una versione moderna di Pulcinella?

E 3 *"Prendere la vita con filosofia"*
Racconta un episodio in cui anche tu hai preso la vita con filosofia.

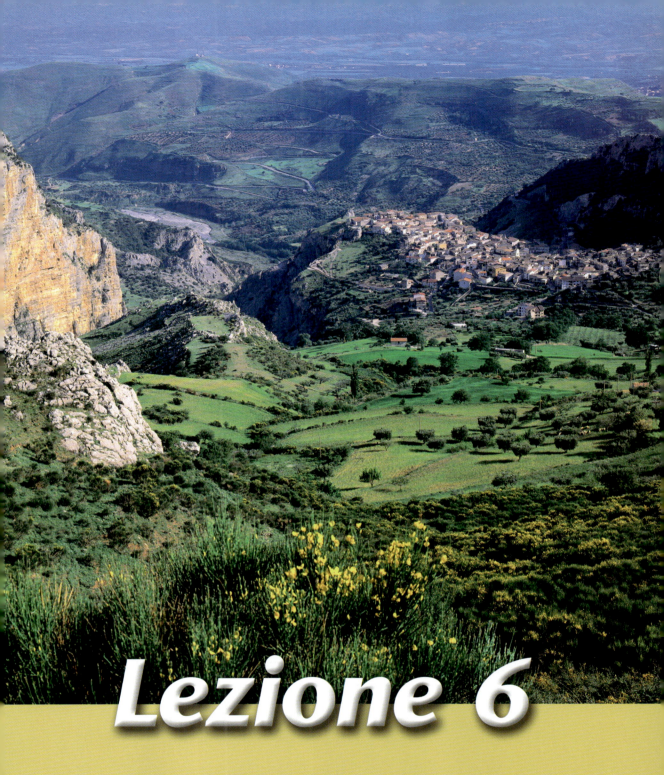

Lezione 6

Divi di ieri e di oggi

Ingresso

Da dove derivano i nomi Calabria e Basilicata?
La Calabria ha preso questo nome dall'antica popolazione dei Calabri e il nome Basilicata viene dal greco *basilikoi* ('re'). Spesso viene chiamata anche Lucania.

Due eroi

Chi ha detto che le statue non parlano? Sentiamo cosa si raccontano in un bel pomeriggio di sole i Bronzi di Riace ...

Bronzo A: Ehi, amico, ma dove siamo?
5 Cosa facciamo qui fermi immobili come statue? Chi è tutta quella gente che sta arrivando? Aiuto! Ma sono tantissimi!!!

Bronzo B: Come dove siamo? Siamo in un
10 museo, a Reggio Calabria, credo. Siamo stati portati qui dagli uomini che ci hanno ritrovato in fondo al mare. Se non ci fossero stati quei bravi ragazzi a salvarci, saremmo rimasti laggiù per sempre! Non ti ricordi più? Grazie a loro siamo stati liberati dalle acque. E a te tutta quell'acqua ha
15 fatto male, a quanto sembra.

Bronzo A: Non scherzare, per favore. Dentro questo museo veniamo visti da tante persone, mentre noi non riusciamo a vedere proprio niente. Se potessi uscire da qui, andrei subito a casa, nella nostra Magna Grecia.

Bronzo B: 20 Su questo hai ragione, da qui non si vede molto. Però guarda quanta gente che viene a vederci, e con quanta emozione! I visitatori sono sorpresi dalla nostra bellezza, ci vedono come degli eroi! Se non fossimo importanti non verrebbero da ogni parte del mondo. Siamo molto amati da
25 tutti. Hai notato quei ragazzi, ma quanti sono? Ecco, lo sapevo, stanno venendo proprio verso di noi ...

Un gruppo di studenti italiani e tedeschi sta arrivando.
I tedeschi sono a Reggio Calabria da una settimana e sono molto felici perché i loro colleghi italiani sono davvero simpatici e sanno tante cose.

Fabian: 30 Questi due chi sono?
Patrizia: Come chi sono? Sono i famosissimi Bronzi di Riace.
Fabian: Bronzo, sì, chiaro, ma chi sono? Da dove vengono? Perché sono così famosi?
Patrizia: Beh, aspetta, quante domande. Fammi leggere ...

[1] Bronzestatue A, genannt „der Junge", stellt Tydeos dar, einen mythischen Helden aus Ätholien und Sohn des Ares. Bronzestatue B, genannt „der Alte", stellt Anphiaraos dar, einen Krieger und Propheten.

Bronzo A, detto il Giovane, rappresenterebbe Tiddeo, mitico eroe dell'Etolia, figlio del dio Ares.
Bronzo B, detto il Vecchio, sembrerebbe Anfiarao, un profeta guerriero.[1]

centocinque 105

Fabian:	35	Was!?!!
Patrizia:		Oddio, ma cosa imparate a scuola durante l'ora di storia dell'arte, voi tedeschi?
Fabian:		Da noi si chiama "Kunst" e dipingiamo, facciamo disegni, studiamo opere d'arte, andiamo ai musei ...
Patrizia:	40	E la storia dell'arte? Le epoche, quando è nato quello o quell'altro??? Se non sbaglio, insomma, con i Bronzi parliamo di Magna Grecia ...
Fabian:		Magna was?!
Patrizia:		Dunque, va detto che tutto è cominciato intorno al sec. VIII a. C., prima verso la costa del mar Tirreno e solo più tardi verso quella del mar Ionio. Le popolazioni del posto vengono duramente colpite dagli attacchi dei greci; si difendono, ma alla fine non riescono a vincere. Non va dimenticato che così sono state influenzate dal potere politico e culturale greco: a Elea, ad esempio, viene fondata la scuola filosofica di Parmenide; oppure a Crotone quella medica; in quest'ultima città ha abitato alla fine del sec. VI a. C. anche Pitagora. A partire dal sec. IV a. C. nella Magna Grecia arrivano i romani.
Fabian:	55	Come, scusa? Sembri proprio un'enciclopedia!!! È vero, si impara molto di più se si va nei musei o se si fa semplicemente un giro per la città con una come te.
Patrizia:		Ah, Parmenide, Pitagora, romani, greci ... Chissà com'era la vita allora. Che epoca affascinante, ma anche tanto violenta e difficile ...
Bronzo A:		Oh, sì, ragazza mia, che nostalgia!
Patrizia:		Ma chi ha parlato? Fabian, sei stato tu??? Ragazzi, ma dove siete tutti?

Ma Fabian è già andato avanti ...

INFO

Calabria

Il capoluogo
Il capoluogo calabrese non è Reggio Calabria, ma Catanzaro. La parte storica della città, di origine medievale, si trova su una collina, mentre la parte moderna si sviluppa verso il golfo di Squillace, luogo di grande bellezza. La Calabria è amata dai turisti di tutto il mondo per le sue spiagge e per il suo mare meraviglioso.

Praia a Mare

E 1 **Chi l'ha detto?**

1. Siamo amati da tutti.

2. Se potessi uscire, andrei subito a casa.

3. Sono i famosissimi Bronzi di Riace.

4. Chi sono i Bronzi?

5. Noi dipingiamo, facciamo disegni, andiamo nei musei.

6. Perchè sono famosi?

7. I Bronzi sono parte della storia della Magna Grecia.

8. I greci attaccano le popolazioni del posto.

9. Nei musei si impara molto.

10. L'acqua ti ha fatto male.

E 2 **Domande e lavori sul testo**

1. *Rispondi.*
   1. Chi sono i protagonisti?
   2. Dove si svolge l'azione?
   3. Che cos'è strano?
   4. Dove si trovano i Bronzi adesso?
2. *Riassumi le avventure passate dei Bronzi.*
3. *Metti a confronto Bronzo A e Bronzo B.*
4. *Identifica le varie persone che guardano i Bronzi. Chi ti piace di più e perché?*
5. *Metti a confronto le lezioni di storia dell'arte in Italia e in Germania.*

ATTENZIONE! LAVORI IN CORSO!

Trova esempi della voce passiva e scrivili nella tabella.

veniamo visti da tante persone	siamo stati portati qui dagli uomini	va detto

E 3 **Le statue raccontano**

Metti le frasi seguenti alla voce attiva.

Modello: Siamo stati portati qui dagli uomini. – Gli uomini ci hanno portato qui.

1. Siamo stati trovati in fondo al mare.
2. Siamo stati liberati dalle acque.
3. Veniamo guardati con grande emozione da tante persone.
4. Veniamo visti come degli eroi.
5. Siamo amati molto!

centosette **107**

6. Le popolazioni del posto sono state duramente colpite dai greci.
7. Le popolazioni locali venivano fortemente influenzate dal potere politico e culturale dei greci.
8. La scuola filosofica a Elea è stata fondata da Parmenide.
9. La sua scuola di medicina è stata inaugurata a Crotone.
10. La scuola medica di Crotone è stata frequentata da Pitagora alla fine del sec VI.

ATTENZIONE! LAVORI IN CORSO!

Come si forma la voce passiva? Quali elementi ci vogliono?
Qual è la differenza tra le forme con il verbo essere e il verbo venire?
essere:
venire:

E 4 Due eroi venuti dal mare: i Bronzi di Riace

In un progetto, il Museo Archeologico di Reggio Calabria vuole far conoscere i Bronzi di Riace agli studenti.
Completa le frasi con le seguenti forme:

sono – verranno – verrà (3x) – vengono (2x)

1. I Bronzi __ conservati al Museo Archeologico di Reggio Calabria.
2. Durante il progetto __ studiata dagli esperti la tecnica di realizzazione.
3. Anche l'interpretazione dei due personaggi __ fatta dagli esperti.
4. Foto e fumetti __ scelti come materiale di presentazione.
5. __ fatti anche dei riassunti di tutte le lezioni.
6. Inoltre, __ preparato anche un libretto con i risultati.
7. Tutti gli studenti __ invitati.

E 5 Un dépliant per i turisti italiani di una famosa birreria di Monaco

1. Leggi il testo seguente.

Avete mai sentito parlare della birra "Paulaner" di Monaco di Baviera? Vi siete mai chiesti da dove ha preso il suo nome? Da un gruppo di francescani di Paola, in Calabria. Questi monaci, venuti a Monaco, abitano dal 1627 nel "Kloster Neudeck ob der Au" sul Nockherberg e, poco dopo, cominciano a fare la birra. Nel 1751 gli viene permesso di venderla il 2 aprile per celebrare il giorno di San Francesco di Paola. Siccome questa birra piace tanto alla gente, i monaci cominciano poi a venderla tutto l'anno. Ancora oggi a Monaco c'è la tradizione di salire sul Nockherberg per celebrare e consumare la "birra forte", chiamata "Salvator", nelle settimane prima di Pasqua.

2. Erkläre deinen Eltern bei einem Besuch im Biergarten die Herkunft des Namens Paulaner.

108 centootto

Lezione 6

E 6 **Progetti di viaggio**
Abbina le parti che vanno insieme.

Se fossi al tuo posto	se le lezioni d'inglese si facessero in Inghilterra.
Se parlassimo meglio il francese	se mi dai l'indirizzo dell'albergo.
Se aveste una casa al mare	il gruppo di viaggiatori arriva in tempo.
Se il treno non è in ritardo	se non sbaglio.
I ragazzi potrebbero partire insieme	ti porto la guida di Berlino.
Se ci penso	ci invitereste senz'altro.
Se Amburgo non fosse così lontana	ci andremmo più spesso.
Questo è il nostro treno	se i genitori fossero d'accordo.
Gli studenti imparerebbero più volentieri	faremmo un viaggio in Francia.
Scrivo un'e-mail per prenotare la camera	andrei in Italia.

E 7 **Poco prima dell'arrivo degli ospiti tedeschi**
Gli alunni del liceo di Reggio preparano lo scambio con i ragazzi tedeschi.
Patrizia racconta. Metti la forma adatta del verbo e la preposizione adatta
con o senza l'articolo.

"__ (essere) le 13.30. __ poco __ (arrivare) i nostri ospiti tedeschi __ Dort-
mund. __ loro ci sono anche due ragazzi __ origine turca. __ (fermarsi)
__noi __ 8 giugno. Già __ due settimane non __ (parlare) __ altro. Siamo
contenti __ loro visita.
__ (prepararsi) bene __ ospitarli. Ma negli ultimi giorni __ (esserci) tanti
problemi __ risolvere. __ (pensare) proprio __ tutto. Ieri sera __ (organizzare) ancora i particolari __ una grande festa subito __ il loro arrivo.
__ inizio Pier Paolo __ (fare) un piccolo discorso. Ha un po' paura __ non
ricordarsi __ tutto quello che __ (preparare).
__ (decidere) __ passare la prima serata __ famiglia. Domani __ (partici-
pare) tutti __ una gita __ Paola e la sera ci __ (essere) una piccola festa __
casa __ Marco. __ tutti i tavoli __ (mettere) delle bandiere con i colori
nostri e __ Germania. Speriamo che __ domani sera __ poi tutto __
(essere) più facile __ noi."

centonove 109

E 8 **WAS???**

Sascha, un compagno di Fabian, non ha capito bene le spiegazioni di Patrizia. Siccome Patrizia non parla bene il tedesco, Fabian deve tradurre. Formate gruppi di tre studenti e inventate piccoli dialoghi.

Sascha vuole sapere:
1. Warum sind die Statuen so berühmt?
2. Wen stellen die Statuen dar?
3. Warum haben die Griechen die einheimische Bevölkerung angegriffen?
4. Wieso konnten sie die Griechen nicht besiegen?
5. Was hat Parmenides gegründet?
6. Bis wann hat Pythagoras in Elea gewohnt?
7. Ab wann sind die Römer nach Magna Grecia gekommen?
8. Warum weiß Patrizia alles? Ist sie ein wandelndes Lexikon?

E 9 *Non solo storia e cultura – i ragazzi tedeschi in classe*
Dal diario di Benedetta, la compagna di Patrizia.

1. Metti le forme giuste dell'imperfetto o del passato prossimo.

La giornata di oggi non __ (cominciare) come tante altre quest'anno. __ (aspettare) i ragazzi tedeschi in classe ed __ (essere) tutti molto nervosi. Alle 8 __ (entrare) in aula e __ (vedere) subito lui, Sascha, alto, biondo e sportivo. __ (pensare) subito: ehi, che figo! Il prof tedesco li __ (presentare) tutti alla classe. Poi __ (potere, noi) fargli delle domande. Mentre le mie amiche __ (volere) sapere quanti anni hanno, quali sono i loro hobby ecc., io gli __ (andare) vicino a Sascha e gli __ (chiedere) subito se ha una ragazza. Lui __ (diventare) rosso come un pomodoro e __ (dire) di no e __ (aggiungere): almeno per il momento. Poi nell'intervallo mi __ (chiedere) il mio numero di cellulare …

2. Come va a finire la giornata di Benedetta e Sascha? Continuate il diario.

E 10 *Io ho scoperto i Bronzi di Riace! – Intervista a Stefano Mariottini*
Rispondi alle domande.
1. Chi è Stefano Mariottini?
2. Come si sente quando vede i Bronzi?
3. Con quale strategia è riuscito a scoprire i Bronzi?
4. A che cosa s'ispirano i Bronzi?
5. Che ne pensa Mariottini?
6. Cosa si fa a trovare i tesori in fondo al mare?

B *A Matera, città dei 'sassi'*

Siamo a Matera nell'albergo Italia, famoso per la splendida vista sui sassi e per aver ospitato la troupe del film *The Passion*. Mel Gibson è tornato a Los Angeles, e il film è uscito nei cinema di tutto il mondo. Stamattina però c'è grande agitazione. Sentiamo il perché.

5 *Maria:* Mamma, mamma, hai già letto il giornale stamattina?
Mamma: No, figlia mia, chi ne ha avuto il tempo, con tutto quello che ho da fare qui! Ma perché, cosa c'è di così interessante? Dammelo, dai, sono curiosa, adesso.
10
Maria: Aspetta, te lo do subito! Ecco, leggi ad alta voce e dimmi cosa te ne sembra:
La madre legge ... "Miracolo a Matera, la città che ha ospitato il set di Mel Gibson."
15 Ancora con questo film! Non basta tutto il caos in quei giorni ...
Maria: Ma, no, mamma, vai avanti, per favore!
La madre: "Abbiamo incontrato Maria, cameriera dell'albergo Italia, dove tra novembre e dicembre 2002 ha dormito Mel Gibson nella stanza 122. Maria ci racconta come proprio a Matera, infatti, sono stati girati gli esterni del film *The Passion*, che parla delle ultime 12 ore della vita di Gesù."
Eh, ma sei tu! Stanno parlando di te!
25 *Maria:* Sì!
La madre: "E qualcuno parla già di "Giubileo materano" per la città lucana, 57 mila abitanti, con i famosi sassi in tufo, patrimonio dell'umanità secondo l'Unesco. Come ci dice Maria, adesso sono tantissime le prenotazioni per le offerte turistiche che si trovano sul sito sassiweb.it."
30
Maria: Ti ricordi che emozione quei giorni!
La madre continua a leggere: "Grazie a Gibson tornano i turisti a Matera e con loro l'ottimismo per il futuro." E magari!!! Così ci sarebbe lavoro per i giovani.
35 *Maria:* Io non me lo dimenticherò mai ... Io con Mel Gibson sul giornale!!!
La madre: Se ci pensi, le scene più importanti di un film americano così famoso non sono state girate in uno studio di Hollywood, ma praticamente dietro casa nostra.
40
Maria: Adesso devo proprio chiamare papà e dirgli cosa è successo.

La madre: Senti, tu hai il DVD del film, vero? Ce lo riguardiamo insieme stasera e dopo glielo diciamo che stai pure sul giornale. Adesso avrà da fare.

Maria: A proposito, ma ve l'ho mai raccontato che Mel preferisce bere il cappuccino, la mattina?

La madre: Oh no, ancora!??!

Basilicata

Il capoluogo

Il capoluogo della Basilicata è Potenza. Un'altra città importante è Metaponto, città greca sul mar Ionio, dove ha insegnato anche Pitagora.

Potenza

E 1 *Tutto su Matera*

Abbina le parti che vanno insieme:

1. Matera è famosa
2. *The Passion*
3. Da quando è uscito il film
4. Grazie a Mel Gibson
5. I sassi in tufo
6. La stanza 122
7. I giovani di Matera
8. Il cappuccino è

a. c'è più turismo.
b. ha ospitato Mel Gibson.
c. cercano lavoro.
d. è stato girato a Matera.
e. una bevanda amata da Mel Gibson.
f. la situazione a Matera è migliorata.
g. per i sassi.
h. fanno parte del patrimonio dell'umanità.

E 2 *Per parlare di film*

Fa' una lista di tutti i sostantivi che hanno a che fare con "film" e da' una breve spiegazione.

Modello: La troupe sono tutte le persone che lavorano insieme per realizzare un film.

daglielo

dimmelo

ATTENZIONE! LAVORI IN CORSO!

Nel testo si trovano combinazioni di pronomi, i cosiddetti pronomi doppi.

	lo	la	li	le	ne
mi	me lo				
ti	te lo				
gli	glielo				
le	**gli**elo				
ci	ce lo				
vi	ve lo				
loro	**gli**elo				

Scrivi le forme che mancano nel tuo quaderno.

Lezione 6

E 3

Me le; ce li; gliela …?
Metti i pronomi doppi al posto degli elementi sottolineati.

1. Ti do i fiori.
2. Mi hanno mandato questa bellissima cartolina.
3. Luigi legge la ricetta a sua moglie.
4. I nostri vicini ci regalano la loro TV.
5. I professori daranno i compiti agli studenti.
6. Mia zia mi ha raccontato che è nata una bambina.
7. I bambini hanno scritto una lettera ai loro nonni.
8. Vi spediamo subito il fax.
9. Mia sorella insegnerà l'italiano agli studenti stranieri.
10. I turisti chiedono un'informazione al poliziotto.
11. Il medico consiglia a Mauro di fare sport.

E 4

Domanda cerca risposta
Trova una risposta alle domande seguenti e usa pronomi doppi.

1. Chi ti ha comprato i fiori?
2. Chi ci ha mandato questa cartolina?
3. Chi vi ha letto la ricetta?
4. Chi ti ha dato un buon voto?
5. Chi gli ha raccontato questa storia allegra?
6. Chi mi ha mandato questa mail?
7. Chi le ha scritto una lettera?
8. Chi ha spedito questo pacco ai nonni?
9. Chi ci ha fatto sapere questa notizia?
10. Chi le ha tradotto il testo in lingua straniera?

E 5

Durante la lezione
Trasforma le domande in imperativi e usa i pronomi doppi.

Modello: Mi dai la tua penna? Dammela!

1. Mi fai vedere il tuo compito?
2. Traducete le frasi per Silvia?
3. Ci portate i vostri libri?
4. Dite la verità ai professori?
5. Ci raccontate la storia?
6. Canti la canzone a Chiara?
7. Davvero, le compri una rosa?
8. Date i fumetti a Chiara e Giulia?
9. Mostra il tuo disegno agli altri?

114 .... *centoquattordici*

E 6 Amiche curiosissime

In una conversazione con le sue amiche, Maria ha parlato dei giorni che Mel Gibson ha passato all'albergo. Le amiche di Maria sono curiosissime e vogliono sapere tutto di lui.

Usa i vocaboli che trovi nei due box e forma frasi all'imperativo.
Modello: la sua camera – descrivicela

descrivere
raccontare
far vedere
mostrare
spiegare
far ascoltare
dare

foto di | sua famiglia
un autografo
il suo | CD preferito
il suo | indirizzo | e-mail
storie personali
la camera | d'albergo
il suo | cibo preferito
la registrazione | della sua voce
i suoi sogni

E 7 La grande passione di Mel Gibson

In un'intervista all'agenzia Zenit, Mel Gibson spiega come è nato il progetto del film "The Passion of Christ" e perché questo film non è come quelli che lo hanno preceduto.

Scegli la risposta giusta e scrivila nel tuo quaderno.

1. Mel Gibson ha girato questo film perché
   a. ha cominciato a credere.
   b. non crede in Dio.
   c. si è fatto domande sulla propria fede.

2. La fede di Mel Gibson nasce
   a. quando ha 10 anni.
   b. quando ha 35 anni.
   c. quando è bambino.

3. Quando ha 30 anni,
   a. ha una crisi di fede.
   b. si sposa.
   c. divorzia.

centoquindici 115

4. Mel Gibson cerca di salvarsi con
a. la fede.
b. la droga.
c. la musica.

5. Fa una ricerca approfondita
a. sul Vangelo.
b. sulla storia della religione.
c. sulla Bibbia.

6. Vuole portare sullo schermo
a. una storia inventata.
b. una storia realistica.
c. una storia triste.

7. Gli altri film sulla vita di Cristo secondo Gibson sono
a. più o meno inventati.
b. di ottima qualità.
c. esatti.

8. Come preparazione al suo film, Mel Gibson
a. ha fatto una ricerca.
b. ha letto la Bibbia.
c. ha guardato altri film.

SECONDO TE, CHE COS'È?

Minoranze linguistiche

Shën Mitri Korone è il nome albanese di San Demetrio Corone, paese in provincia di Cosenza, in cui vive una delle molte comunità albanesi d'Italia.

Una donna che ora vive in Lombardia per motivi di lavoro racconta:
"L'italiano da noi non veniva mai parlato. Le donne vestivano di nero, con i vestiti tradizionali e tutti erano molto religiosi. Quando andavo a scuola, ogni estate arrivavano in visita gli Albanesi dall'Albania e i crocifissi dovevano essere tolti dalle classi perché a loro davano fastidio. Noi facevamo dei regali alle ragazze che però la polizia albanese gli toglieva regolarmente al loro ritorno.

Abbiamo conservato la nostra lingua e le nostre tradizioni: in Albania invece ci sono stati tanti cambiamenti."

In Italia sono presenti molte minoranze linguistiche e culturali: il 5% della popolazione parla una lingua diversa dall'italiano. Però non esiste difficoltà a comunicare, perché tutti parlano anche l'italiano. Ma esiste quella grande ricchezza che è data dalla differenza.

E 1 **Progetto sulle lingue**
Anche tu avrai dei compagni di classe o degli amici che non parlano tedesco come madrelingua.

1. Fate un'intervista con un compagno/una compagna o un amico/un'amica.

   1. Che lingua parla in famiglia?
   2. Dove parla tedesco e dove l'altra lingua?
   3. Quali problemi ci sono?
   4. Che lingua preferisce e perché?

2. Presentate insieme i risultati alla classe e documentate tutto su un grande poster in aula.

Lezione 6

(287.500)
TEDESCHI

(30.000) LADINI

(90.000)
FRANCOPROVENZALI

(780.000)
FRIULANI

(12.850) TEDESCHI

SLOVENI
(80.000)

FRANCESI
(11.000)

OCCITANI
(180.000)

(2.600)
CROATI

(18.000)
CATALANI

FRANCO
PROVENZALI

SARDI
(1.650.000)

ALBANESI
(100.000)

OCCITANI

GRECI
(20.000)

Sull'intero territorio
nazionale si contano
inoltre 140.000 sinti e rom.

Dati pubblicati dal
Ministero dell'Interno (199

Strategie 3
Leggere e capire testi letterari, parlarne e trovare il significato di vocaboli sconosciuti

Soprattutto tra il 1945 e gli anni Settanta molte opere letterarie si occupano dei problemi e della difficile storia dell'Italia del Sud. Una delle più importanti si intitola *Cristo si è fermato a Eboli*.

Cristo si è fermato a Eboli è il libro più famoso di Carlo Levi, scrittore, pittore e medico che attraverso quest'opera racconta la sua storia di confino sotto il regime fascista[1].

Ecco un brano del primo capitolo (testo adattato):
– Noi non siamo cristiani – dicono, – Cristo si è fermato a Eboli –. Cristiano vuol dire, nel loro linguaggio, uomo: la frase che ho sentito tante volte ripetere, nelle loro bocche non è forse nulla più che l'espressione di un enorme complesso d'inferiorità. Noi non siamo cristiani, non siamo uomini, non siamo considerati come uomini, ma bestie.
Ma la frase ha un senso molto più importante. Cristo si è davvero fermato a Eboli, dove la strada e il treno lasciano la costa di Salerno e il mare, e si perdono nelle desolate terre di Lucania. Cristo non è mai arrivato qui, né vi è arrivato il tempo, né l'anima individuale, né la speranza, né il legame tra le cause e gli effetti, la ragione e la Storia. Cristo non è arrivato, come non erano arrivati i romani, che presidiavano le grandi strade e non entravano fra i monti e nelle foreste, né i greci, che fiorivano sul mare di Metaponto ... Nessuno ha toccato questa terra se non come un conquistatore o un nemico o un visitatore ignorante.

---

[1] Von 1922 bis 1943 regiert in Italien das totalitäre, faschistische Regime unter dem ‚Duce' Benito Mussolini, das in einer Allianz mit Hitler-Deutschland verbündet war.
Eine verbreitete Methode, missliebige Regimekritiker kaltzustellen, war deren Verbannung (il confino) in entlegene Landesteile.

E 1

Primo passo: verso la comprensione globale
Leggi il testo senza cercare di capire parola per parola e trova una risposta:
1. Dove ci troviamo? (Ricorda la lezione 6)
2. Chi parla?
3. Chi sono "loro"?
4. Com'è l'atmosfera?

E 2

Secondo passo: verso una comprensione più dettagliata
Leggi il testo una seconda volta e cerca di capire il maggior numero possibile di parole senza dizionario; pensa a parole simili in latino, inglese, francese e italiano per capire:

linguaggio – complesso d'inferiorità – bestie – desolato – l'anima – individuale – speranza – cause – effetto – ragione – presidiare – foreste – fiorire – conquistatore – visitatore – ignorante

Adesso consulta un dizionario italiano-tedesco per capire le poche parole che non ti sono ancora chiare.

E 3

Terzo passo: comprensione e analisi
Leggi il testo una terza volta e rispondi alle domande:
1. Perché né i greci né i romani sono mai arrivati nella zona?
2. Che cosa rappresentano i greci ed i romani? E Cristo?
3. Perché la gente della zona dice: "Non siamo cristiani."?
4. Come si potrebbe caratterizzare la storia di questa gente?

E 4

Parlare di libri importanti
Ecco una lettera di un giovane brasiliano di origine italiana, che parla di *Cristo si è fermato a Eboli*:
Danilo Zioni Ferretti (danilozferretti@uol.com.br), San Paolo (Brasile), 27/03/04

[1] *i bisnonni:*
die Urgroßeltern

Questo libro per me è molto speciale. La mia lingua materna non è l'italiano, dato che sono nato in Brasile, dove i miei bisnonni[1] calabresi e lucani sono arrivati cent'anni fa. Ho sempre sentito a casa dei frammenti di storie che parlavano di un'Italia povera e triste ma pure molto bella. E ho trovato questa Italia nelle pagine di questo libro triste e bello di Levi. Questo è stato il primo libro che ho letto in lingua italiana, quando avevo 12 anni. È un tenue legame con quello che, credo io, fosse l'Italia dei miei bisnonni: un'Italia povera, triste ma anche piena della sua amara bellezza.

Trova nella lettera di Danilo le espressioni italiane corrispondenti a:

Muttersprache – Fragmente – ein zartes Band

E 5

Hai letto anche tu un libro che per te è particolarmente importante?
Parlane alla classe o scrivi anche tu un articolo per un giornale o in un forum Internet.

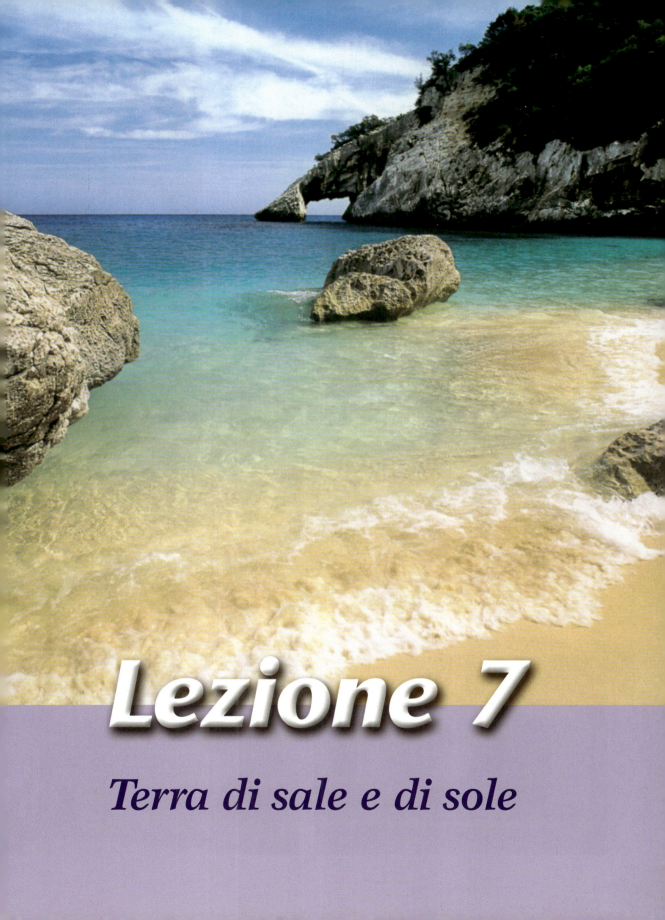

Lezione 7

Terra di sale e di sole

Lezione 7

Ingresso

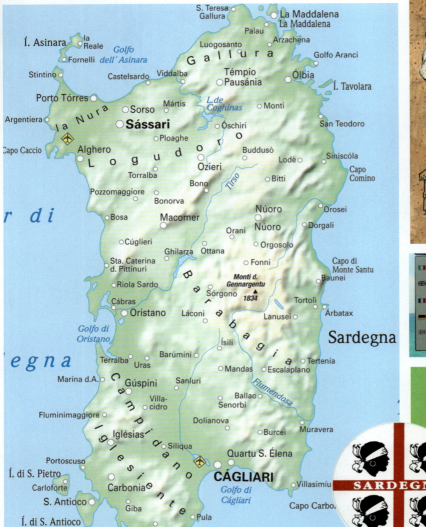

122 .... *centoventidue*

Lezione 7

centoventitré... 123

A Sardegna: un'isola con tante facce

1. Di traghetti e aerei ce ne sono molti: fanno scendere tantissime persone su coste dai nomi affascinanti (Costa Paradiso, Costa Smeralda, Golfo degli Aranci) e così belle che lasciano senza parole. Altre ci arrivano con le proprie barche e le coste se le cercano tranquille, naturalmente. Altre ancora vengono per passare un periodo in luoghi stupendi, sì, ma abitati solo da maggio a ottobre e con sole case per le vacanze.

2. Affascinante è la Sardegna "vera", quella del cuore dell'isola, tanto grande (è la terza regione d'Italia) e poco conosciuta. Ai turisti sembra strano sentire che è sulla carne e sui formaggi che si basa la cucina tradizionale sarda e non sul pesce, perché la popolazione è sempre rimasta lontana dalle coste, per il pericolo dei pirati e della malaria. Oppure venire a sapere che, per tradizione, le donne sarde hanno una posizione importante nella vita del paese, perché gli uomini erano spesso lontani da casa con le loro pecore ed erano le donne a dover governare la famiglia.

È la paura dei sardi ad aprirsi e perdere così la propria identità che mette la Sardegna da una parte e il "continente" dall'altra: il turista che si sente chiamare "continentale", ha la sensazione che quel mar Tirreno che sta in mezzo sia una vera e propria frontiera.

3. Sappiamo già che gli uomini sardi erano spesso lontani dalle famiglie, sui monti con le loro pecore per lunghi mesi. Che bello avere del pane fresco da mangiare con il formaggio o con le olive! Ma ciò era praticamente impossibile. Ci voleva qualcosa che si potesse portare con sé facilmente e mantenere per molto tempo: nasce così il carasau, tipo di pane sottile sottile, che ora è conosciuto in tutto il mondo. Per le donne sarde saper fare bene il pane è sempre stata una tradizione, un'arte che imparavano già da bambine: il pane che facevano doveva essere buono da mangiare, ma anche bello da vedere, soprattutto nelle occasioni speciali, come le feste, i matrimoni e le nascite. E quando restava un po' di pasta, si facevano piccoli pani per i bambini a forma di animale per giocare.

4. Potremmo definire l'artigianato sardo come vera arte perché unisce storia, tradizione e vita in maniera veramente originale. Le attività principali sono: ceramica, ricamo, lavorazione del legno, del ferro e del sughero, della lana, dei gioielli e dei tessuti.
Grazie alle cooperative artigiane negli ultimi anni i soldi che ne derivano non vengono raccolti solo fuori dall'isola, come è successo per tanto tempo. Questa è la strada giusta da seguire per offrire un lavoro ai giovani ed evitare così che lascino la loro terra.

5. **Anemia mediterranea**: è questo il nome di una malattia ereditaria che da sempre esiste fra i bambini dell'area del Mediterraneo che devono ricevere continue trasfusioni di sangue. È solo con il trapianto del midollo che la malattia si può curare. In Italia la regione più colpita è
45 la Sardegna e proprio a Cagliari esiste un ospedale specializzato.

E 1 *Le facce dell'isola*
1. Abbina le foto alle diverse parti del testo.
2. Inventa un titolo per ogni parte.

Lezione 7

E 2 **Due mondi a confronto**
Come sono? – Che cosa fanno?

1. Che cosa dice il testo sul diverso modo in cui i turisti e i sardi vivono l'isola? Raccogli le informazioni corrispondenti nei tre testi.

2. Adesso scegli uno degli aspetti e discuti in gruppo le differenze.
   1. tra i sardi e i turisti.
   2. tra le coste e l'interno.

E 3 **Tutto chiaro?**
Rispondi alle domande.
1. Perché tanti turisti vanno in Sardegna?
2. Quando ci vanno per la maggior parte?
3. Quali sono le coste più famose della Sardegna?
4. Come mai la Sardegna "vera" è così diversa?
5. Perché la popolazione si è sempre tenuta lontana dalle coste?
6. Come mai la donna sarda ha una posizione particolare?
7. Perché solo pochi turisti vanno sull'isola per conoscerne l'interno?

ATTENZIONE! LAVORI IN CORSO!

Ci sono tanti **traghetti** e aerei. – **Di traghetti** e aerei ce ne sono molti.
La Sardegna vera è **affascinante**. – **Affascinante** è la Sardegna vera.
La cucina sarda si basa **sulla carne**. – **È sulla carne** che si basa la cucina sarda.

Trova altri esempi nel testo in cui la frase comincia con l'informazione più importante.

E 4 **Fatti conosciuti e meno conosciuti sulla Sardegna**
Abbina le parti che vanno insieme e scrivi la frase completa.
Modello: È sulla carne che si basa la cucina tradizionale.

Sono solo pochi i turisti		porta lavoro sull'isola.
Erano le donne		la Sardegna è famosa.
Erano gli uomini		frequenta la Costa Smeralda.
Non è solo per il suo artigianato	che	capiranno che si può essere tradizionalisti e moderni.
Sono le bellezze naturali		dovevano governare la famiglia.
È il jet set		vedono la Sardegna interna.
Non è l'industria		attirano i turisti da tutto il mondo.
Saranno i giovani sardi		erano lontani da casa con le pecore.

centoventisei

E 5 Un po' di pubblicità per il turismo sardo
Completa le frasi.
Modello: I panorami più belli, **li** potete vedere dalle nostre barche.

1. I dolci sardi, **li** ...

2. Le spiaggie deserte, **le** ...

3. I parchi nazionali, **li** ...

4. L'artigianato sardo, **lo** ...

5. I balli sardi, **li** ...

6. Il pane carasau, **lo** ...

7. A Cagliari, **ci** ...

8. Della bellezza della nostra natura, **ne** ...

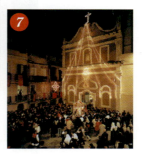

Festa e sagra di Sant'Efisio a Cagliari, 1–5 maggio

E 6 Adesso tocca a te a fare pubblicità per la Sardegna
Scegli tre foto fra quelle di E 1 e E 5 e scrivi tre testi. Metti in evidenza le parti delle tue frasi che ti sembrano molto importanti.

E 7 Io vivo in Sardegna – chi sono?
Metti le preposizioni seguenti e indovina chi parla.
di (5x) – **a** (3x) – **da** – **in** (3x)
Sono la bella figlia del mare, ricorda Omero nell'Odissea. Appartengo __ sempre __ la cultura e __ le tradizioni mediterranee. La popolazione più forte __ la mia specie vive __ Grecia e __ Turchia, ma amo molto la Sardegna. Raggiungo tre metri __ lunghezza e 300 chili __ peso e mangio il meglio che il mare possa offrire. Se hai la fortuna __ incontrarmi, non mi disturbare. Vorrei poter dire: sono tornata definitivamente __ vivere __ Sardegna.
Chi sono?

Se non mi conosci, descrivimi e chiedi al tuo professore di biologia.

E 8 La Sardegna – una buona meta per una gita scolastica
In quali materie scolastiche sarà d'aiuto questa gita? Fate in gruppo una lista dei vostri argomenti e cercate di convincere i professori.

centoventisette 127

E 9 — Una lettera a una famiglia sarda

Hai trascorso un periodo da una famiglia sarda a Quartu S. Elena vicino a Cagliari durante uno scambio con l'Istituto Tecnico "Grazia Deledda" di Cagliari.
Dopo il tuo ritorno a casa vuoi scrivere una lettera per ringraziare di tutte le cose che ti hanno fatto vedere durante il tuo soggiorno in Sardegna e che ti sono piaciute.

Scrivi la lettera.

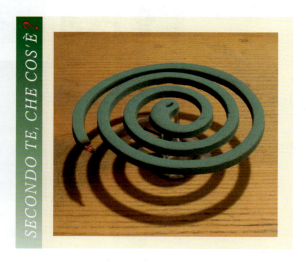

SECONDO TE, CHE COS'È?

E 10 — Intervista a Gianni

1. Dov'è nato Gianni
2. Quando ha deciso di lasciare il suo paese?
3. Che tipo di lavoro faceva Gianni prima di lasciare la Sardegna?
4. Come mai alla fine ha lasciato la sua patria?
5. Dov'è stato prima di arrivare a Monaco?
6. Perché non ha pensato di stabilirsi al suo paese?
7. Quali ricordi positivi ha della Sardegna?
8. Che vita fanno a. i suoi fratelli e b. i suoi amici?
9. Perché la comunicazione con gli amici diventa sempre più difficile?
10. Che cosa voleva fare Gianni?
11. Perché non ce l'ha fatta?

E 11 — Una lettera

Dopo tanti anni in Germania, Gianni scrive una lettera a un giornale sardo in cui racconta della sua vita all'estero. Scrivi la lettera.

E 12 *La Sardegna – ieri e oggi (tra passato e presente)*

La Cooperativa „Su Marmuri"

Metti le forme giuste dell'imperfetto o del passato prossimo usando gli infiniti seguenti:

venire – essere (3x) – ricordarsi – lavorare (2x) – arrivare (2x) – andare – stare – costruire – cambiare – nascere – cominciare – pensare

Ulassai, il paese dove noi tutte viviamo non è vicino alle città o ai porti. Da noi non esiste nessun'industria, ma dall'800 facciamo il vino e lavoriamo con le pecore.
Mio nonno __ sempre con le pecore e __ raramente al paese. La vita __ molto dura per tutti. Quando i miei genitori __ piccoli, alcune cose __. Con la TV e più tardi con le nuove possibilità di comunicazione __ il mondo da noi. Purtroppo non __ i posti di lavoro. Così molti giovani __ via per lavorare sul continente o anche all'estero.
Ma poi alcune di noi __ della nostra cultura. Da sempre le donne __ la lana. Siamo veramente molto brave. E così __ l'idea di questa cooperativa. Trent'anni fa alcune di noi __ a produrre tessuti e tappeti con le fantasie tradizionali. I primi anni __ duri.
__ molto per trovare clienti per i nostri prodotti e spesso __ di dover chiudere.
Adesso le cose vanno molto meglio.
__ una nuova casa per la nostra cooperativa dove possiamo produrre e vendere i nostri prodotti che piacciono non solo a noi sardi ma anche ai turisti. Grazie all'Internet possiamo presentare quello che facciamo anche a chi non può passare da noi. Se ti interessa ecco il nostro indirizzo: www.sumarmuri.it

B La Sicilia nelle sue città

PALERMO
È una città di grandi contrasti: mondo antico e moderno, ricchezza e povertà convivono. Ha il porto più importante dell'isola.

MESSINA
Distrutta completamente dal terremoto del 1908 e ricostruita con criteri moderni. Grande attività di traffico con il continente. In provincia di Messina c'è Taormina con il suo splendido mare.

Taormina, Teatro greco

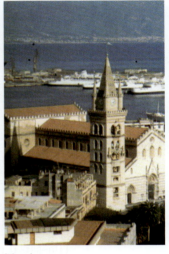

Messina

CATANIA
Città industriale e commerciale ai piedi del vulcano attivo più alto d'Europa (3263 m). Vicino a Catania è nata la cosiddetta "Etna Valley", che ospita molte aziende hi-tech che lavorano nel settore della produzione di microchip. Ma sull'Etna non fa solo molto caldo …

SIRACUSA
Fondata dai greci. Importante centro turistico: posizione e clima ottimi, tesori artistici ed archeologici. In provincia di Siracusa c'è Noto con i suoi bellissimi conventi, palazzi e chiese in stile barocco.

RAGUSA
Accanto alla città vecchia, in stile spagnolo e barocco, sono nate molte industrie dopo che nella zona è stato trovato il petrolio.

ENNA
Il capoluogo più alto d'Italia (931 m), con una bellissima posizione panoramica: è chiamata "Belvedere della Sicilia".

Enna, Processione del Venerdì Santo

CALTANISSETTA
Il nome, come anche quello di altre città siciliane (Caltagirone, Caltabellotta ...) è di origine araba: "calt" in arabo significa "fortezza". Ha un bel centro storico in stile barocco.

AGRIGENTO
Importante mercato agricolo (olive, uva, mandorle). Centro turistico famoso con la Valle dei Templi (VI – V sec. a. C.)

TRAPANI
Famosa per le saline, il vino Marsala, la pesca e l'industria del pesce in scatola.

Trapani, Le saline

Tre cartoline dalla Sicilia

Carissimi,
come raccontare in poche parole tutte le emozioni che quest'isola meravigliosa ci offre?
Partiti da Catania in macchina (benché il treno sia più economico, poiché la benzina ha certi prezzi ...), abbiamo preso la strada panoramica che attraversa paesi bellissimi (anche se sono neri per la lava usata per costruire), antichi e ricchi d'arte e cultura. La nostra meta è raggiungere il cratere principale del vulcano (3 323 m): prenderemo la funivia fino a 2 600 metri e poi continueremo a piedi, accompagnati dalle guide.
Speriamo bene ...
A presto
Carlo e Barbara

Cara Annamaria,
visitare una Sicilia diversa dal solito e lontana dalle vie turistiche, quando si ha abbastanza tempo, è veramente una cosa bellissima. Siamo a sud di Palermo: per molto tempo parlare di questa zona è stato parlare solo della mafia. Ma oggi c'è qualcosa di nuovo: alcune città, ad es. Corleone, si sono organizzate (restauri, itinerari culturali, musei) per far scoprire i loro tesori nascosti.
Il resto a voce
Salvatore

Caro Adriano,
mentre attraversiamo questa bellissima campagna a sud dell'Etna, vediamo alberi di mandorle, nocciole, pistacchi, ma soprattutto arance, limoni, pompelmi e mandarini: ce li mangiamo con gli occhi – e non solo! Qui le arance sono rosse perché (ce l'ha spiegato uno della Proloco) il colore rosso si concentra nei frutti a causa della forte differenza di temperatura fra giorno e notte, tipica di queste zone.
Un abbraccio
Tiziana

7 Lezione

E 1 *Di quale città stiamo parlando?*
Aggiungi il nome della città.
1. È stata fondata dai greci.
2. La città vecchia è in stile spagnolo.
3. Ha uno splendido mare.
4. È una città di grandi contrasti.
5. È stata ricostruita dopo un grande terremoto.
6. È un centro industriale e commerciale.
7. È un centro turistico importante.
8. Ha un bel centro storico barocco.
9. È il capoluogo più alto d'Italia.

E 2 *Dove andare?*
Due gruppi di turisti tedeschi progettano due giri diversi in alcune città siciliane. Usa le espressioni seguenti:

per cominciare – prima – dopo – poi – il giorno seguente – dopo pranzo – la seconda parte – alla fine

E 3 *Tre cartoline*
Di che cosa stanno parlando Carlo e Barbara, Tiziana e Salvatore?
Abbina e completa.

Tiziana	arance rosse, alberi di mandorle, ...
Carlo e Barbara	paesi bellissimi, cratere, ...
Salvatore	Corleone, tesori segreti, ...

E 4 *Correggi*

1. Siamo a sud dell'Etna. Per molto tempo parlare di questa zona è stato parlare solo della mafia.
2. La nostra meta è raggiungere il cratere principale del vulcano. Prenderemo la macchina a 2 600 m e poi continueremo in funivia ...
3. Mentre attraversiamo il paesaggio a sud dell' Etna vediamo alberi di mandorle, nocciole, pistacchi, ma soprattutto arance, limoni, pompelmi e mandarini: ce li mangiamo, ma solo con gli occhi.

E 5 *Sai già tutto?*
Scrivi dei messaggini a Carlo, Adriano e Tiziana per saperne di più sulla Sicilia.
Fai tre domande ad ognuno di loro.

centotrentatré 133

7

Lezione

E 6 | *Langzeitgedächtnis? Memoria a lungo termine?*

Con l'aiuto della congiunzione giusta ricostruiamo le frasi seguenti:

dato che – se – mentre – prima di – che – perciò – quando – prima che –
perché – né ... né – a condizione che – benché – perché – o ... o – però

1. A Gardaland i ragazzi vanno dalla chiromante
2. I ragazzi preferiscono passare una vacanza secondo il loro gusto
3. Il comune di Cogne ha dato un premio agli zii di Nicola
4. Le strade di Ivrea sono tutte ricoperte di arance
5. Torino è stata capitale d'Italia
6. I genitori delle ragazze di Sanremo si preoccuperebbero
7. Si dice che i genovesi non salutino
8. Il padre di Francesco lo porta dal vescovo
9. I ragazzi del Marconi ascoltano con molta attenzione
10. A San Nicola non è possibile
11. Per tanti profughi la scelta è
12. Il forno deve essere ben caldo
13. La madre di Maria è stanca di parlare di Mel Gibson
14. Gianni avrebbe preferito restare in Sardegna
15. Uno della Proloco ha spiegato

a. non partono con i genitori
b. c'è il Carnevale
c. sapessero che le figlie fanno tanti chilometri in motorino
d. gli dia un consiglio su cosa fare
e. ... usare la macchina ... girare in motorino
f. metterci la pizza
g. le arance siciliane sono rosse per la differenza di temperatura fra giorno e notte
h. non credano a quello che dirà
i. ci fosse stato il lavoro
k. per tanti anni ci erano andati in vacanza
l. lo diventasse Roma
m. sono tirchi
n. la guida parla
o. morire di fame ... cercare di fuggire in Europa
p. è felice di leggere il nome della figlia sul giornale

134 .... *centotrentaquattro*

E 7 Altre cartoline
Completa i testi.

Carissimi,
qui ___ Palermo abbiamo partecipato ___ una festa tradizionale. È alla metà di luglio ___ la gente festeggia quella che è la ___ importante delle feste palermitane: 'u fistinu di Santa Rosalia, patrona ___ città. Il giorno più importante è il 15 luglio, quando il gigantesco carro sul ___ si trova la sua statua ___ portato in processione ___ cattedrale fino al Foro Italico. ___ carro ci sono musicanti e intorno al carro il popolo in costume. Era ___ spettacolo molto interessante. Vi far ___ vedere le foto.
Un abbraccio
Carlo e Barbara

Cara Annamaria
eccomi di nuovo con ___ informazioni di questa belli ___ isola. Dobbiamo assoluta ___ tornare a Catania in febbraio. Dal 3 ___ 5 febbraio di ogni anno ___ celebrata la patrona della città, Sant'Agata. L'elemento più interessante sono le cannalore, pes ___ costruzioni in legno alte circa sei ___, dipin ___ con scene della vita di Sant'Agata e storie della Bibbia. Ho comprato un libro con molte foto per tua cugina Agata. Spero che le pia ___.
A presto
Salvatore

centotrentacinque 135

Cocktail con la frutta siciliana

E noi che siamo rimasti a casa possiamo almeno provare a creare qualche cocktail con la frutta siciliana per la prossima festa che organizzeremo. Che ne dite?

Garibaldino
50% succo di pompelmo
50% succo di mandarino
1 cucchiaio di sciroppo di ribes
fettine di limone e ciliegine candite per decorare

Riempite lo shaker per 1/3 di ghiaccio e versate gli ingredienti; agitate con forza; aspettate qualche secondo e poi ricominciate ad agitare lentamente. Servite subito in coppe grandi e decorate con le fettine di limone e le ciliegine.

Frizzantone
40% succo di limone
40% succo d'arancia
20% sciroppo di granatina
gazzosa
fettine di limone e ciliegine candite per decorare

Riempite lo shaker per 1/3 di ghiaccio e versate i succhi di frutta e lo sciroppo; agitate con forza; aspettate qualche secondo e poi ricominciate ad agitare lentamente. Versate in bicchieri grandi e aggiungete la gazzosa. Decorate.

Pomarello
30% succo di mandarino
30% succo d'arancia
40% succo di pompelmo
frutta di stagione

Procedete come per gli altri due, ma servite in bicchieri larghi e bassi, aggiungendo frutta di stagione a piacere.

Lezione 8

Il Sentiero Italia

Lezione 8

Il Sentiero Italia è stato ufficialmente inaugurato nel 1995 e si sviluppa lungo le Alpi e gli Appennini, comprese le isole, per circa 6 000 km. Segue in parte le antiche vie percorse dai pellegrini nel Medioevo, sui sentieri usati un tempo come uniche vie di comunicazione. È suddiviso in 350 tappe e i sentieri sono segnati in bianco e rosso: un lungo filo d'Arianna che collega nord e sud e che cerca di sviluppare la coscienza ecologica della gente. Offre un'occasione unica per conoscere un'Italia diversa, lontana dal gran turismo e dalla folla.

Ora facciamo un gioco: in gruppi di quattro, con un dado e quattro pedine, partiamo da S. Teresa di Gallura in Sardegna e seguiamo il percorso del Sentiero Italia fino ad arrivare all'ultima tappa, cioè Trieste. Ovviamente è un viaggio lungo e ci saranno anche degli ostacoli da superare. Tutte le situazioni vanno recitate. Per ogni dialogo scegli un compagno del tuo gruppo: quando avrete finito il dialogo e gli altri due compagni saranno soddisfatti e non avranno altre domande il gioco potrà continuare.
Buona fortuna!

Partenza

1) S. Teresa di Gallura, punta nord della Sardegna, proprio di fronte alla Corsica.
2) –
3) Nuraghe di Sant'Antine: ti fermi un giro per visitarlo insieme ai dintorni che sono molto interessanti. Poi chiedi informazioni sul vicino Museo Archeologico (orari, giorno di chiusura, prezzi, sconti per studenti?, ecc.).
4) A Nuoro vai a visitare la casa di Grazia Deledda.
5) A Cagliari prendi il traghetto per Palermo. Sul traghetto incontri una turista brasiliana a cui racconti tutto quello che sai sulla Sardegna.
6) –
7) –
8) A Palermo devi comprare una scheda per il tuo cellulare. Chiedi informazioni su dove, come, ecc. e ti fermi un giro, anche perché vuoi visitare l'Orto Botanico.
9) –
10) A Piana degli Albanesi chiedi aiuto per trovare la fermata del pullman che ti porta direttamente alla casella 12. La persona è molto gentile anche se all'inizio ti parla in un'altra lingua.
11) –
12) Non vuoi perdere l'occasione di salire sull'Etna: stai fermo due giri.
13) –
14) –
15) Sulle montagne calabresi ti trovi faccia a faccia con un lupo: mantieni la calma, ma poi sei così impressionato che hai bisogno di riposo. Fermo un giro.

16) –

17) Non vedi l'ora di fare un bel bagno al mare, dopo tanti boschi e montagne. Ad Agropoli l'acqua è pulitissima, ma prima devi comprarti un costume. Dialogo al negozio.

18) –

19) Decidi di fare una tappa a Roma per andare a trovare degli amici, che ti invitano a mangiare la pizza e ti propongono di accompagnarti in macchina fino a Sulmona. Vai alla casella 22.

20) –

21) –

22) Sulmona: incontri un pastore con il suo gregge e gli chiedi come trovare un alloggio non caro. Lui è marocchino e parla male l'italiano, ma vi capite lo stesso e ti offre dei confetti che sono la specialità del luogo.

23) –

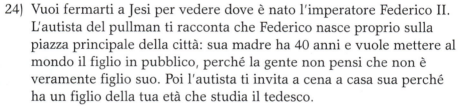
24) Vuoi fermarti a Jesi per vedere dove è nato l'imperatore Federico II. L'autista del pullman ti racconta che Federico nasce proprio sulla piazza principale della città: sua madre ha 40 anni e vuole mettere al mondo il figlio in pubblico, perché la gente non pensi che non è veramente figlio suo. Poi l'autista ti invita a cena a casa sua perché ha un figlio della tua età che studia il tedesco.

25) –

26) Arrivi a San Marino e ti fermi a comprare un kit di euro sanmarinesi da portare ai tuoi per ricordo.

27) –

28) In Emilia-Romagna ti compri un etto di parmigiano. Per quale ricetta hai pensato di utilizzarlo? Per prepararla ti fermi un giro.

29) Attraversata l'Emilia Romagna arrivi in Toscana. A Carrara visiti le cave di marmo: nomina tre famosi scultori italiani. Se non ci riesci stai fermo due giri.

30) –

31) A Genova ti fai dare la ricetta del pesto: ti ricordi tre ingredienti? Vai avanti due caselle e … quattro se te ne ricordi quattro.

32) A Bocchetta in Liguria vedi una foto che ti incuriosisce: che cos'è?

33) –

34) A Pinerolo ti devi comprare un paio di scarpe perché le tue sono tutte rotte. Dialogo al negozio. Poi vai al bar, bevi una cioccolata buonissima e assaggi la specialità locale: i gianduiotti.

35) –

36) Non perdi l'occasione di fare un'escursione al Monte Bianco, il monte più alto d'Europa (4810 m): di' al tuo vicino in funivia nome e altezza del monte più alto della Germania e raccontane tutto quello che sai.

37) –

centotrentanove 139

38) Arrivi nella zona dei laghi: vicino ad uno di questi è ambientato un famoso romanzo italiano. Sei curioso e chiedi informazioni alla/al prof (quale lago? titolo? autore? epoca? ecc.)

39) Sei stanco di camminare, vorresti prendere un pullman, ma c'è sciopero. Aspetti il giorno dopo, e stai fermo un giro, alloggiando in un ostello per la gioventù, in cui incontri un ragazzo cileno molto simpatico a cui racconti un episodio divertente successo durante la tua vacanza.

40) –

41) Arrivato a Pejo con il pullman vuoi andare alla famosa fonte minerale, ma ti accorgi di aver dimenticato i documenti all'ostello: torni indietro a riprenderli e ritorna alla casella 39.

42) –

43) –

44) Attraversato il Veneto arrivi in Friuli-Venezia Giulia. A Castelmonte visiti il santuario della Madonna e poi vai in un bar-trattoria perché hai fame: assaggi la gubana, il dolce tipico che ti viene consigliato dalla padrona, come pure l'ottimo vino bianco, che però tu rifiuti gentilmente perché non bevi alcolici e ordini qualcos'altro.

45) –

46) Bravo, sei arrivato a Trieste: finalmente il mare, dopo tante montagne. Ti fai un bel bagno per premio e poi la sera vai a sentire il concerto degli Zero Assoluto in Piazza Unità.

Ed ora che ci siamo incuriositi vogliamo saperne di più: troviamo qualche altra informazione sui seguenti punti (i numeri si riferiscono alle caselle del gioco):

- Nuraghi (3)
- Grazia Deledda e altri premi Nobel italiani (4)
- Orto Botanico (8)
- Lingue e dialetti (10)
- Confetti e gianduiotti (22) (34)
- Federico II (24)
- San Marino/Vaticano: gli stati nello stato (26)
- Bologna-Maranello-Parma: cultura, motori, gastronomia (29)
- Laghi italiani (38)
- Nordest sci, pallacanestro e hockey (44)
- Santi e santuari italiani (44)
- Musica italiana (46)

centoquaranta

Systematische Übersicht zur Grammatik in Appunto 1

1. Aussprache und Betonung

1.1 Die Aussprache (la pronuncia)

Im Großen und Ganzen bietet das Italienische keine besonderen Aussprache-schwierigkeiten. Dennoch müssen einige Besonderheiten beachtet und einige Unterschiede zum Deutschen berücksichtigt werden.

1. Die Aussprache von c / g / sc

vor **e**, **i**	vor **a**, **o**, **u**, Konsonant
generell „weiche" Aussprache	generell „harte" Aussprache

c	[tʃ]:	centro, ci	c	[k]:	casa, ecco, cucù, crisi
g	[dʒ]:	gelato, giro	g	[g]:	gabbia, golfo, guardare, grado
sc	[ʃ]:	scendere, sci	sc	[sk]:	scambio, sconto, scuola, scrivere

aber:
„harte" Aussprache gestützt durch das Aussprachezeichen **h**

aber:
„weiche" Aussprache gestützt durch das Aussprachezeichen **i**

ch	[k]:	chiamare	ci	[tʃ]:	ciao
gh	[g]:	spaghetti	gi	[dʒ]:	giorno
sch	[sk]:	schiavo	sci	[ʃ]:	lasciare

h wird nie ausgesprochen   **i** wird in diesen Fällen nicht gesprochen

2. Buchstabenkombinationen

Doppelkonsonanten

Im Gegensatz zum Deutschen unterscheidet man im Italienischen nicht nur lange und kurze Vokale, sondern auch lange und kurze Konsonanten. Die langen Konsonanten werden im Schriftbild durch Verdoppelung dargestellt. In manchen Fällen ist die Unterscheidung wichtig für die Bedeutung:

i giovani *(die jungen Leute)*	↔	Giovanni
la pena *(die Mühe)*	↔	la penna *(die Feder)*
rosa *(rosa)*	↔	rossa *(rot, f.)*

▶ **Attenzione!**

Auch an der Grenze zwischen zwei Wörtern kann es zu einer Konsonanten-doppelung kommen, welche jedoch nicht immer im Schriftbild erscheinen muss. Man spricht hier von einem **raddoppiamento sintattico**.

> Va bene. [--bb--]

Diphthonge

Treffen im Italienischen zwei Vokale aufeinander, so werden **beide** gesprochen und bilden nicht – wie zum Teil im Deutschen – einen neuen Laut:

> Europa, miele *(Honig)*

centoquarantuno **141**

Dies gilt selbstverständlich nicht, wenn einer der beiden Vokale nur grafische Funktion hat:

ciao, giorno, lasciare

3. Offene und geschlossene Vokale (le vocali aperte e chiuse)

Die Vokale **e** und **o** erscheinen im Italienischen an betonter Stelle in offener oder geschlossener Form. Auch hier kann die Unterscheidung in einigen Fällen bedeutungsrelevant sein. Diese Unterscheidung ist allerdings auch für Italiener nicht immer einfach. In erster Linie bemühen sich Römer und Toskaner um eine deutliche Trennung.

la pesca [e] *(der Fischfang)* – la pesca [ɛ] *(der Pfirsich)*
colto [o] *(gebildet)* – colto [ɔ] *(gepflückt)*

4. Stimmhaftigkeit und Stimmlosigkeit (sonorità e sordità)

Der Buchstabe **s** wird je nach lautlicher Umgebung stimmhaft oder stimmlos ausgesprochen.

la scala [sk] *(Treppe)*   sdraiarsi [zd] *(sich hinlegen)*

s zwischen Vokalen kann stimmhaft (im Norden) oder stimmlos (im Süden) ausgesprochen werden.

il mese – [z] *oder* [s] *(Monat)*

z ist manchmal stimmlos   lo zio [ts] *(der Onkel)* –
manchmal stimmhaft   zero [dz] *(Null)*

1.2 Die Betonung (l'accento)

Im Italienischen gibt es die Möglichkeit, Wörter auf

der letzten Silbe	(parola tronca)	la città
der vorletzten Silbe	(parola piana)	il ragazzo
der drittletzten Silbe	(parola sdrucciola)	il giovane
der viertletzten Silbe	(parola bisdrucciola)	telefonano

zu betonen.

Die Betonung auf der vorletzten Silbe ist die häufigste Form der Betonung im Italienischen.

▶ **Attenzione!**
- Wird das Wort auf der letzten Silbe betont, so wird dies im geschriebenen Italienisch mit einem Akzent gekennzeichnet. → Akzent (Syst. Übers. 1.3)
- Die Betonung auf der dritt- oder gar viertletzten Silbe ist seltener und wird im Vokabular dieses Lehrbuches durch Unterstreichung des betonten Vokals gekennzeichnet.

142 .... *centoquarantadue*

1.3 Der Akzent (l'accento)

Im Italienischen gibt es zwei Akzente:
den häufigeren und bei allen Vokalen möglichen **accento grave**:

> dà, caffè, sì, tornò, cucù

den **accento acuto**, der die Aussprache des geschlossenen **e** anzeigt:

> perché

Der Akzent ist unter anderem obligatorisch bei Wörtern, die auf der letzten Silbe betont werden:

> città, caffè, cucù.

→ Betonung (Syst. Übers. 1.2)

▶ **Attenzione!**

Einsilbige Wörter tragen gewöhnlich keinen Akzent, außer wenn dieser der Bedeutungsunterscheidung dient.

> è *(ist)*   e *(und)*
> sì *(ja)*   si *(sich)*
> dà *(er gibt)*   da *(von, bei)*

1.4 Die Behandlung von -c-, -g-, und -i- in Deklination und Konjugation

> 1. amica – ami**ch**e, fresca – fres**ch**e, pagare – pa**gh**i

Bei den Substantiven und Adjektiven mit der weiblichen Endung **-a** und den Verben auf **-are** setzt sich so gut wie immer die Aussprache durch; vor hellen Vokalen wird also die „harte" Aussprache durch **-h-** gestützt.

> 2. fan**a**tico – fan**a**tici, l**e**ggere – leggo,
> **aber:** bianco – bian**ch**i, lago – la**gh**i

Bei den anderen Substantiven, Adjektiven und Verben setzt sich meist die Schreibung durch. Nur die auf der vorletzten Silbe betonten Substantive und Adjektive auf **-o** stützen die Aussprache.
«amico – amici» ist damit eine „Ausnahme von der Ausnahme"

> 3. uff**i**cio – uff**i**ci, stud**i**are – (tu) stud**i**
> **aber:** z**i**o – zii

Ist das **-i-** der Endung unbetont, so bleibt beim Zusammentreffen von zwei **-i-** aus Stamm und Endung nur eines erhalten.
→ gleiches Phänomen bei «ventitr**ee**simo»

> 4. camicia – cami**ci**e, **aber:** doccia – docce

Steht vor **-c-** oder **-g-** ein Vokal, so bleibt das **-i-** vor **-e-** erhalten, obwohl es für die Aussprache nicht notwendig wäre.

centoquarantatré 143

2. Das italienische Alphabet (l'alfabeto italiano)

Das italienische Alphabet besteht aus 21 Buchstaben.

a [a]	b [bi]	c [tʃi]	d [di]	e [e]	f [effe]
g [dʒi]	h [acca]	i [i]	l [elle]	m [emme]	n [enne]
o [o]	p [pi]	q [ku]	r [erre]	s [esse]	t [ti]
u [u]	v [vu/vi]	z [zeta]			

j [i lunga], **k** [kappa], **w** [doppia vu/vu doppia], **x** [iks] und **y** [ipsilon] sind keine „italienischen" Buchstaben. Sie finden sich nur in Fremdwörtern.

Der Buchstabe **h** hat im Italienischen keinen Lautwert und dient nur orthografischen oder phonetischen Zwecken.

l'anno *(das Jahr)* – hanno *(sie haben)*
chi [ki] *(wer)* – ci [tʃi] *(dort)*

3. Die Artikel (gli articoli)

3.1 Der bestimmte Artikel im Singular (l'articolo determinativo al singolare)

Wie die Substantive unterscheidet natürlich auch der bestimmte Artikel nur zwischen Maskulinum und Femininum. Allerdings stehen hier je nach Anlaut der Substantive mehrere Formen zur Verfügung.

Maskulinum	
Ecco **il** fratello di Nicola.	«il» vor Konsonant
Ecco **l'**amico di Gennaro.	«l'» vor Vokal
Ecco **lo** studio di mia madre.	«lo» vor **s** + Konsonant oder **z**

▶ **Attenzione!**

«Lo» steht auch vor den Konsonantengruppen **gn**, **ps** und **y**:
lo gnomo *(der Gnom)*, lo psicologo *(der Psychologe)*, lo yogurt *(der Joghurt)*

Femininum	
Ecco **la** sorella di Chiara.	«la» vor Konsonant
Ecco **l'**amica di Chiara.	«l'» vor Vokal

▶ **Attenzione!**

Werden «signore, signora» und «signorina» zusammen mit dem Eigennamen verwendet, so steht (außer bei der Anrede) der Artikel.

Sono il signor Sciacca. Sono la signora Ruggeri. Ecco la signorina Rossi.

aber: Mi chiamo Camerano.   Buongiorno, Signor Romagnoli.

D/I
Namen von Erdteilen und Ländern, Regionen und großen Inseln stehen im Italienischen mit dem bestimmten Artikel

Mi piace l'Italia. *Mir gefällt Italien.*

Der bestimmte Artikel entfällt allerdings bei weiblichen Ländernamen (ohne nähere Bestimmung) nach den Präpositionen «in» und «di».

> Abita in Germania.
> L'olio d'oliva di Sicilia è buono.

3.2 Der bestimmte Artikel im Plural
(l'articolo determinativo al plurale)

	Singular	Plural	
Maskulinum	Nicola guarda **il** libro.	Nicola guarda **i** libri.	il → i
	Francesco chiama **l'**amico.	Francesco chiama **gli** amici.	l' → gli
	Lo studente va al bar.	**Gli** studenti vanno al bar.	lo → gli
Femininum	Il professore chiude **la** porta.	Il professore chiude **le** porte.	la → le
	L'amica copia i compiti.	**Le** amiche copiano i compiti.	l' → le

3.3 Der unbestimmte Artikel (l'articolo indeterminativo)
Auch der unbestimmte Artikel unterscheidet nur zwischen Maskulinum und Femininum.

Maskulinum	
Enrica ha **un** fratello.	«un» vor Konsonant
Aspetto **un** amico.	oder Vokal
Il calcio è **uno** sport molto bello.	«uno» vor **s** + Konsonant oder **z**

Femininum	
Prepara **una** cena.	«una» vor Konsonant
Melanie è **un'**amica di Giulia.	«un'» vor Vokal

▶ **Attenzione!**
un amico/un'amica
uno gnomo, uno psicologo, uno yogurt

In einzelnen Fällen kann man auch vor anlautendem Vokal die Vollform «una» finden. un'e-mail aber auch: una e-mail

D/I
Die Entscheidung zwischen dem bestimmten Artikel und dem unbestimmten Artikel erfolgt im Allgemeinen wie im Deutschen.

3.4 Die Präposition mit bestimmtem Artikel
(la preposizione articolata)

	il	lo	l'	la	i	gli	le
a	al	allo	all'	alla	ai	agli	alle
di	del	dello	dell'	della	dei	degli	delle
in	nel	nello	nell'	nella	nei	negli	nelle
da	dal	dallo	dall'	dalla	dai	dagli	dalle
su	sul	sullo	sull'	sulla	sui	sugli	sulle

Folgt auf die Präpositionen «a, di, in, da, su» ein bestimmter Artikel, so ver-
schmelzen die beiden Wörter zu einem. Dabei werden «in» und «di» zu «ne»
bzw. «de». Die Form der durch die Verschmelzung von Präposition und Artikel entstandenen **preposizione articolata** hängt wie beim bestimmten Artikel vom folgenden Wort ab. Die Verdoppelung des Konsonanten nennt man
raddoppiamento: da + le → da**ll**e

3.5 Mengenangaben und Teilungsartikel
Mengenangaben (la quantità)
Zu den Mengenangaben zählen Ausdrücke für bestimmte und unbestimmte
Mengen.

250 grammi	di	burro	250 g	Butter
un etto	di	mortadella	100 g	Mortadella
due etti	di	salame	200 g	Salami
mezzo chilo	di	caffè	ein Pfund	Kaffee
un chilo	di	pasta	ein Kilo	Nudeln
un mazzetto	di	basilico	ein Bund	Basilikum
una scatola	di	pomodori	eine Dose	Tomaten
un sacco	di	riso	ein Sack	Reis
un po'	di	sale	etwas	Salz
qualcosa	di	buono	etwas	Gutes
un litro	di	vino	ein Liter	Wein
un bicchiere	d'	acqua	ein Glas	Wasser
una tazza	di	caffè	eine Tasse	Kaffee

Bestimmte und unbestimmte Mengenangaben stehen meist mit «di».

▶ **Attenzione!**
Ohne «di» stehen die indefiniten Adjektive «molto», «poco», «qualche».

> qualche pera, molte mele, poco zucchero

«Qualche» steht immer mit dem Singular, bezeichnet aber eine unbestimmte
Menge.

> Perché non compriamo qualche panino?

D / I
«Mezzo chilo di» und «mezzo litro di» stehen im Italienischen ohne Artikel.

> Ha bevuto mezzo litro di vino. *Er hat **einen** halben Liter Wein getrunken.*

Der Teilungsartikel (l'articolo partitivo)

Fehlt eine konkrete Mengenangabe und soll dennoch nur von einem Teil der vorhandenen Dinge die Rede sein, wird häufig der Teilungsartikel gesetzt. Dieser gleicht in der Form der **preposizione articolata** (→ Syst. Übers. 3.4) mit «di»:

	Singular	Plural
Maskulinum	del vino dello zucchero dell'olio	dei cornetti degli spaghetti
Femininum	della mozzarella	delle pizzette

Der Teilungsartikel tritt vor allem im Plural auf, ist aber auch dort (im Gegensatz zum Französischen) nicht verpflichtend.

▶ **Attenzione!**

Kein Teilungsartikel steht
- bei Aufzählungen: Che cosa prendi? Caffè, caffellatte, latte macchiato, cappuccino?
- in verneinten Sätzen: Non c'è più mozzarella.
- nach der Präposition «senza»: Il caffè senza zucchero non mi piace.
- nach Mengenangaben: Vorrei un litro di vino.
- bei abstrakten Begriffen: Ho paura.

4. *Die Substantive (i sostantivi)*

4.1 Der Singular der Substantive (il singolare dei sostantivi)

Im Gegensatz zum Deutschen und zum Lateinischen kennt das Italienische keine gesonderte Form des Neutrums. Man unterscheidet nur zwischen Maskulinum und Femininum. In den meisten Fällen ist den Wörtern das grammatische Geschlecht anzusehen.

Maskulinum	Femininum
Ecco mio fratell-**o**. Ecco mio padr-**e**.	Ecco mia sorell-**a**. Ecco mia madr-**e**.

Die Endung -**o** steht also bei den männlichen Substantiven, die Endung -**a** zumeist bei den weiblichen. Nur die Endung -**e** lässt keinen unmittelbaren Rückschluss zu, so dass hier der Artikel oder eine dazugehörige Bestimmung eine entscheidende Rolle spielen.

Ausnahmen hierzu sind:

> la mano *(die Hand)*, la radio *(das Radio)*, l'auto *(das Auto)*, la moto *(das Motorrad)*, la foto *(das Foto)* u. a.
> il cinema *(das Kino)*, il clima *(das Klima)*, il panorama *(das Panorama)*, il sistema *(das System)*, il telegramma *(das Telegramm)*, il pianeta *(der Planet)* u. a.

Viele dieser Wörter sind aus einer Verkürzung der ursprünglichen Bezeichnung (il cinematografo, l'automobile, la motocicletta etc.) entstanden.

Auf **-a** bzw. **-ista** enden ebenfalls einige Personen- und Berufsbezeichnungen wie:

il poeta *(der Dichter)*, il pilota *(der Pilot)*, il duca *(der Herzog)*
il barista *(der Barman)*, il tassista *(der Taxifahrer)*, il giornalista *(der Journalist)*

Die dazugehörigen weiblichen Bezeichnungen ändern bei **-ista** lediglich den Artikel: la tassista, la giornalista

Sonst gibt es meist eigene Bezeichnungen: la poetessa, la duchessa

▶ **Attenzione!**
Neben den typischen, vokalisch auslautenden Substantiven gibt es auch einige, die auf Konsonant enden. Sie wurden aus anderen Sprachen übernommen und weitgehend in das italienische System integriert:

il bar, il film, la T-shirt

4.2 Der Plural der Substantive (il plurale dei sostantivi)

	Singular	Plural	
Maskulinum	fratell-**o** padr-**e**	fratell-**i** padr-**i**	**o** ⤍ **i**
Femininum	madr-**e** sorell-**a**	madr-**i** sorell-**e**	**e** **a → e**

▶ **Attenzione!**
Einige Substantive bilden einen unregelmäßigen Plural, auf den jeweils im Vokabular hingewiesen wird.

la mano – le mani, l'uomo *(der Mann)* – gli uomini, l'uovo *(das Ei)* – le uova

Männliche Substantive auf **-a** bilden den Plural auf **-i**:

i poeti, i telegrammi, i problemi, i giornalisti

Keine eigene Pluralform haben:
• Wörter, die auf betonten Vokal enden:

un caffè – due caffè, una città – due città

• Wörter, die aus der Verkürzung einer ursprünglichen Bezeichnung entstanden sind:

il cinema – i cinema, la foto – le foto, la moto – le moto, la radio – le radio, l'auto – le auto

• Wörter, die auf Konsonant enden, haben im Allgemeinen keine eigene Pluralform. Aus dem Englischen entlehnte Wörter können aber manchmal ihr Plural **-s** behalten:

un film – due film(s), un bar – due bar, una T-shirt – due T-shirt(s)

→ lautliche und grafische Besonderheiten bei der Pluralbildung (→ Syst. Übers. 1.4)

5. Die Adjektive (gli aggettivi)

5.1 Die Adjektivendungen

Adjektive sind Wörter, die ein Substantiv näher bestimmen. Die Endungen der Adjektive gleichen im Italienischen den Endungen der Substantive.

	Singular	Plural
Maskulinum	scur-**o** interessant-**e**	scur-**i** interessant-**i**
Femininum	scur-**a** interessant-**e**	scur-**e** interessant-**i**

Die Adjektive richten sich in Numerus und Genus nach dem Substantiv, unabhängig davon, ob sie unmittelbar beim Substantiv (attributiv) oder erst nach dem Verb (prädikativ) stehen.

attributiver Gebrauch:

un cappello nuovo	due cappelli nuovi
una gonna nuova	due gonne nuove
un libro interessante	due libri interessanti
una lingua interessante	due lingue interessanti

prädikativer Gebrauch:

Il cappello è nuovo.	I cappelli sono nuovi.
La gonna è nuova.	Le gonne sono nuove.
Il libro è interessante.	I libri sono interessanti.
La relazione è interessante.	Le relazioni sono interessanti.

▶ **Attenzione!**

Adjektive auf **-co**, **-ca**/**-go**, **-ga** bilden häufig den Plural auf **-chi**, **-che**/**-ghi**, **-ghe**

fresco – freschi
lunga – lunghe

Männliche Adjektive auf **-co**/**-go**, die auf der drittletzten Silbe betont werden, bilden den Plural auf **-ci**/**-gi**.

simpatico – simpatici

Bezieht sich ein Adjektiv gleichzeitig auf maskuline und feminine Substantive, so wird die maskuline Form gewählt.

Chiara e Gennaro sono italiani.

Im Italienischen stehen die Adjektive meist nach dem Substantiv. Sie stehen auf jeden Fall nach dem Substantiv, wenn sie Farben oder eine nationale, politische, konfessionelle oder geografische Zugehörigkeit bezeichnen.

una famiglia romana, un giornale italiano

centoquarantanove **149**

Die meisten Farbadjektive werden wie alle anderen Adjektive verwendet. Unveränderlich sind jedoch «blu, beige, rosa, viola, arancio», alle zusammengesetzten Farben und die Hell-/Dunkelvarianten.

> una camicia viola, una maglietta rosso fuoco, una gonna verde scuro

Bei «marrone» setzt sich in der gesprochenen Sprache zunehmend der veränderliche Gebrauch durch, der als richtig anerkannt wird.

Daneben gibt es natürlich noch weitere unveränderliche Adjektive, die im Vokabular als solche gekennzeichnet sind.

> un numero pari/dispari *(eine gerade/ungerade Zahl)*

Um einen besonders hohen Grad auszudrücken, kann das Adjektiv wiederholt werden.

> Mara ha i capelli lunghi lunghi. *... sehr lange Haare*

5.2 Das Adjektiv «grande» (l'aggettivo «grande»)

> un grande musicista/un gran musicista
> una grande avventura/una gran avventura
> grandi sospiri/gran sospiri *(große Seufzer)*
> un grande sciatore *(ein großer Skifahrer)*

Das Adjektiv «grande» *kann* vor Substantiven, die mit Konsonant (außer **s** + Konsonant) beginnen, zu «gran» verkürzt werden.
Vor Vokal *kann* «grande» apostrophiert werden.

5.3 Das Adjektiv «bello» (l'aggettivo «bello»)

Attributive Funktion

Die Formenbildung von «bello» ist mit der von «quello» und damit mit dem bestimmten Artikel vergleichbar.

	Singular	Plural
Maskulinum	il **bel** palazzo il **bell'**albergo il **bello** studio	i **bei** palazzi i **begli** alberghi i **begli** studi
Femininum	la **bella** casa la **bell'**amica	le **belle** case le **belle** amiche

Prädikative Funktion

	Singular	Plural
Maskulinum	L'appartamento è **bello**.	Gli appartamenti sono **belli**.
Femininum	La serata è **bella**.	Le serate sono **belle**.

150 .... *centocinquanta*

5.4 Die Adjektive «buono» und «santo»
(gli aggettivi «buono» e «santo»)

Die attributiven Adjektive «buono» und «santo» haben vor männlichen Substantiven im Singular je nach Anlaut besondere Formen, die dem unbestimmten Artikel gleichen.

un **buon** caffè	**San** Silvestro
un **buono** studente	**Santo** Stefano
un **buon** amico	**Sant'**Andrea
una **buona** amica	**Santa** Cecilia
una **buona** studentessa	**Santa** Agata/**Sant'**Agata

5.5 Der absolute Superlativ (il superlativo assoluto)

> Il compito di matematica è difficilissimo.
> I capelli di Mara sono lunghissimi.

Die Formen auf **-issimo** bezeichnen einen sehr hohen Grad ohne jedoch irgendeinen Vergleich auszudrücken.
Die Formen des absoluten Superlativs werden wie die Adjektive in Genus und Numerus an das Substantiv angeglichen.

▶ **Attenzione!**
Auch wenn das Adjektiv in der Grundform auf **-e** endet, lautet die Endung des absoluten Superlativs je nach begleitendem Substantiv im Singular **-o** oder **-a** und im Plural **-i** oder **-e**.

> una camicia elegan**te** – una camicia elegantissim**a**
> Queste scarpe sono elegan**ti**. – Queste scarpe sono elegantissim**e**.

→ zu indefiniten, interrogativen, possessiven, demonstrativen Adjektiven siehe Eintrag zu den jeweiligen Pronomen

6. *Die Pronomen (i pronomi)*

6.1 Die Demonstrativbegleiter und Demonstrativpronomen
(gli aggettivi dimostrativi e i pronomi dimostrativi)

Der Demonstrativbegleiter und das Demonstrativpronomen «questo»

«Questo» als Demonstrativpronomen

	Singular	Plural
Maskulinum	Chi è **questo**? **Questo** è un amico di Gennaro.	Che cosa sono **questi**? **Questi** sono giornali tedeschi.
Femininum	Chi è **questa**? **Questa** è un'amica di Chiara.	Che cosa sono **queste**? **Queste** sono lettere raccomandate.

Questo/-a/-i/-e in der Bedeutung «dieser, diese, dieses, der da, die da, das da» ersetzt als Pronomen einen Gegenstand oder eine Person, der/die sich in unmittelbarer Nähe befindet.

centocinquantuno 151

D / I

Im Italienischen muss das Demonstrativpronomen in Genus und Numerus an den Bezugsgegenstand/die Bezugsperson angeglichen werden.
Chi sono questi?   *Wer ist das da?*

«Questo» als Demonstrativbegleiter

	Singular	**Plural**
Maskulinum	**Questo** appartamento è caro. **Quest'**appartamento è caro.	Vorrei vedere **questi** compiti.
Femininum	**Questa** ragazza è inglese. **Quest'**acqua è fresca.	Mi piacciono **queste** magliette. Vuole parlare con **queste** impiegate.

- «Questo» ist hier wie der Artikel ein Begleiter des Substantivs und steht wie dieser immer vor dem Substantiv. Da der Demonstrativbegleiter den Artikel ersetzt, kann er nicht mit ihm gemeinsam vorkommen.
- Wie ein Adjektiv gleicht sich der Demonstrativbegleiter in Genus und Numerus an das Substantiv an.
- Vor Vokal können die Singularformen «questo» und «questa» apostrophiert werden.

Der Demonstrativbegleiter und das Demonstrativpronomen «quello»

Zum größten Teil gilt das für «questo» Gesagte auch für «quello».
«Quello» verweist aber auf Personen oder Sachen, die nicht unmittelbar greifbar, sondern örtlich oder zeitlich entfernt sind.

«Quello» als Demonstrativpronomen

	Singular	**Plural**
	Conosci il nuovo libro di Umberto Eco?	Conosci dei vecchi film italiani?
Maskulinum	**Quello** sulla lingua italiana?	Sì, **quelli** del neorealismo.
	Conosci la nuova canzone di Zucchero?	Conosci le nuove canzoni di Lucio Dalla?
Femininum	**Quella** sulle donne?	**Quelle** sulla vita in città?

Die Form richtet sich in Numerus und Genus nach dem ersetzten Bezugswort.

▶ **Attenzione!**

Quale giornale prendiamo? Quello italiano?

Hier dient «quello» nicht zur Darstellung einer räumlichen Beziehung, sondern dazu, die Wiederholung eines bereits genannten Substantivs zu vermeiden.

«Quello» als Demonstrativbegleiter

	Singular	Plural
Maskulinum	Vedi **quel** motorino? Domandiamo a **quello** straniero? Preferisci **quell'**olio?	Conosci **quei** ragazzi? Dove abitano **quegli** studenti? Prendi **quegli** orecchini?
Femininum	Ti piace **quella** giacca? Lavori in **quell'**agenzia?	Di chi sono **quelle** macchine? **Quelle** informazioni sono solo per te.

«Quello» als Demonstrativbegleiter kennt mehr Formen als das Demonstrativpronomen. Die Wahl der Form ist wie beim Artikel abhängig von Genus, Numerus und Anlaut des Bezugswortes.

6.2 Die Interrogativpronomen und -adverbien (i pronomi e gli avverbi interrogativi)

Die Fragesätze (le proposizioni interrogative)

Man unterscheidet zwei Arten von Fragesätzen:

- solche, auf die man mit „ja" oder „nein" antwortet

  I ragazzi sono di Roma? Sì./No.

Diese Fragen nennt man Satzfragen oder Entscheidungsfragen.
Im gesprochenen Italienisch werden die Satzfragen lediglich durch eine veränderte Stimmführung gekennzeichnet. Die Wortstellung des Aussagesatzes muss dabei nicht verändert werden.

Oggi c'è la grande festa in piazza San Giovanni.  .
Oggi c'è la grande festa in piazza San Giovanni? ?

- solche, die mit einem Fragewort beginnen

  Chi è?   Come ti chiami?   Perché siete qui?

Diese nennt man Wortfragen.

Interrogativpronomen

Chi	
Chi è? Chi sei?	*Wer ist er/sie/das? Wer bist du?*
Chi canta?	*Wer singt?*
Con chi balla Giulia?	*Mit wem tanzt Giulia?*
Chi aspettiamo?	*Auf wen warten wir?*

Chi fragt nach Personen und ist unveränderlich.

Che/che cosa/cosa	
Che c'è?	*Was ist los?*
Che cosa aspettiamo?	*Worauf warten wir?*
Cosa vuole dire 'pioggia'?	*Was heißt 'pioggia'?*

Che, che cosa, cosa fragen nach einer Sache und sind unveränderlich.

D/I

Im Gegensatz zum Deutschen unterscheidet das Italienische bei den Frage-
pronomen **chi, che, (che) cosa** nur nach Person und Sache, jedoch nicht
nach Subjekt und Objekt:

Chi?	*Wer? Wen?*
Con chi?	*Mit wem?*
Con che cosa?	*Womit?*

Interrogativadverbien

Come ti chiami?	*Wie heißt du?*
Dove sei?	*Wo bist du?*
Di dove siete?	*Woher seid ihr?*
Perché non cominciano?	*Warum fangen sie nicht an?*

6.3 **Die Indefinitpronomen und -adjektive**
(i pronomi e gli aggettivi indefiniti)

uno, ognuno, qualcuno, qualcosa

Uno può pensare quello che vuole.	*(Ein jeder ...)*
Qualcuno deve essere stato qui.	*(Jemand ...)*
Ognuno deve pensare agli affari suoi.	*(Jeder ...)*
Ho visto **qualcosa** di bello.	*(... etwas ...)*

«Uno, qualcuno, ognuno» und «qualcosa» (+ **di** bei nachfolgendem Adjektiv) sind echte Pronomen. Sie stehen allein und sind zudem unveränderlich.

ogni, qualche

Ogni domenica andiamo a pranzare dai nonni.
Qualche giorno dopo è tornato.

«Ogni» und «qualche» sind **aggettivi indefiniti**, müssen also immer bei
einem Substantiv stehen. Nach beiden steht das jeweilige Substantiv im
Singular.

poco, molto, tanto, troppo, tutto

poco zucchero	poca pasta	pochi spaghetti	poche pizze
molto zucchero	molta pasta	molti spaghetti	molte pizze
tanto zucchero	tanta pasta	tanti spaghetti	tante pizze
troppo zucchero	troppa pasta	troppi spaghetti	troppe pizze
tutto **lo** zucchero	tutta **la** pasta	tutti **gli** spaghetti	tutte **le** pizze

«Poco, molto, tanto, troppo» und «tutto» (+ Artikel bei nachfolgendem Substantiv) können sowohl Adjektive als auch Pronomen sein. Sie sind in Numerus und Genus veränderlich.

▶ **Attenzione!**

Wird «tutto» adjektivisch verwendet, so steht immer der bestimmte Artikel.

Ho dormito **tutto il** giorno. Lo vedo **tutte le** mattine.

«Poco, molto, tanto, troppo» und «tutto» können auch adverbial verwendet werden (**avverbi di quantità**). Sie sind dann natürlich unveränderlich.

> Piero mangia poco, Sandra mangia molto.
> I genitori vedono (quasi) tutto.

6.4 Das betonte Objektpronomen (il pronome complemento diretto tonico)

Neben den unbetonten Objektpronomen, die nur in Verbindung mit dem Verb verwendet werden, gibt es auch Objektpronomen, die unabhängig vom Verb stehen können. Man spricht dann von betonten Objektpronomen.

Formen

con me	con noi
con te	con voi
con lui	con loro
con lei	con sé *(reflexiv)*
con Lei	
con sé *(reflexiv)*	

Die betonten Objektpronomen stehen im Besonderen:
- nach allen Präpositionen: Parla spesso di lei. Esco con voi.
- in Sätzen ohne Verb: Povero me!
- wenn das Pronomen Schwerpunkt der Aussage ist: A loro non telefono.
- wenn ein weiteres Pronomen zur Gegenüberstellung folgt:
  Scrivi a lui o a me?

▶ **Attenzione!**

Parla di lui.	*Er spricht von ihm.*
Parla di sé.	*Er spricht von sich.*

6.5 Das unbetonte direkte Objektpronomen (il pronome oggetto diretto atono)

Das direkte Objektpronomen vertritt ein Objekt, das direkt (d.h. ohne Präposition) mit dem Verb verbunden ist.

mi	*mich*	ci	*uns*
ti	*dich*	vi	*euch*
lo	*ihn*	li	*sie* (Maskulinum)
la	*sie*	le	*sie* (Femininum)
La	*Sie*		

> Quando **mi** chiami stasera? **Ti** chiamo verso le otto.
> Viene anche Gennaro. **Lo** conosci?
> Viene anche Mara. **La** conosci?
> Signore, **La** chiamo stasera.
> Quando **ci** avete chiamato? **Vi** abbiamo chiamato verso le due.
> Ecco i signori Giacomelli. **Li** vedi?
> Ecco le loro figlie. **Le** conosci?

centocinquantacinque 155

Vor Vokalen oder Wörtern, die mit **h** beginnen, werden «lo» und «la / La» zumeist apostrophiert.

L'hai visto? L'avete vista?

Stellung der direkten Objektpronomen
Das direkte Objektpronomen steht vor dem konjugierten Verb, außer
• in Sätzen mit Infinitiv:

Non c'è tempo per vederlo.

In der Kombination von Modalverb und Infinitiv gibt es zwei Möglichkeiten:

Voglio vederlo.   **aber auch:** Lo voglio vedere.

Bei der Nachstellung verliert der Infinitiv das End -**e**.

Die angehängten Pronomen verändern nicht die Betonung des Infinitivs.
• beim Imperativ der 2. Person Singular (du-Form) und Plural (ihr-Form) und 1. Person Plural:

Chiamami alle otto!
Aspettatemi!
Compriamolo!

Die angehängten Pronomen verändern nicht die Betonung der Imperativform.

Bei den Imperativformen «da', di', fa'» kommt es bei den angehängten Pronomen zu einer Konsonantendoppelung (**raddoppiamento**).

Falli subito! (i compiti) Dillo alla nonna! Dalle a Daniele. (le mele)

► **Attenzione!**
• Das unbetonte Objektpronomen wird in der Umgangssprache zur Hervorhebung oft noch im gleichen Satz mit dem zugehörigen Objekt verwendet.

Lo vuoi vedere, il nuovo film?
La giacca rossa, la compri davvero?

• «Lo» kann sich auch auf einen ganzen Satz bzw. einen Gliedsatz beziehen.

– Ti aspettiamo da un'ora. – Sì, lo so, mi dispiace.

• Das unbetonte direkte Objektpronomen wird zusammen mit «ecco» verwendet:

Eccomi, eccolo, eccoci

Angleichung des Partizip Perfekt
Beim **passato prossimo** mit «avere» wird das Partizip normalerweise nicht verändert. Stehen jedoch die direkten Objektpronomen «la, li, le» <u>vor</u> dem konjugierten Verb, wird das Partizip wie ein Adjektiv an das Objekt angeglichen.

> Dove hai conosciuto **Giulia**? **L'**ho conosciut**a** alla festa di Francesco.
> Dove sono **le paste**? **Le** ho mangiat**e** io.
> Quando hai visto **gli amici**? **Li** ho vist**i** ieri.

Gleiches gilt für das Pronominaladverb «ne».

> Quante **pere** hai preso? **Ne** ho prese quattro.

6.6 Das indirekte Objektpronomen (pronome personale atono in funzione di complemento indiretto)

Im Gegensatz zum direkten Objektpronomen ersetzt das indirekte Objektpronomen ein Objekt, welches indirekt, also durch eine Präposition (meist «a») mit dem Verb verbunden ist.

Formen

mi	*mir*	ci	*uns*
ti	*dir*	vi	*euch*
gli	*ihm*	gli/loro	*ihnen*
le	*ihr*		
Le	*Ihnen*		

> Gianfranco **mi** ha portato un libro.
> Che cosa **ti** ha detto?
> Francesco **gli** dà il telefonino.   (a Gennaro)
> Chiara **le** dà il numero.   (a Elisabetta)
> Valeria **Le** ha fatto le fotocopie?   (a Lei)
> Mamma, **ci** dai due euro per un gelato?
> Che cosa **vi** ha domandato?
> Il barista **gli** ha portato tre caffè e due aperitivi./
> Il barista ha portato **loro** tre caffè e due aperitivi.

- Die Formen des indirekten Objektpronomens lauten in der 1. und 2. Person Singular und Plural wie bei den direkten Objektpronomen, nur die 3. Person Singular und Plural haben eine andere Form.
- Nur die 3. Person Singular unterscheidet zwischen Maskulinum und Femininum.
- «Loro» steht immer nach der Verbgruppe (konjugiertes Verb + evtl. Partizip).
- Statt der 3. Person Plural «loro» wird häufig auch «gli» verwendet:

> Il signor Camerano ha telefonato **loro?**
> Il signor Camerano **gli** ha telefonato?

Stellung der indirekten Objektpronomen

Es gelten die gleichen Regeln wie beim direkten Objektpronomen, also:
Das indirekte Objektpronomen steht vor dem konjugierten Verb, außer:
- in Sätzen mit Infinitiv:

> Ci torno per dar**gli** la lettera.

centocinquantasette **157**

- bei Modalverb mit Infinitiv:

> Voglio telefonargli. **aber auch:** Gli voglio telefonare.

Bei der Nachstellung verliert der Infinitiv das End **-e.**
Die angehängten Pronomen verändern nicht die Betonung des Infinitivs.

- beim Imperativ der 2. Person Singular (du-Form) und Plural (ihr-Form) und 1. Person Plural:

> Portami quel libro!
> Ditegli quando partite.
> Compriamole un bel regalo!

Die angehängten Pronomen verändern nicht die Betonung der Imperativform.

Bei den Imperativformen «da', di', fa', sta'» kommt es bei den angehängten Pronomen (außer bei **-gli**) zu einer Konsonantendoppelung (**raddoppiamento**).

> Dammi il libro! Facci un panino! Dille dove sono i quaderni! Stammi bene!

6.7 Possessivbegleiter und Possessivpronomen (l'aggettivo possessivo e il pronome possessivo)

Der Possessivbegleiter
Wie alle anderen Begleiter (Artikel, Demonstrativbegleiter) steht auch der besitzanzeigende Begleiter vor dem Nomen.

	Singular	Plural
Maskulinum	il mio maglione il tuo maglione il suo maglione il nostro maglione il vostro maglione il **loro** maglione	i miei maglioni i tuoi maglioni i suoi maglioni i nostri maglioni i vostri maglioni i **loro** maglioni
Femininum	la mia giacca la tua giacca la sua giacca la nostra giacca la vostra giacca la **loro** giacca	le mie giacche le tue giacche le sue giacche le nostre giacche le vostre giacche le **loro** giacche

Üblicherweise steht der Possessivbegleiter immer mit Artikel und ist – bis auf «loro» – veränderlich.

▶ **Attenzione!**
Der Artikel entfällt bei Verwandtschaftsbezeichnungen im Singular:

> mio fratello, tua madre, suo marito, nostra nonna

Allerdings gilt diese Ausnahme nicht :

- bei Koseformen: il nostro babbo, la mia mamma, il tuo fratellino
- bei genaueren Bestimmungen: il mio fratello minore
- bei «loro»: il loro fratello

Beachte die Besonderheiten bei der Stellung in bestimmten Wendungen:

a casa mia / tua / sua / etc.
da parte mia
Mamma mia!

Hier entfällt zudem der Artikel.

D / I

la sua giacca ------------- seine Jacke
            ------------- ihre Jacke

Hinsichtlich Numerus und Genus sind im Italienischen der Gegenstand oder die Person, die als „Besitz" genannt werden, entscheidend und nicht – wie im Deutschen – der Besitzer.

Das Possessivpronomen

In der Form gleicht das Possessivpronomen dem Possessivbegleiter.

È tua, questa giacca? Sì, è mia.

Nach dem Verb «essere» entfällt hier der Artikel.

6.8 **Die reflexiven Verben (i verbi riflessivi)**

Bei den reflexiven Verben sind Subjekt und (direktes oder indirektes) Objekt identisch. Die Handlung, die am Objekt „geschieht", bezieht sich damit auch auf das Subjekt.

lamentarsi	
mi lamento	ci lamentiamo
ti lamenti	vi lamentate
si lamenta	si lamentano

Das Reflexivpronomen kann direktes wie indirektes Objekt sein.

Mi diverto molto.	(direktes Objekt)
Mi compro un telefonino.	(indirektes Objekt)

▶ **Attenzione!**

Es gibt im Italienischen einige Verben, die sowohl reflexiv als auch nicht reflexiv gebraucht werden:

dimenticarsi di qc / qn	– dimenticare qc / qn	vergessen
sbagliarsi	– sbagliare	sich irren
ricordarsi di qc / qn	– ricordare qc / qn	sich erinnern

centocinquantanove 159

Bei einigen dieser Verben ändert sich je nach reflexiver oder nicht reflexiver Verwendung die Bedeutung:

trovarsi / trovare	*sich befinden / etwas finden*
Dove si trova il liceo Marconi? / Dove posso trovare il signor Sciacca?	
chiamarsi / chiamare	*heißen / rufen*
Mi chiamo Daniele. / Chiama tuo fratello!	
alzarsi / alzare	*aufstehen / (hoch- / an-)heben*
A che ora ti alzi? / Non alzare la voce quando parli con me.	
svegliarsi / svegliare	*aufwachen / wecken*
Mi sveglio sempre molto presto. / Tonino sveglia Nicola.	

Eine besondere Gruppe sind die scheinbar reflexiven Verben, die im Plural eine Beziehung zwischen zwei Personen ausdrücken: Man nennt sie reziproke Verben.

abbracciarsi	*sich umarmen*	incontrarsi	*sich treffen*
aiutarsi	*sich helfen*	separarsi	*sich trennen*
baciarsi	*sich küssen*		

D / I
Nicht immer entspricht einem reflexiven Verb im Italienischen auch eines im Deutschen:

accorgersi di qc	*etwas bemerken*
fermarsi	*stehen bleiben*
svegliarsi	*aufwachen*
alzarsi	*aufstehen*

Dies gilt auch umgekehrt:

cambiare	*sich ändern*
girare	*sich drehen*

Die Stellung der Reflexivpronomen
Die Reflexivpronomen stehen normalerweise vor dem konjugierten Verb.

Giulia si preoccupa per Drago.
Ci fermiamo qui?

▶ **Attenzione!**
  • **Imperativ:**

Lamentati!	Non lamentarti! / Non ti lamentare!
Lamentiamoci!	Non lamentiamoci! / Non ci lamentiamo!
Lamentatevi!	Non lamentatevi! / Non vi lamentate!

Das Reflexivpronomen wird an den bejahten Imperativ der 2. Person Singular (du-Form) und der 1. und 2. Person Plural angehängt. Bei den entsprechenden Personen des verneinten Imperativs kann es vorangestellt oder angehängt werden.

- Steht das reflexive Verb im Infinitiv, so wird das Reflexivpronomen angehängt. Bei der Kombination von Modalverben und Infinitiv kann es entweder an den Infinitiv angehängt oder dem Modalverb vorangestellt werden.

> Invece di preoccuparti, telefona a Gina per vedere se tuo figlio è da lei.
> Non mi voglio lamentare. / Non voglio lamentarmi.

6.9 Die Relativpronomen (i pronomi relativi)

Das Relativpronomen «che»

> Ho **un amico**. Abita a Roma.
> → Ecco l'amico **che** abita a Roma.
> Ho **un'amica**. La conosco da molti anni.
> → Ecco l'amica **che** conosco da molti anni.
> Ho **degli amici**. Vorrei invitarli quest'estate.
> → Ecco gli amici **che** vorrei invitare quest'estate.
> Guarda **questo motorino**. Mi piace tanto.
> → Ecco il motorino **che** mi piace tanto.
> Guarda **questa casa**. La vogliamo comprare.
> → Ecco la casa **che** vogliamo comprare.
> Guarde **queste scarpe**. Mi piacciono tanto.
> → Ecco le scarpe **che** mi piacciono tanto.

In der Funktion Subjekt oder direktes Objekt heißt das Relativpronomen,
unabhängig davon, ob es sich auf eine Person oder eine Sache bezieht,
immer «che».

▶ **Attenzione!**
Bezieht sich das Relativpronomen auf einen ganzen Satz, so steht «il che».

> So che hai avuto un incidente, il che mi dispiace.

Allerdings wird im modernen Italienisch dafür gerne «e ciò» verwendet.

> So che hai avuto un incidente e ciò mi dispiace.

D / I
Im Italienischen braucht das Relativpronomen immer ein Bezugswort.
Gibt es keines, tritt «quello» an dessen Stelle.

> Ti dico **quello che** ne penso io. *Ich sage dir, **was** ich darüber denke.*

Das Relativpronomen «cui»

> Il film **di cui** ti ho parlato non è piaciuto a Claudia.
> Chi è la ragazza **con cui** ti ho visto ieri?
> Mio fratello **(a) cui** ho scritto una lettera non ha ancora risposto.

Wie «che» ist auch «cui» unveränderlich in Genus und Numerus. Es steht
nach Präpositionen, wobei die Präposition «a» entfallen kann.

centosessantuno 161

6.10 Die Subjektpronomen
(i pronomi personali in funzione di soggetto)

io	noi
tu	voi
lui / lei / Lei	loro

Das Italienische kann vor die konjugierten Verben Subjektpronomen stellen. Sie sind jedoch meistens überflüssig, da die Endungen die Personen bereits eindeutig kennzeichnen. Sie werden daher auch nur dann verwendet, wenn der Bezug nicht eindeutig ist

Ecco Chiara e Nicola. Lui è siciliano, lei è romana.

oder eine Person besonders betont werden soll.

Sei Gennaro? No, io sono Francesco, lui è Gennaro.

Wie das Deutsche kennt auch das Italienische eine sogenannte Höflichkeitsform für eine oder mehrere Personen. Wird eine einzelne Person angesprochen, so erfolgt diese Anrede in der 3. Person Singular Femininum.

Tu, chi sei?	Lei, chi è?
Come ti chiami?	Come si chiama?

Die Personalpronomen der Höflichkeitsform können großgeschrieben werden.

Werden mehrere Personen angesprochen, so wird in formeller Sprache die 3. Person Plural, im Allgemeinen jedoch die 2. Person Plural verwendet.

Voi, chi siete?

7. Die Adverbien (gli avverbi)

7.1 Das indikative Adverb «ecco»
Ecco – C'è – È

C'è Giulia?	*Ist Giulia da?*
Ci sono Giulia e Chiara?	*Sind Giulia und Chiara da?*
Oggi c'è un concerto.	*Heute gibt es ein Konzert.*

Chi è?	*Wer ist das?*
È Chiara.	*Es ist Chiara.*

«Ci» in der vollständigen oder apostrophierten Form heißt „da, dort" und verweist auf einen Ort. Es gibt Auskunft über das (Nicht-)Vorhandensein einer Sache oder Person.

c'è	*da ist, da gibt es, es gibt*
ci sono	*da sind, da gibt es, es gibt*

→ Pronominaladverbien (Syst. Übers. 7.2)
Will man über eine Person/eine Sache sprechen, etwas über eine Person/eine Sache erfahren oder etwas definieren, dann verwendet man nur das Verb «essere».

162 .... *centosessantadue*

Piazza di Spagna è a Roma.
Roma è in Italia.

«Ecco» leitet ebenfalls eine Aussage über das Vorhandensein ein, steht aber nur, wenn auf etwas gezeigt oder hingewiesen werden kann. Die betreffende Person oder Sache muss sich also im Sehbereich des Sprechers befinden. «Ecco» ist zudem unveränderlich und steht ohne ein Verb.

Ecco piazza San Giovanni.
Ecco Enrica.

→ direkte Objektpronomen (→ Syst. Übers. 6.5)

7.2 Die Pronominaladverbien (i pronomi avverbiali / le particelle)

Das Pronominaladverb «ne» (il pronome avverbiale «ne»)

«Ne» mit Mengenangaben

Del pane? Mi dispiace. Non **ne** abbiamo più.
Ecco il salame. **Quanto ne** vuole? – **Ne** prendo **due etti**.
Questo formaggio non è buono. **Ne** prendo **un altro**.

«Ne» erfüllt partitive Funktion. Es bezieht sich auf etwas schon genanntes und bezeichnet eine Teilmenge davon. Es ersetzt entweder ein direktes Objekt mit einem Teilungsartikel oder einen Teil des direkten Objekts, wobei die Mengenangabe erhalten bleibt.

«Ne» als Ersatz für ein Präpositionalobjekt mit «di»

Paola, sei contenta **della nuova macchina**?
Sì, **ne** sono molto contenta.

«Ne» ersetzt Ergänzungen mit «di», die von bestimmten Verben oder Adjektiven abhängen.

Das Pronominaladverb «ci» (il pronome avverbiale «ci»)

«Ci» als Ersatz für eine Ortsangabe mit «a, da, in, per, su»

Perché va spesso **al bar S. Eustachio**?
Perché **ci** fanno un buonissimo caffè.

Andate spesso **dalla nonna**?
Sì, **ci** andiamo una volta la settimana.

Per andare a Roma passa **per Siena**?
No, questa volta non **ci** passo.

Che cosa metti **sul tavolo**?
Ci metto i biglietti per il treno.

Trovi qualcosa **in questo negozio**?
Sì, **ci** trovo sempre qualcosa.

Ortsangaben, die mit «a, in, da» (= bei / zu), «su, per» eingeleitet werden, werden durch «ci» ersetzt. Bei «da» (= bei / zu) bezieht sich «ci» nicht auf die Person, sondern auf den Ort, an dem sie wohnt.

centosessantatré **163**

«Ci» als Ersatz für ein Präpositionalobjekt mit «a»

> Ha pensato anche **al vino**?
> **Ci** pensa sempre mio marito.

«Ci» ersetzt Präpositionalobjekte mit «a», die Sachen und Sachverhalte bezeichnen.

▶ **Attenzione!**
Bei Präpositionalobjekten mit «su» kann in der gesprochenen Sprache «ci» für Personen und Sachen verwendet werden.

> Su questa persona, non ci puoi contare.

8. *Die Verben (i verbi)*

8.1 Das Präsens (il presente)

Das Italienische unterscheidet drei Verbklassen nach den Infinitivendungen **-are**, **-ere**, **-ire**.

Die Verben auf -are (i verbi in -are)

Der Gruppe der Verben auf **-are** gehört der größte Teil der italienischen Verben an. Auch jene, welche neu hinzukommen, werden gewöhnlich dieser Gruppe zugeordnet (cliccare – *anklicken*, chattare – *chatten*). Diese Gruppe hat den Vorteil, besonders „regelmäßig" zu sein.

Stammbetonte Formen	Endungsbetonte Formen
aspett-are	
aspett-**o**	
aspett-**i**	
aspett-**a**	
	aspett-**iamo**
	aspett-**ate**
asp<u>e</u>tt-**ano**	

Die Verben auf **-are** behalten bei der Konjugation die Lautung des Infinitivstammes bei. Das kann bei den Verben, deren Stamm auf **-c / -g** endet, zu Veränderungen in der Schreibung führen.

> **pagare**
> pago, pag**h**i, paga, pag**h**iamo, pagate, p<u>a</u>gano

In der Regel stehen keine zwei unbetonten **i** hintereinander.

> **cominciare**
> comincio, cominc**i**, comincia, comin**ci**amo, cominciate, com<u>i</u>nciano

Die Verben auf -ere (i verbi in -ere)

Die meisten Verben auf **-ere** werden im Infinitiv auf dem Stamm betont («chi<u>e</u>dere, con<u>o</u>scere, pr<u>e</u>ndere» etc.), einige jedoch auf der Endung («ved<u>e</u>re, pot<u>e</u>re» etc). Für die Konjugation hat dies jedoch keine Folgen.

Stammbetonte Formen	Endungsbetonte Formen
prend-ere	
prend-**o**	
prend-**i**	
prend-**e**	
	prend-**iamo**
	prend-**ete**
prend-**ono**	

▶**Attenzione!**

Bei Verben, deren Stamm auf -**g**, -**c**, oder -**sc** endet, gilt:
Infinitiv auf -**are**: Die Aussprache des Infinitivs bleibt erhalten, die Schreibung ändert sich gegebenenfalls.
Infinitiv auf -**ere**: Die Schreibung des Infinitivs bleibt erhalten, die Aussprache ändert sich entsprechend.

> conoscere, conosco [sk], conosci, conosce, conosciamo, conoscete, conoscono [sk]

Zahlreiche Verben aus dieser Gruppe sind unregelmäßig.

Die Verben auf -ire (i verbi in -ire)

1. Die Formen ohne Stammerweiterung lauten:

Stammbetonte Formen	Endungsbetonte Formen
dorm-ire	
dorm-o	
dorm-i	
dorm-e	
	dorm-iamo
	dorm-ite
dorm-ono	

ebenso: «sentire, aprire, offrire», u. a.

2. Daneben gibt es eine weitere, umfangreichere Gruppe von Verben auf -**ire**, welche die stammbetonten Formen mit der Stammerweiterung -**sc**- bildet.

Stammbetonte Formen	Endungsbetonte Formen
capire	
capi-sc-o	
capi-sc-i	
capi-sc-e	
	capiamo
	capite
capi-sc-ono	

ebenso: «preferire, finire, sparire, spedire», u. a.

centosessantacinque 165

8.2 Das passato prossimo (il passato prossimo)

Das **passato prossimo** ist eine der möglichen Vergangenheitszeiten im Italienischen. Es wird gebildet aus einer konjugierten Form von «avere» oder «essere» (je nach Verb) und dem Partizip Perfekt des betreffenden Verbs.

Bildung des Partizip Perfekt

mangi -are	→	mangi -ato
vend -ere	→	vend -**u**to
sent -ire	→	sent -ito

▶ **Attenzione!**

Bei der Partizipialbildung sind zahlreiche unregelmäßige Formen zu beachten.

aprire	aperto	
bere	bevuto	
chiedere	chiesto	
chiudere	chiuso	
correre	corso	
dire	detto	
essere	stato	
fare	fatto	
interrompere	interrotto	(unterbrechen)
leggere	letto	
mettere	messo	
piangere	pianto	(weinen)
prendere	preso	
produrre	prodotto	(herstellen, produzieren)
proporre	proposto	(vorschlagen)
ridere	riso	(lachen)
rimanere	rimasto	(bleiben)
rispondere	risposto	(antworten)
scendere	sceso	
scrivere	scritto	
spendere	speso	
vedere	visto / veduto	
venire	venuto	

«Stato» ist also sowohl Partizip Perfekt von «essere» als auch von «stare».

Die Formen des passato prossimo mit dem Hilfverb «avere»

mangiare	vendere	sentire
ho mangiato	ho venduto	ho sentito
hai mangiato	hai venduto	hai sentito
ha mangiato	ha venduto	ha sentito
abbiamo mangiato	abbiamo venduto	abbiamo sentito
avete mangiato	avete venduto	avete sentito
hanno mangiato	hanno venduto	hanno sentito

Alle transitiven und die meisten intransitiven Verben bilden das **passato prossimo** mit «avere».

Bei der Wahl des Hilfsverbs kann man sich meist nach dem Deutschen richten:

Ho aperto. *Ich habe geöffnet.*

D / I

Ho viaggiato. *Ich bin gereist.*

Die Formen des passato prossimo mit dem Hilfsverb «essere»

entrare	cadere	uscire
sono entrato, -a	sono caduto, -a	sono uscito, -a
sei entrato, -a	sei caduto, -a	sei uscito, -a
è entrato, -a	è caduto, -a	è uscito, -a
siamo entrati, -e	siamo caduti, -e	siamo usciti, -e
siete entrati, -e	siete caduti, -e	siete usciti, -e
sono entrati, -e	sono caduti, -e	sono usciti, -e

- Auch einige intransitive Verben bilden das **passato prossimo** mit «essere». Hierzu gehören Verben, die eine Bewegungsrichtung (nicht Bewegungsart!) ausdrücken, z.B. tornare, entrare, andare, partire, scendere, salire, uscire, arrivare.
  Sono tornato, -a. Sei entrato, -a. Siamo scesi, -e.
  Jedoch: Ho camminato. *Ich bin gegangen/gelaufen.*
  «Camminare» bezeichnet im Italienischen eine Bewegungsart.
- Alle Partizipien des **passato prossimo** mit «essere» richten sich in Genus und Numerus nach dem Subjekt.
  Mia madre è andata a fare un controllo medico.
  I Carabinieri sono già partiti.
- «Essere» und «stare» bilden das **passato prossimo** ebenfalls mit «essere».
  L'anno scorso sono stata a Roma.
- Mit «essere» werden auch alle reflexiven Verben gebildet, wobei das Partizip an das Subjekt angeglichen wird.
  Il signor Sciacca si è alzato presto.
  Chiara si è alzata tardi, vero?
  I ragazzi si sono svegliati presto.
  Chiara e la nonna si sono preoccupate per Paola.

▶ **Attenzione!**

In der Verbindung mit Modalverben richtet sich die Wahl des Hilfsverbs nach dem Vollverb.

Sono dovuto, -a partire. Siamo potuti, -e uscire.

grammatica Appunto 1

centosessantasette 167

D / I

Das **passato prossimo** von «bastare, costare» und «piacere» wird mit «essere» gebildet.

I tramezzini non **sono** bastati.	... *haben* nicht gereicht.
Il caffè **è** costato troppo.	... *hat* zu viel gekostet.
La città non **è** piaciuta ai turisti.	... *hat* den Touristen nicht gefallen.

Das **passato prossimo** von «cominciare» wird je nachdem, ob das Verb transitiv oder intransitiv verwendet wird, mit «avere» oder «essere» gebildet.

La professoressa ha cominciato la lezione con qualche minuto di ritardo.
La lezione è già cominciata.
Abbiamo finito i compiti poco fa.
Le lezioni sono finite.

8.3 Das imperfetto (l'imperfetto)

parlare	prendere	partire
parl-**a**-vo	prend-**e**-vo	part-**i**-vo
parl-**a**-vi	prend-**e**-vi	part-**i**-vi
parl-**a**-va	prend-**e**-va	part-**i**-va
parl-**a**-vamo	prend-**e**-vamo	part-i-vamo
parl-**a**-vate	prend-**e**-vate	part-i-vate
parl-**a**-vano	prend-**e**-vano	part-**i**-vano

Das **imperfetto** dient vor allem der Beschreibung von Zuständen und Vorgängen in der Vergangenheit. Wie bei den Präsensformen sind nur die 1. und 2. Person Plural endungsbetont.

Die wenigen Ausnahmen gehen auf den lateinischen Ursprung zurück:

essere	→	ero, eri, era, eravamo, eravate, erano
fare	→	facevo
dire	→	dicevo
bere	→	bevevo
proporre	→	proponevo

8.4 Die Verwendung von imperfetto und passato prossimo

Der Gebrauch des imperfetto

Das **imperfetto** wird vorwiegend in zwei Fällen verwendet:

a. Es bezeichnet Vorgänge, die zu einem bestimmten Zeitpunkt in der Vergangenheit noch nicht abgeschlossen, sondern noch im Verlauf waren:

Mentre Giulia scriveva, è arrivata Chiara.
Als Giulia (gerade) schrieb, ...

b. Es bezeichnet Zustände und Vorgänge, die sich in der Vergangenheit
   (fast) unbegrenzt oft wiederholten (z. B. Gewohnheiten etc.):

> Passavamo dai nonni tutte le domeniche.
> *Jeden Sonntag ...*

Der Gebrauch des passato prossimo

Das **passato prossimo** hingegen bezeichnet Vorgänge, die in der Vergangenheit abgeschlossen wurden,

a. aber noch nicht sehr lange zurückliegen:

> Ieri abbiamo festeggiato il mio compleanno.
> Mario è partito stamattina.

b. aber noch in die Gegenwart oder gar in die Zukunft hineinwirken und
   gegebenenfalls einen Erfahrungswert beinhalten:

> Mi sono fatto male.
> Sono stata tre volte in Italia.

In einer zusammenhängenden Erzählung hat das **imperfetto** Rahmen
bildenden Charakter, während das **passato prossimo** für neueinsetzende
Handlungen (Signalwörter: «subito, in questo momento» etc.) oder in
Handlungsketten (Signalwörter: «poi, dopo» etc.) verwendet wird.

D / I
Im süddeutschen Raum wird in der gesprochenen Sprache kaum das
Imperfekt verwendet, sodass die korrekte Verwendung im Italienischen
oft ungewohnt erscheint.

8.5 Das Gerund mit «stare» («stare» + gerundio)

Formen des Gerunds	«stare» + Gerund
guard**are** → guard**ando** mett**ere** → mett**endo** dorm**ire** → dorm**endo**	Sto guardando la TV. Stai mettendo i libri nell'armadio? Sta dormendo.

Ähnlich wie die *progressive form* im Englischen betont «stare» + Gerund den
Ablaufcharakter einer Handlung. (Was passiert **gerade**?)

▶ **Attenzione!**
Beachte die folgenden Formen, die auf den lateinischen Ursprung zurück-
gehen:

bere	→ bevendo
dire	→ dicendo
fare	→ facendo
proporre	→ proponendo
tradurre	→ traducendo

centosessantanove 169

8.6 Der Imperativ (l'imperativo)

Um eine Person zu einer Handlung zu bewegen, kann man sie höflich bitten, sie auffordern oder ihr einen Befehl erteilen. Letzteres geschieht mit den Formen des Imperativs.

Verben auf -are

Giulia, prepar**a** la tavola!	Signora, scus**i**!
Ragazzi, guard**ate** il giornale!	Signori, entr**ate** (<u>en</u>tr**ino**)!
Allora, and**iamo** al bar!	

Verben auf -ere

Francesco, corr**i**! È già tardi.	Signora, prend**a** un altro biscotto!
Ragazzi, chiud**ete** la porta!	Signori, decid**ete** (dec<u>i</u>d**ano**) adesso!
Allora, prend**iamo** il tram!	

Verben auf -ire

Tonino, apr**i** la porta!	Signora, sent**a**!
Ragazzi, dorm**ite**!	Signori, sent**ite** (<u>sen</u>t**ano**)!
Allora, part**iamo** subito!	

Maria, fin**isci** di far storie!	Signore, esc**a** subito!
Ragazzi, spar**ite** con il cane!	Signori, fin**ite** (fin<u>i</u>sc**ano**) l'aperitivo!
Allora, fin**iamo** la relazione!	

Die Verben auf **-ire** mit Stammerweiterung behalten diese auch im Imperativ.

Nur bei formellen Anreden verwendet man die Formen der 3. Person Plural für den Plural der Höflichkeitsform. Sonst steht ersatzweise meist die 2. Person Plural.

Bei dem verneinten Imperativ der 2. Person Singular (du-Form) steht nur der Infinitiv, alle anderen Formen lauten wie im bejahten Imperativ.

Nicola, non dormire in classe!
Ragazzi, non prendete i biscotti! Sono per Andrea.

Der verneinte Imperativ der Höflichkeitsform unterscheidet sich vom bejahten Imperativ lediglich durch das vorangestellte «non».

Signora, non abbia paura!

Unregelmäßige Imperativformen:

andare	→ va'/vai, vada	avere	→ abbi, abbia
dare	→ da'/dai, dia	dire	→ di', dica
fare	→ fa'/fai, faccia	essere	→ sii, sia
stare	→ sta'/stai, stia	sapere	→ sappi, sappia
		venire	→ vieni, venga

→ Objektpronomen, Reflexivpronomen (→ Syst. Übers. 6.5; 6.6; 6.8)

8.7 Die Modalverben (i verbi servili)

Die Verben «volere», «dovere», «potere» können allein oder mit einem Infinitiv stehen. In letzterem Fall nennt man sie Modalverben, weil sie das Hauptverb modifizieren.

volere	dovere	potere
voglio	devo (debbo)	posso
vuoi	devi	puoi
vuole	deve	può
vogliamo	dobbiamo	possiamo
volete	dovete	potete
vogliono	devono (debbono)	possono

► **Attenzione!**

Quanto devi a Piero?	*Wie viel schuldest du Piero?*

D / I

Darf ich ein Eis essen?	**Posso** mangiare un gelato?
Er **darf nicht** zu viel essen.	**Non deve** mangiare troppo.
Er **kann** schwimmen. *(Er hat es gelernt und damit die Fähigkeit dazu.)*	**Sa** nuotare.
Heute **kann** er nicht sprechen. *(Er ist vorübergehend nicht dazu in der Lage, obwohl er sehr wohl über die generelle Fähigkeit verfügt.)*	Oggi non **può** parlare.

8.8 Die Verbergänzungen (i complementi del verbo)

Das direkte Objekt (l'oggetto diretto)

Giulia scrive un'e-mail.

Das direkte Objekt wird nicht eigens gekennzeichnet, steht aber in der Regel nach dem Prädikat.

Der Genitiv (il complemento di specificazione)

i vestiti di Chiara
i capelli di Francesco

Das Italienische kennt sowohl für den deutschen Dativ wie auch für den Genitiv keine eigene Deklinationsform. Zum Ausdrücken des Genitivs wird auf die Präposition **di** zurückgegriffen.

Das indirekte Objekt (l'oggetto indiretto)

Giulia scrive l'e-mail **a Melanie**.

Das indirekte Objekt wird durch die Präposition **a** angeschlossen.

centosettantuno 171

grammatica Appunto 1

▶ **Attenzione!**

Abito a Roma.	Penso a Napoli.

Hier handelt es sich nicht um indirekte Objekte, sondern um die Ortsadverbiale bzw. das Präpositionalobjekt mit **a**. Die Unterscheidung zwischen indirektem Objekt und anderen Ergänzungen mit **a** ist für den pronominalen Ersatz von großer Bedeutung.

Vado <u>a Roma</u>.	<u>Ci</u> vado spesso.
Compra un gelato <u>a suo figlio</u>.	<u>Gli</u> compra sempre un gelato alla fragola.

8.9 Die Stellung der Objekte (la posizione dei complimenti in funzione d'oggetto)

Subjekt	Prädikat	direktes Objekt	indirektes Objekt
Riccardo	dà	il giornale	a Valeria.
Riccardo	gibt	Valeria	die Zeitung.
Subjekt	**Prädikat**	**indirektes Objekt**	**direktes Objekt**

Im Italienischen steht das direkte Objekt (oft eine Sache) meist vor dem indirekten Objekt (oft eine Person).

D/I
Nicht immer stimmen die Fälle der Verbergänzungen in den beiden Sprachen überein. Auf Unterschiede wird im Vokabular hingewiesen.

	telefonare / chiedere / domandare	**a una persona**
jemanden	*anrufen / bitten / fragen*	

	aiutare	**una persona**
jemandem	*helfen*	

9. Die Zahlen (i numeri)

9.1 Die Grundzahlen (i numeri cardinali)

Die Zahlen von 1–20

1	uno	6	sei	11	undici	16	sedici
2	due	7	sette	12	dodici	17	diciassette
3	tre	8	otto	13	tredici	18	diciotto
4	quattro	9	nove	14	quattordici	19	diciannove
5	cinque	10	dieci	15	quindici	20	venti

Die Zehner

10	dieci	60	sessanta	21	ventuno	26	ventisei
20	venti	70	settanta	22	ventidue	27	ventisette
30	trenta	80	ottanta	23	ventitré	28	ventotto
40	quaranta	90	novanta	24	ventiquattro	29	ventinove
50	cinquanta			25	venticinque		

172 .... *centosettantadue*

Die Einer werden an den Zehner angehängt. Vor Vokal verliert der Zehner den Endvokal.

Die Hunderter

100	cento	101	centouno oder centuno
200	duecento	102	centodue
300	trecento	103	centotré …
400	quattrocento	111	centoundici
	etc.		etc.

Die Hunderter werden aus der Grundzahl und einem unveränderlichen «cento» gebildet. Zehner und Einer werden angehängt. Dabei verliert «cento» vor vokalischem Anlaut jedoch nicht immer das **-o**.

Tausender, Millionen und Milliarden

1 000	**mille**
1 001	milleuno
1 100	millecento
2 000	due**mila**
10 000	diecimila
30 589	trentamilacinquecentoottantanove
100 000	centomila
1 000 000	un milione
2 000 000	due milioni
1 000 000 000	un miliardo
2 000 000 000	due miliardi

Veränderlich sind
• nach Genus: uno/una
• nach Numerus: mille/mila – milione/milioni – miliardo/miliardi

D/I

un milione	*eine Million*
un miliardo	*eine Milliarde*
Ha 16 anni.	*Er **ist** 16 Jahre alt.*

Die Grundrechenarten

l'addizione	1 + 1 = 2	uno più uno fa due
la sottrazione	3 − 1 = 2	tre meno uno fa due
la moltiplicazione	2 x 1 = 2	due per uno fa due
la divisione	4 : 2 = 2	quattro diviso (per) due fa due

Die Uhrzeit

Die Uhrzeit im offiziellen Sprachgebrauch:

09.15 Sono le nove e quindici minuti.
14.58 Sono le quattordici e cinquantotto minuti.

centosettantatré **173**

Die Uhrzeit in der Alltagssprache:

09.10	Sono le nove e dieci.
14.55	Sono le tre meno cinque. / Mancano cinque minuti alle tre. / Sono le tre fra cinque minuti.
15.00	Sono le tre (precise / in punto).
15.15	Sono le tre e un quarto.
15.30	Sono le tre e mezzo.
15.45	Sono le quattro meno un quarto.

9.2 Die Ordnungszahlen (i numeri ordinali)

il primo	la prima
il secondo	la seconda
il terzo	la terza
il quarto	la quarta
il quinto	la quinta
il sesto	la sesta
il settimo	la settima
l'ottavo	l'ottava
il nono	la nona
il decimo	la decima
l'undicesimo	l'undicesima
il dodicesimo	la dodicesima
il tredicesimo	la tredicesima
il quattordicesimo	la quattordicesima
il quindicesimo	la quindicesima
il sedicesimo	la sedicesima
il diciassettesimo	la diciassettesima
il diciottesimo	la diciottesima
il diciannovesimo	la diciannovesima
il ventesimo	la ventesima
il ventunesimo	la ventunesima
il ventiduesimo	la ventiduesima
il ventitreesimo	la ventitreesima
il ventiquattresimo	la ventiquattresima
il venticinquesimo	la venticinquesima
il ventiseiesimo	la ventiseiesima
il ventisettesimo	la ventisettesima
il ventottesimo	la ventottesima
il ventinovesimo	la ventinovesima
il trentesimo	la trentesima

Ab 11 wird an die Grundzahl **-esimo** / **-esima** angefügt, wobei in der Regel der Endvokal der Grundzahl entfällt, außer natürlich bei dem endbetonten **-tré**.

Die Ordnungszahlen werden wie Adjektive behandelt und dementsprechend an die Substantive angeglichen.

la quinta lezione

D / I

Oggi è il tre novembre.	*Heute ist der dritte November.*
Oggi è il primo maggio.	*Heute ist der erste Mai.*

Im Italienischen werden für alle Datumsangaben – außer dem ersten Tag im Monat – die Grundzahlen verwendet.
Datumsangaben im Brief werden entweder ausgeschrieben,

Roma, 3 novembre 2007

(Nur in amtlichen Schreiben findet sich auch: Roma, **il** 3 novembre 2007)

Firenze, 1° maggio 2008

oder aber folgendermaßen abgekürzt: Milano, 3-11-2007 oder 3/11/2007 .

Im Gegensatz zum Deutschen werden keine Punkte verwendet.

10. Die Verneinung (la negazione)

10.1 Die einfache Verneinung

Es gibt zwei Möglichkeiten, eine einfache Verneinung auszudrücken:

Non	
Non è Chiara, è Giulia.	*Es ist nicht Chiara, es ist Giulia.*
Non è di Roma.	*Er / Sie ist nicht aus Rom.*
Non sono amici.	*Sie sind keine Freunde.*

«Non» steht vor dem konjugierten Verb.

No	
Sei Francesco?	No.
Allora sei Nicola?	Sì.

«No» wird als Gegensatz zu «sì» verwendet.

▶ **Attenzione!**
Soll der Satz nach «no» weitergeführt werden, so steht zusätzlich «non».

Canta Zucchero? No, non canta Zucchero, canta Jovanotti.

11. Die Präpositionen (le preposizioni)

11.1 Präpositionen in Verbindung mit geografischen Begriffen und Personen

Sto / sono / vado / vivo	**a**	Firenze / Capri.	*(Stadt oder kleine Insel)*
	in	Calabria / Inghilterra / Corsica.	*(Region, Land oder große Insel)*
	da	Mauro.	*(Person)*

▶ **Attenzione!**
Regionen mit männlichem Artikel behalten auch in Verbindung mit den Präpositionen «a», «in» und «da» oft den Artikel.

Lavoro nel Veneto. Vado nel Lazio.

Vengo **da** Brindisi / **da**lla Sardegna / **da**ll'Inghilterra / **da** Francesco. *(von … her)*

centosettantacinque 175

Grammatica Appunto 2
Lezione 1

1.1 **Das Futur I (il futuro semplice)**

lavorare	prendere	partire
lavor-**e**-rò	prend-**e**-rò	part-**i**-rò
lavor-**e**-rai	prend-**e**-rai	part-**i**-rai
lavor-**e**-rà	prend-**e**-rà	part-**i**-rà
lavor-**e**-remo	prend-**e**-remo	part-**i**-remo
lavor-**e**-rete	prend-**e**-rete	part-**i**-rete
lavor-**e**-ranno	prend-**e**-ranno	part-**i**-ranno

Die Verben auf **-are** schwächen den Endungsvokal zu **-e** ab.
Unregelmäßige Futurformen entstanden oft durch Zusammenziehung oder
Angleichung von Lauten:

avere	→ avrò		bere	→ berrò		essere	→ sarò
dovere	→ dovrò		tenere	→ terrò			
potere	→ potrò		rimanere	→ rimarrò			
sapere	→ saprò		venire	→ verrò			
vedere	→ vedrò		volere	→ vorrò			

▶ **Attenzione!**

Bei den Verben auf **-are** ergeben sich einige Besonderheiten in der
Schreibung:

cercare	→ cer**cher**ò
pagare	→ pa**gher**ò
mangiare	→ man**ger**ò
s**bagli**are	→ s**baglier**ò

Gebrauch des Futurs

Das Futur dient dem Berichten oder Sprechen über Zukünftiges.

In agosto partiremo per Palermo.

Man kann damit Vermutungen äußern.

Avrà 15 anni. *Er wird so 15 Jahre alt sein.*
Suona il telefono. Chi sarà? *Wer mag das wohl sein?*

Wenn jemand kurz davor ist, etwas zu tun, kann der futurische Aspekt durch
stare per ausgedrückt werden.

L'aereo sta per partire. *Das Flugzeug ist abflugbereit.*

D/I

Die italienische Sprache ist in der Anwendung des Futurs genauer als das Deutsche.

> *Nächstes Jahr fahren wir nicht nach Italien.*
> L'anno prossimo non andremo in Italia.

1.2 Die Verneinung II (la negazione)

Neben den Verneinungen **no** und **non** (→ Syst. Übers. 10.1) gibt es auch zweiteilige Verneinungsformen:

Non dorme **ancora**.	*Er schläft **noch nicht**.* ≠ già (schon)
Vedi qualcosa? No, **non** vedo **niente**.	*Ich sehe **nichts**.* ≠ tutto (qc)
Mia nonna **non** è **mai** venuta a Roma.	*Meine Großmutter ist **nie** nach Rom gekommen.* ≠ sempre / spesso
Non piove **più**.	*Es regnet **nicht mehr**.* ≠ ancora (una
Non ti crede **nessuno**.	*Es glaubt dir **niemand**.* ≠ ognuno volta)
Non ho fame **neppure** io/**neanch**'io.	*Ich habe **auch keinen** Hunger.* ≠ anch'io
Non è venuto **nemmeno** lui.	***Nicht einmal** er ist gekommen.* ≠ anche lui
Non è **mica** cattivo questo vino.	*Dieser Wein ist **durchaus nicht** schlecht.*
Non invitiamo **né** Maria **né** suo marito.	*Wir laden **weder** Maria **noch** ihren Mann ein.* ≠

Wie im Deutschen können mehrere Negationsadverbien (**neanche**, **nemmeno** etc.) und -pronomen (**niente**, **nessuno** etc.) kombiniert werden.

Non vedo **più niente**.	(nichts mehr
Da me **non** viene **mai nessuno**.	(nie irgendjemand)

►Attenzione!

Steht der zweite Teil der Negation *vor* dem Verb, entfällt das **non**:

> **Nessuno** ti crede.
> **Niente** è impossibile.
> **Neanche** lui ha fame.
> **Né** Maria **né** suo marito ci hanno telefonato.

D/I

Mi dice **qualcosa** d'interessante.	*Er sagt mir **etwas** Interessantes.*
Non mi dice mai **niente**.	*Er sagt mir nie **etwas**.*

In verneintem Kontext wird **qualcosa** zu **niente**.

centosettantasette 177

1.3 **Das Konditional I (il condizionale presente)**

In früheren Lektionen haben wir bereits mehrfach bei einigen häufigen Verben die Form des Konditionals verwendet.

Vorrei ...   *Ich würde gerne ...*
Potrei ...   *Ich könnte ...*

visitare	prendere	preferire
visit-**e**-rei	prend-**e**-rei	prefer-**i**-rei
visit-**e**-resti	prend-**e**-resti	prefer-**i**-resti
visit-**e**-rebbe	prend-**e**-rebbe	prefer-**i**-rebbe
visit-**e**-remmo	prend-**e**-remmo	prefer-**i**-remmo
visit-**e**-reste	prend-**e**-reste	prefer-**i**-reste
visit-**e**-rebbero	prend-**e**-rebbero	prefer-**i**-rebbero

Das Konditional wird mit dem gleichen Stamm wie das Futur (G → 1.1) gebildet.

visiterò	prenderò	preferirò
visiterei	prenderei	preferirei

Dies gilt auch für die unregelmäßigen Verben.

avere	→ avrei	bere	→ berrei	essere	→ sarei
dovere	→ dovrei	tenere	→ terrei		
potere	→ potrei	rimanere	→ rimarrei		
sapere	→ saprei	venire	→ verrei		
vedere	→ vedrei	volere	→ vorrei		

▶ **Attenzione!**

Bei den Verben auf -**are** ergeben sich wie beim Futur Besonderheiten in der Schreibung:

cercare	→ cercherei
pagare	→ pagherei
mangiare	→ mangerei
sbagliare	→ sbaglierei

Gebrauch des Konditionals

Das Konditional dient vor allem zum Ausdruck eines Wunsches, einer höflichen Bitte oder einer Aufforderung.

Weitere Anwendungen:
• Abschwächen einer Äußerung

Potrebbe darsi che ...	*es wäre möglich, dass ...*
Non si **direbbe** che ...	*Man würde nicht denken, dass ...*

• vorsichtige Wiedergabe von Nachrichten und Mitteilungen

Secondo questo giornale il nuovo CD di Jovanotti **dovrebbe** uscire fra poco.	*Diese Zeitung sagt, dass die neue CD von Jovanotti angeblich demnächst erscheint.*

178 .... *centosettantotto*

- Ausdruck von Entrüstung/Erstaunen über eine Unterstellung/Annahme

Io **dovrei** venire con voi?	*Und ich soll also mit euch gehen?*

D/I

Im Deutschen gibt es keine eigene Konditionalform. Diese Form wird im Deutschen entweder durch die Umschreibung mit «würde» oder durch den Konjunktiv II wiedergegeben.

Io **andrei** volentieri in Sicilia.	*Ich würde gern nach Sizilien fahren.*
	Ich führe gern nach Sizilien.

1.4 Die Relativpronomen II (i pronomi relativi)

Neben den schon bekannten Relativpronomen «che», «cui» und «quello» (→ Syst. Übers. 6.9) gibt es im Italienischen noch weitere Relativpronomen, die im Folgenden kurz vorgestellt werden sollen.

Das Relativpronomen «chi»

Chi cerca trova. *Wer sucht der findet.*

Das Relativpronomen **chi** steht ohne Bezugswort und wird für Personen in einem verallgemeinernden Sinn (z. B. Sprichwörter, Redewendungen) verwendet.

Das Relativpronomen «il/la quale – i/le quali»

Abbiamo incontrato il fratello di Marisa **il quale** è partito ieri.
Stasera conoscerai Piero e Maria **dei quali** hai già visto le fotografie.

Dieses Relativpronomen wird meist im Plural und nach Präpositionen verwendet. Im Singular soll es den Bezug auf eine bestimmte Person verdeutlichen.

Lezione 2

2.1 Der Konjunktiv Präsens (il congiuntivo presente)

Wie das Deutsche unterscheidet auch das Italienische zwischen den Modi Indikativ und Konjunktiv. Der Gebrauch des Konjunktivs ist in den beiden Sprachen jedoch sehr unterschiedlich.

Einige Formen sind schon aus dem Imperativ bekannt. (→ Syst. Übers. 8.6)

Scusi! *Entschuldigen Sie!*
Senta! *Hören Sie!*
Prenda! *Nehmen Sie!*

	arriv-are	**prend-ere**	**part-ire**	**fin-ire**
che (io)	arriv-i	prend-a	part-a	fin-isc-a
che (tu)	arriv-i	prend-a	part-a	fin-isc-a
che (lui/lei)	arriv-i	prend-a	part-a	fin-isc-a
che (noi)	arriv-iamo	prend-iamo	part-iamo	fin-iamo
che (voi)	arriv-iate	prend-iate	part-iate	fin-iate
che (loro)	arriv-ino	prend-ano	part-ano	fin-isc-ano

Bei den Verben auf -ire mit Stammerweiterung werden die Konjunktivformen des Singulars und die 3. Person Plural gemäß der 1. Person Singular Indikativ gebildet (finisco → finisca, finiscano), die 1. und 2. Person Plural hingegen gemäß der 1. Person Plural Indikativ (finiamo → finiamo, finiate).

Beachte folgende Formen:

andare	→ che io vada, che noi andiamo
bere	→ che io beva, che noi beviamo
dire	→ che io dica, che noi diciamo
dovere	→ che io debba/deva, che noi dobbiamo
fare	→ che io faccia, che noi facciamo
introdurre	→ che io introduca, che noi introduciamo
tradurre	→ che io traduca, che noi traduciamo
morire	→ che io muoia, che noi moriamo
piacere	→ che io piaccia, che noi pia(c)ciamo
porre	→ che io ponga, che noi poniamo
potere	→ che io possa, che noi possiamo
rimanere	→ che io rimanga, che noi rimaniamo
salire	→ che io salga, che noi saliamo
scegliere	→ che io scelga, che noi scegliamo
sedersi	→ che mi/ti/si sieda, che ci sediamo
tenere	→ che io tenga, che noi teniamo
togliere	→ che io tolga, che noi togliamo
uscire	→ che io esca, che noi usciamo
venire	→ che io venga, che noi veniamo
volere	→ che io voglia, che noi vogliamo

centottanta

Daneben gibt es noch folgende unregelmäßige Formen:

essere → sia, siamo, siate, siano
avere → abbia, abbiamo, abbiate, abbiano
dare → dia, diamo, diate, diano
stare → stia, stiamo, stiate, stiano
sapere → sappia, sappiamo, sappiate, sappiano

▶ **Attenzione!**

Die Erwähnung des Personalpronomens ist in den Singularformen häufig sinnvoll, da die Endung alleine keine Rückschlüsse auf die Person zulässt.

Mia madre vuole che (io/tu/lui/lei) la venga a prendere.

Der Gebrauch des Konjunktivs

Der Konjunktiv dient im Italienischen in erster Linie dazu, Zweifel, Wünsche, persönliches Empfinden oder eine Möglichkeit auszudrücken.

1. Der Konjunktiv im Hauptsatz

Viva l'Italia!	*Es lebe Italien.*
Lo compro, ti piaccia o no.	*Ich kaufe es, ob es dir gefällt oder nicht.*
Si salvi chi può.	*Rette sich wer kann.*
Che lo dica lui stesso.	*Das soll er selbst sagen.*

Im Hauptsatz steht der Konjunktiv in formelhaften Wendungen, die zumeist einen Wunsch ausdrücken, und bei Aufforderungen an Dritte, wobei der Satz durch «che» eingeleitet wird.

2. Der Konjunktiv im Nebensatz

Der eigentliche Anwendungsbereich des Konjunktivs ist der Nebensatz. Dieser wird zumeist mit «che» eingeleitet. Die folgenden Unterteilungen nach inhaltlichen und grammatikalischen Kriterien können nur eine Lernhilfe sein. Die Listen sind weder vollständig noch lassen sich Überschneidungen bei der Zuweisung zu den jeweiligen Gruppen vermeiden.

a. Der Konjunktiv nach Verben und Ausdrücken der Willensäußerung

Aspetto	che	lui venga.
Desideri	che	Piero lo chiami?
È d'accordo	che	loro vengano.
Volete	che	lo facciano subito?
Non **permetto**	che	lo compriate.
Preferiamo	che	ci veniate a prendere alle otto.
Spera	che	sua madre lo venga a trovare.
Non **voglio**	che	tu lo sappia.
Gli **dica**	che	torni subito! (Aufforderung!)
Mi **auguro**	che	non lo facciano vedere alla nonna.

Diese Verben und Ausdrücke beinhalten den Wunsch, dass etwas geschehen oder nicht geschehen soll.

► **Attenzione!**

In manchen Fällen kann der Wunsch auch ohne entsprechendes Verb nur durch die Verwendung des Konjunktivs ausgedrückt werden.

Cercano una ragazza che sappia parlare inglese. … *die Englisch können soll.*

b. Der Konjunktiv nach Verben und Ausdrücken der Gefühlsäußerung

Piero **è contento** che	gli offrano questo lavoro.
Ho paura	che	mio fratello le dica tutto.

Diese und andere Verben und Ausdrücke drücken eine persönliche gefühlsmäßige Stellungnahme zu einem Sachverhalt aus.

c. Der Konjunktiv nach unpersönlichen Ausdrücken

Viele Ausdrücke geben trotz ihrer unpersönlichen äußeren Form eine persönliche Einschätzung eines Sachverhaltes wieder. Sie erfordern daher den Konjunktiv.

Bisogna	che	mi spedisca la lettera entro lunedì.	*Es ist notwendig, dass …*
Basta	che	mi dia due mele.	*Es reicht, dass …*
Ti **dispiace**	che	venga anche lui?	*Macht es dir etwas aus, dass …?*
Ti **fa piacere**	che	venga anche lei?	*Freut es dich, dass …?*
È meglio	che	partiate.	*Es ist besser, wenn …*
È ora	che	arrivino.	*Es ist an der Zeit, dass …*
È necessario	che	le scriva una lettera lunga.	*Es ist notwendig, dass …*
È naturale	che	Maria l'ami.	*Es ist natürlich, dass …*
È probabile	che	la veda al concerto.	*Es ist wahrscheinlich, dass …*
È peccato	che	tu non conosca mio fratello.	*Schade, dass …*
È (im)possibile	che	lo trovino.	*Es ist (un)möglich, dass …*
È facile/difficile	che	Marta lo cerchi ancora.	*Es ist durchaus/kaum möglich, dass …*
È inevitabile	che	tu lo incontri.	*Es ist unausweichlich, dass …*
Sembra	che	tu non ne abbia voglia.	*Es scheint, als ob …*
Mi pare	che	non ci sia.	*Mir scheint, dass …*
Può darsi	che	stia male.	*Es ist möglich, dass …*

Nach den unpersönlichen Wendungen, die eine Gewissheit ausdrücken, steht der Indikativ.

È vero	che	è già arrivato.
È sicuro	che	non verrà?
È certo	che	non parte più.
È chiaro	che	non vuole restare qui.

d. Der Konjunktiv nach Konjunktionen

Bestimmte Konjunktionen stehen immer mit Konjunktiv.

Benché/sebbene/malgrado lo sappia non mi dice niente.	*obwohl*
Torniamo a casa **perché/affinché** il piccolo possa dormire.	*damit*
Vi do il libro a **condizione che** lo riportiate stasera.	*(wenn) unter der Bedingung, dass*
Signora, mi dica tutto **prima che** lo sappiano gli altri.	*bevor*
Non andare via **senza che** la nonna ti possa salutare.	*ohne dass*

perché ≙ weil
↳ kein conj.
perché ≙ damit
↳ conj.

182 .... *centottantadue*

e. Der Konjunktiv in Relativsätzen

In Relativsätzen steht der Konjunktiv

– nach Superlativen, – nach **l'unico, il solo, il primo, l'ultimo** – nach **non…nessuno/niente/ nulla** – wenn der Inhalt des Relativsatzes eine Wunschvorstellung ausdrückt.	Questa è la casa **più bella** che ci sia. Mauro è **l'unico** che sappia parlare cinese. **Non** avete **nessuno** che vi possa aiutare? **Cerco** una ragazza che parli bene l'inglese.

f. Der Konjunktiv nach Verben und Ausdrücken des Sagens und Denkens

Credi che ti venga a trovare?
Non penso che mio padre voglia invitare la zia.

Vor allem wenn diese Verben fragend oder verneint verwendet werden, drücken sie oft einen Zweifel oder eine Unsicherheit aus. In diesem Fall wird meist der Konjunktiv verwendet.

Nach den Verben des Sagens und Denkens steht üblicherweise der Indikativ.
Dice che non vuole sempre studiare per la scuola. (G → 3.4 discorso indiretto)

▶ **Attenzione!**

Bei Verben wie **dire** und **scrivere** hängt die Entscheidung zwischen Indikativ und Konjunktiv davon ab, ob es sich um eine Feststellung oder um eine Aufforderung handelt.

Scrivile che verrò alla fine del mese.
Schreib ihr, dass ich am Ende des Monats kommen werde.
Scrivile che venga a trovarci.
Schreib ihr, dass sie uns besuchen soll.

Einige Verben dieser Gruppe beinhalten bereits einen Zweifel und stehen daher immer mit Konjunktiv.

Dubito che i miei genitori vengano.
Non sono sicura che parta con questo treno.

3. Infinitiv statt Konjunktiv

Ho paura di andarci.
Gli ha detto di non parlare tanto.
È pericoloso sporgersi. *(Es ist gefährlich, sich hinauszulehnen.)*

Statt eines Nebensatzes mit Konjunktivformen wird oft eine Infinitiv-konstruktion gewählt, wenn

• Haupt- und Nebensatz dasselbe Subjekt haben,
• das Subjekt des Nebensatzes zugleich Objekt des Hauptsatzes ist,
• das Subjekt nicht bekannt ist.

centottantatré **183**

2.2 Das Adverb mit -mente (l'avverbio)

Arten der Adverbien

Adverbien dienen dazu, Verben, Adjektive, andere Adverbien und ganze Sätze näher zu bestimmen.

> Piero lavora molto.
> Piero ha una sorella molto stupida.
> Parlano l'italiano molto bene.
> Almeno abbiamo trovato una bella casa.

Bildung der Adverbien

Man unterscheidet Adverbien der Art und Weise (**bene**), der Menge (**molto**), des Ortes (**dappertutto**), der Zeit (**spesso**) u. a.
Mit einigen Adverbien gehen wir schon länger um, ohne uns Gedanken darüber gemacht zu haben.

a. già, bene, più, qui, sempre, ancora, però, allora, anche, altrimenti

Dies sind ursprüngliche Adverbien.

b. soprattutto, almeno, davvero

Man spricht hier von zusammengesetzten Adverbien.

c. in fretta, d'accordo, di notte

Auch Präpositionalausdrücke können als Adverbien verwendet werden.

Eine weitere Gruppe von Adverbien wird vom Adjektiv abgeleitet.

raro/-a	→ raramente
assoluto/-a	→ assolutamente
veloce	→ velocemente

Diese Adverbien werden gebildet, indem an die feminine Form des Adjektivs das Suffix -mente angehängt wird.

▶ **Attenzione!**
Adjektive, die auf **-re**/**-le** enden, verlieren bei der Umwandlung in Adverbien das auslautende -**e**.

finale	→ finalmente
particolare	→ particolarmente

Unregelmäßige Adverbien:

buono	→ bene
cattivo	→ male

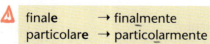
böse, schlecht

Lezione 3

3.1 Die Steigerung des Adjektivs (la comparazione dell'aggettivo)

1. Der Komparativ des Adjektivs (il comparativo dell'aggettivo)

> Questa borsa è **più** cara.
> La giacca verde è **meno** cara.

Im Italienischen steigert man das Adjektiv durch Voranstellung von **più** oder **meno**.

2. Der Superlativ des Adjektivs (il superlativo relativo)

> Daniele è **il più intelligente** della classe.
> Daniele è **il ragazzo più intelligente** della classe.

> Marisa e Laura sono **le più intelligenti** della classe.
> Marisa e Laura sono **le ragazze più intelligenti** della classe.

Der relative Superlativ setzt eine Person oder eine Sache im Vergleich zu anderen Personen oder Sachen an die erste Stelle. Er wird durch **il più/la più + Adjektiv** gebildet.
Der absolute Superlativ **(il superlativo assoluto)**, der also nur eine Aussage über einen sehr hohen Grad macht, ohne einen Vergleich zu anderen Personen oder Sachen zu ziehen, ist uns bereits aus dem ersten Band bekannt. (→ Syst. Übers. 5.5)

> Questo compito è difficilissimo. Questi vestiti sono carissimi.

3. Unregelmäßige Formen der Steigerung

Neben den regelmäßigen Formen der Steigerung gab es schon im Lateinischen jedoch besondere, unregelmäßige Formen der Steigerung, die wir heute im Italienischen wiederfinden.

> Questo è un **buon** vino.
> Quello di mio zio è **migliore**.
> Veramente, per me questo è **il migliore**.

Die Formen des unregelmäßigen Komparativs und Superlativs beim Adjektiv lauten:

	Komparativ	relativer Superlativ	absoluter Superlativ
buono	→ migliore	il/la migliore	ottimo, -a
cattivo	→ peggiore	il/la peggiore	pessimo, -a
grande	→ maggiore	il/la maggiore	massimo, -a
piccolo	→ minore	il/la minore	minimo, -a

► **Attenzione!**

Alle vier Adjektive können auch regelmäßige Komparative und Superlative bilden. Oft ergeben sich dabei Bedeutungsunterschiede.
Questo pane mi sembra più buono. (Nur bei Sinneswahrnehmungen)
Questo vino è ancora più cattivo dell'altro.
Mia zia è una donna buonissima. *(herzensgut)*

centottantacinque 185

3.2 Die Steigerung des Adverbs (la comparazione dell'avverbio)

1. Der Komparativ und Superlativ des Adverbs

Marco ha parlato **velocemente**.
Laura ha parlato ancora **più velocemente**.
Davide ha parlato **più velocemente di tutti**.

2. Unregelmäßige Formen der Steigerung

Questo computer funziona **bene**.
Ma l'altro computer funziona **meglio**.
Questo modello però funziona **meglio di tutti**.

	Komparativ	absoluter Superlativ
bene	→ meglio	benissimo
male	→ peggio	malissmo
molto	→ più	moltissmo
poco	→ meno	pochissimo

In der alltäglichen Sprache werden **il meglio, il peggio, il più, il meno** als unveränderliches Substantiv verwendet.

3.3 Der Vergleich (la comparazione)

Tu sei più ricco **di** me.
Conosco Sandra meglio **delle** altre ragazze.

Da Ugo si mangia meglio **che** da Francesco.
Quell'albergo è più grande **che** bello.
È meglio partire **che** restare.
In Italia fa più caldo **che** in Germania.

Werden zwei Substantive oder Pronomen miteinander verglichen, so steht als Vergleichswort «di», in allen anderen Fällen hingegen «che».

3.4 Die indirekte Rede I (il discorso indiretto)

In der indirekten Rede unterscheidet man drei verschiedene Zeitverhältnisse zwischen Hauptsatz und Nebensatz: die Vorzeitigkeit, die Gleichzeitigkeit und die Nachzeitigkeit.

Die indirekte Aussage

Mario dice: "Sono stato a Roma."
→ Mario **dice che** è stato a Roma.   vorzeitig
Gianna ripete: "La nonna non sta bene."
→ Gianna **ripete che** la nonna non sta bene.   gleichzeitig
Eleonora pensa: "Piero non sarà contento."
→ Eleonora **pensa che** Piero non sarà contento.   nachzeitig

Die indirekte Aussage wird mit «che» eingeleitet.

Die indirekte Frage

> Daniele mi domanderà: "Vuoi accompagnarmi al concerto?"
> → Daniele mi **domanderà se** voglio accompagnarlo al concerto.
> Stamattina Mauro mi ha chiesto: "Perché non sei venuta?"
> → Stamattina Mauro **ha chiesto/ha voluto sapere perché** non sono venuta.

Bei einer Entscheidungsfrage wird die indirekte Frage mit «se», bei einer Wortfrage mit dem Fragewort der direkten Frage eingeleitet.

Der indirekte Befehl

> La mamma mi dice: "Dammi il giornale."
> → La mamma mi **dice di** darle il giornale.
>   La mamma mi **dice che** le **dia** il giornale.
>   La mamma mi **dice che** le **devo** dare il giornale.
>   La mamma **vuole che** le **dia** il giornale.

Für den indirekten Befehl wird meist der Infinitiv mit «di» gewählt.
Steht das Verb des Sagens oder Fragens (**affermare, comunicare, chiedere, dire, domandare, pensare, sapere, sperare, voler sapere** etc.) in einer Zeit der Gegenwartsgruppe (Präsens, Futur, **passato prossimo** nur mit engem Bezug zur Gegenwart), so steht in der indirekten Rede die gleiche Zeit wie in der direkten Rede. Verändert werden gegebenenfalls nur die Elemente, die sich auf Personen beziehen, wie Verbendungen und Pronomen.
(→ indirekte Rede in der Vergangenheit in *Appunto 3*)

D/I
- Im Gegensatz zum Deutschen ist im Italienischen die indirekte Rede kein Auslöser für den Konjunktiv.
- Ein «che», welches die indirekte Aussage einleitet, kann im Italienischen nicht entfallen.
- Vor der indirekten Rede steht im Italienischen kein Komma.
  Ich sage dir, er kommt nicht. Ti dico che non verrà.

3.5 Das trapassato prossimo (il trapassato prossimo)

Das **trapassato prossimo** entspricht in etwa dem Plusquamperfekt der deutschen Grammatik.

dire	andare
avevo detto	ero andato, -a
avevi detto	eri andato, -a
aveva detto	era andato, -a
avevamo detto	eravamo andati, -e
avevate detto	eravate andati, -e
avevano detto	erano andati, -e

Das **trapassato prossimo** wird gebildet aus den Imperfektformen der Hilfsverben «avere» oder «essere» und dem **participio passato**. Für die Wahl des Hilfsverbs und eine eventuelle Veränderung der Partizipien gelten die Regeln des **passato prossimo** (→ Syst. Übers. 8.2). Das **trapassato prossimo** drückt eine Vorzeitigkeit gegenüber einer Handlung oder einem Zustand in der Vergangenheit aus. (→ Gebrauch des **trapassato prossimo** in *Appunto 3*)

centottantasette 187

Lezione 4

4.1 **Die unpersönliche Konstruktion mit «si»**

Die unpersönliche Konstruktion mit «si» gleicht den reflexiven Formen der 3. Person Singular und Plural und wird im Deutschen oft mit «man» wiedergegeben.

1. Bei Verben ohne direktes Objekt (si impersonale)

Questo non si dice.	Das sagt man nicht.
Oggi si lavora meno.	Heute arbeitet man weniger.
Prima si leggeva di più.	Früher las man mehr.

In diesem Fall steht das Verb im Singular.

Bei der Stellung der Objektpronomen und der **particelle** ist Folgendes zu beachten:

- «si» wird vor «ne» zu «se».

Non se ne parla più.	Man spricht nicht mehr darüber. Sprechen wir nicht mehr darüber!

- In Verbindung mit unbetonten Objektpronomen steht «si» unmittelbar vor dem konjugierten Verb.

Mi si dice che non è vero.	Man erzählt mir, dass es nicht wahr ist.

- Würden durch die Verbindung von **si impersonale** mit einem reflexiven Verb zwei «si» aufeinandertreffen, so wird das erste «si» aus lautlichen Gründen zu «ci» abgeändert.

Ci si alza presto.

Das **si impersonale** wird auch in folgenden Ausdrücken verwendet:

si fa buio	es wird dunkel
si fa notte	es wird Nacht
si fa giorno	es wird Tag
si fa tardi	es wird spät

D/I

Im Italienischen stehen Substantive und Adjektive, die sich auf ein **si impersonale** beziehen, im Plural.

Quando si è **giovani** è difficile capire gli anziani.	Wenn man jung ist, fällt es einem schwer, die älteren Menschen zu verstehen.
Se si è **amici** bisogna aiutarsi.	Wenn man befreundet ist, muss man sich helfen.

2. Bei Verben mit direktem Objekt (si passivante)

Questo **vino** non si **beve** freddo.
Qui si **vendono** solo **prodotti** della regione.

In diesem Fall wird das direkte Objekt («bere <u>il vino</u>») in der **si**-Konstruktion zum Subjekt, nach dem sich der Numerus des Prädikats richtet.

Attenzione!

Affittasi camera	*Zimmer zu vermieten*
Vendonsi appartamenti	*Wohnungen zu verkaufen*

In Telegrammen, Zeitungsannoncen und Verkaufsangeboten wird «si» aus Kostengründen oft an das Verb angehängt.

(→ si-Konstruktionen im **passato prossimo** → *Appunto 3*)

centottantanove 189

Lezione 5

5.1 Der Konjunktiv Imperfekt (il congiuntivo imperfetto)

In G → 2.1 haben wir bereits den Konjunktiv Präsens in Form und Anwendung kennengelernt.

Spero che tu venga.

È probabile che arrivino tardi.

	and-a-re	prend-e-re	art-i-re
che (io)	and-a-ssi	prend-e-ssi	part-i-ssi
che (tu)	and-a-ssi	prend-e-ssi	part-i-ssi
che (lui/lei)	and-a-sse	prend-e-sse	part-i-sse
che (noi)	and-a-ssimo	prend-e-ssimo	part-i-ssimo
che (voi)	and-a-ste	prend-e-ste	part-i-ste
che (loro)	and-a-ssero	prend-e-ssero	part-i-ssero

Im Konjunktiv Imperfekt gibt es nur wenige unregelmäßige Formen.

essere:	fossi, fossi, fosse, fossimo, foste, fossero
dare:	dessi, dessi, desse, dessimo, deste, dessero
stare:	stessi, stessi, stesse, stessimo, steste, stessero

weitere Sonderformen:

bere:	bevessi ...
condurre:	conducessi ...
tradurre:	traducessi ...
produrre:	producessi ...
dire:	dicessi ...
fare:	facessi ...
porre:	ponessi ...

5.2 Die Bedingungssätze I (il periodo ipotetico)

In den Bedingungsgefügen mit der Konjunktion «se» gelten feste Regeln für die Zeitenfolge, die ausdrücken kann, ob das im Hauptsatz beschriebene Ereignis wahrscheinlich (Realis), möglich (Potentialis) oder aber schon unmöglich (Irrealis) ist.

Vorerst werden wir nur Realis, Potentialis und Irrealis der Gegenwart besprechen.

(Irrealis der Vergangenheit → *Appunto 3*)

Se **vieni** stasera,	ti **presento** Marco.	
presente	presente	Realis
Wenn du heute Abend kommst,	*stelle ich dir Marco vor.*	

Se **venissi** stasera,	ti **presenterei** Marco.	
congiuntivo imperfetto	condizionale I	Potentialis
Wenn du heute Abend	*würde ich dir*	
kämst/kommen würdest,	*Marco vorstellen.*	

Je nach Sinnzusammenhang sind auch andere Zeitenkombinationen möglich:

Se ho tempo ti scriverò.

(→ *Appunto 3*)

► **Attenzione!**

Wird die Konjunktion «se» im konditionalen Sinn („wenn") verwendet, so darf in dem Nebensatz kein Konditional stehen. Dies gilt nicht, wenn «se» in der Bedeutung „ob" verwendet wird.

Se partisse adesso potrebbe arrivare prima delle cinque.	*„wenn"*
Vorrei sapere **se** partiresti veramente con lei.	*„ob"*

D/I

Das deutsche «wenn» hat im Italienischen je nach Bedeutung zwei Entsprechungen: «se» („falls") und «quando» („immer, wenn", „dann, wenn") (vgl. im Englischen if / when)

Lo dico a mamma **quando** viene.	*Ich sage es Mama, (zu dem Zeitpunkt) wenn sie kommt.*
Lo dico a Maria **se** viene.	*Ich sage es Maria, falls sie kommt.*

Lezione 6

6.1 Das Passiv (il passivo)

Das Italienische kennt verschiedene Möglichkeiten der Passivbildung.

1. Das Passiv mit «essere» und «venire»

La porta è chiusa.	*Die Tür ist geschlossen.*
La porta viene chiusa.	*Die Tür wird geschlossen.*

La camicia era lavata.	*Das Hemd war gewaschen.*
La camicia veniva lavata tutti i giorni.	*Das Hemd wurde jeden Tag gewaschen.*

La città è stata distrutta.	*Die Stadt ist zerstört worden.*

I libri erano stati venduti.	*Die Bücher waren verkauft worden.*

Il negozio sarà chiuso.	*Das Geschäft wird geschlossen sein.*
Il negozio verrà chiuso.	*Das Geschäft wird geschlossen werden.*

Das Passiv wird
- bei den einfachen Zeiten mit einer Form von «essere» oder «venire» und dem Partizip Perfekt
- bei den zusammengesetzten Zeiten mit einer Form von «essere» und dem Partizip Perfekt gebildet.

Die Formen mit «essere» bezeichnen dabei einen Zustand, jene mit «venire» einen Vorgang.

Die Partizipien richten sich in Numerus und Genus nach dem Subjekt.

> I piatti sono stati lavati.
> La casa viene venduta.

2. Das Passiv mit «andare»

Queste scarpe vanno pulite oggi.	*Diese Schuhe müssen heute geputzt werden.*
La strada andava rifatta ogni anno.	*Die Straße musste jedes Jahr aus-gebessert werden.*

Das Passiv mit «andare» drückt eine Verpflichtung aus.
Es wird gebildet mit einer Form von «andare» und dem Partizip Perfekt.
Wie bei den Formen mit «venire» ist auch das Passiv mit «andare» nur in den einfachen Zeiten möglich.

► Attenzione!

Für das Passiv in dieser Bedeutung wird auch häufig eine Infinitiv-konstruktion mit «da» gewählt.

> Queste lettere vanno scritte oggi.
> Queste lettere sono da scrivere oggi.

3. «si passivante»

Die mögliche passivische Bedeutung der si-Konstruktion haben wir in G → 4.1 kennengelernt.
(Gebrauch des Passivs → *Appunto 3*)

6.2 Die Kombination der unbetonten Objektpronomen und der particelle «ci/ne»

In *Appunto 1* (→ Syst. Übers. 6.5; 6.6; 7.2) haben wir die indirekten und direkten unbetonten Objektpronomen sowie die **particelle** «ci» und «ne» kennengelernt. Für die Kombination dieser Wörter gelten einige besondere Regeln.

	lo	la	li	le	ne
mi	me lo	me la	me li	me le	me ne
ti	te lo	te la	te li	te le	te ne
gli → le/Le →	glielo	gliela	glieli	gliele	gliene
si	se lo	se la	se li	se le	se ne
ci	ce lo	ce la	ce li	ce le	ce ne
vi	ve lo	ve la	ve li	ve le	ve ne

- Die 3. Person Plural «loro»:

«loro» ist unveränderlich und steht auch in der Kombination mit einem anderen Pronomen nach dem Verb. Allerdings wird inzwischen vor allem im gesprochenen Italienisch häufig auf die Form der 3. Person Singular zurückgegriffen. Der Kontext muss dann den Bezug von «glielo» klären.

> L'ho detto loro ieri.
> Gliel'ho detto ieri.

- Bei dem Zusammentreffen von Objektpronomen und **particelle** ist auf folgende Reihenfolge zu achten.

> Non me lo comprano.   ind. Obj. → dir. Obj.
> Non ce ne sono più.   ci   → ne

Treffen die **particelle** «ci» und «ne» zusammen, dann heißt die Reihenfolge «ce ne».

- In der Kombination mit einem anderen Pronomen oder einer **particella** wird ein auslautendes **-i** zu **-e**.

> mi → me lo
> ti → te ne

In der Kombination mit der **particella** «ci» werden die Formen «mi», «ti», «vi» jedoch aus lautlichen Gründen nicht verändert.

> Ti trovi bene a Roma? Sì, mi ci trovo bene.   (G → 4.1)

- Für die Stellung der Pronomenkombination bei Imperativ und Infinitiv und bei der Verneinung gelten die Regeln, die auch für die Einzelpronomen zutreffen (→ Syst. Übers. 6.2; 6.5; 6.6; 6.8).

Dobbiamo dirglielo subito.
Non me le sono comprate.
Compratevene uno!
Non te lo dimenticare!

Steht die Kombination aus Objektpronomen und/oder **particelle** vor dem Verb, so werden alle außer jenen, die mit «gli» gebildet werden, getrennt geschrieben. Werden sie jedoch an den Imperativ oder Infinitiv angehängt, so werden alle zusammengeschrieben. «Loro» folgt auch hier seiner eigenen Regel (s. o.).

Die angehängten Objektpronomen oder **particelle** ändern jedoch nichts an der Betonung der Verbform.

Lezione 7

7.1 Die Hervorhebung (la messa in rilievo)

Im Gegensatz zum Deutschen kennt das Italienische keine Kasusformen, daher ist die Einhaltung der Stellung Subjekt-Prädikat-Objekt für ein einwandfreies Verständnis wesentlich wichtiger.

Der Mann sieht den Jungen.	L'uomo vede il ragazzo.
Den Jungen sieht der Mann.	?

Im Deutschen ist eine Umstellung von Subjekt und Objekt zum Zwecke der Hervorhebung sehr gebräuchlich, das Italienische muss oft auf andere Möglichkeiten zurückgreifen.

1. Satzsegmentierung

I miei amici sardi **li** conosco da anni.
Ne parleremo dopo della tua idea.
A Sassari non **ci** sono mai stata.
Non **le** parlo più a quella signora.

Bei der Satzsegmentierung wird der Satzteil, der betont werden soll, im gleichen Satz zusätzlich durch ein Objektpronomen oder eine **particella** aufgenommen. Dadurch kann sich der Satzteil von seiner ursprünglichen Stellung lösen und an den Anfang oder das Ende des Satzes rücken. Diese Möglichkeit der Hervorhebung erfreut sich in der gesprochenen Sprache größter Beliebtheit, wird in der geschriebenen Sprache jedoch vermieden.

2. Nachstellung des Subjektes

Mi ha accompagnato Franco. (non Piero)

Oft kann das Subjekt nachgestellt werden, wenn es besonders betont werden soll. Dies darf jedoch nicht zu Missverständnissen führen. Zur Hervorhebung des Subjekts wird auch häufig folgende Infinitivkonstruktion verwendet:

È stato Franco ad accompagnarmi.

3. «essere ... che»

È stato Franco che me l'ha detto.
È stato a Roma che ho conosciuto mio marito.
È domenica che partite?
È con Maria che avete parlato al telefono?
È capire che è importante non solo ripetere la formula.

Mit der Relativsatzkonstruktion «essere ... che» kann jeder Satzteil hervorgehoben werden.

centonovantacinque 195

D/I

Das Verb des Relativsatzes richtet sich im Italienischen in der Person nach dem Subjekt und nicht nach dem Relativpronomen.

Sono **io** che ci **sono** andat**a**.   *Ich bin es die dorthin gegangen ist.*

7.2 Konjunktionen (le congiunzioni)

Konjunktionen dienen dazu, zwei Sätze miteinander zu verbinden. Man unterscheidet dabei beiordnende und unterordnende Konjunktionen, je nachdem ob zwei Hauptsätze oder ein Haupt- und ein Nebensatz verbunden werden sollen.

Die folgenden Listen zeigen nach grammatikalischen und inhaltlichen Gesichtspunkten geordnet eine Auswahl der wichtigsten Konjunktionen.

1. Nebenordnende Konjunktionen

Ha preso il treno **e(d)** è partito per Gela.	*… und …*
Vuoi la macchina **o** prendi la bicicletta?	*… oder …*
O viene adesso **o** non viene più.	*… entweder … oder …*
Non parla **né** con noi **né** con loro.	*… weder … noch …*
Vorrei andarci **ma** non posso.	*… aber …*
Siamo malati, **dunque/quindi** non ci andiamo.	*… folglich …*
Non la conosco bene, **perciò** non le dico tutto.	*… deshalb …*
Ha molti soldi, **però** è molto solo.	*… dennoch …*

2. Unterordnende Konjunktionen

Neben den ursprünglichen, einfachen Konjunktionen «quando», «mentre» etc. gibt es eine große Anzahl von zusammengesetzten Konjunktionen, welche zumeist aus der Konjunktion «che» und einem oder mehreren weiteren Elementen bestehen. Die neu entstandene Konjunktion kann aus mehreren Worten bestehen («dopo che», «prima che» etc.) oder aber im Laufe der Zeit zu einem Wort verschmolzen sein («finché», «benché» etc.).

a. mit temporalem Sinn

Dimmi tutto **prima che** vengano (!) gli altri.	*… bevor …*
Possiamo mangiare qualcosa **quando** arriviamo.	*… wenn …*
Da quando sei partita mi sento solo.	*… seit …*
Dopo che mi era arrivata la lettera ho capito tutto.	*… nachdem …*
Mentre noi aspettavamo lui comprava i biscotti.	*… während …*
Appena arriverà il postino glielo chiedo.	*… sobald …*

Bei den Konjunktionen, die einen temporalen Nebensatz einleiten, ist zu beachten, dass einige den Konjunktiv (!) auslösen.

▶ **Attenzione!**

Bei einigen Konjunktionen wird bei gleichem Subjekt gern der Infinitiv verwendet. Dabei entfällt «che».

196   .... *centonovantasei*

Dopo **che avevamo** finito il lavoro, siamo andati alla spiaggia.
Dopo **aver** finito il lavoro, siamo andati alla spiaggia.
Prima **che (io) te lo dica**, devo farti vedere una fotografia.
Prima **di dirtelo**, devo farti vedere una fotografia.

b. mit konzessivem Sinn

Benché/sebbene non abbia (!) molti soldi è generoso. … *obwohl* …

Alle Konjunktionen mit konzessivem Sinn lösen den Konjunktiv aus.

c. mit kausalem Sinn

Non mi ha risposto **perché** non sapeva cosa dire.   … *weil/da* …
Siccome non sapeva cosa dire non ha detto niente.
Dato che/visto che non sto bene preferisco non andare alla festa.

▶ **Attenzione!**
Bei der Wahl zwischen den Konjunktionen «perché» und «siccome» ist die Anordnung von Haupt- und Nebensatz entscheidend.

"Perché non sei venuto?" "**Perché** avevo molto da fare."
Non sono venuto **perché** avevo molto da fare.
Siccome avevo molto da fare non ci sono andato.

«Perché» steht entweder in einer Antwort auf eine Frage, oder wenn der Nebensatz auf den Hauptsatz folgt.
«Siccome» hingegen wird verwendet, wenn der Nebensatz an erster Stelle steht.

d. mit konditionalem Sinn

Caso mai lui venisse (!) digli che siamo già usciti.	… *falls* …
Se mi desse i soldi, potrei comprare il vestito.	… *wenn* …
Vi do questo libro **a condizione che** me lo riportiate (!) domani.	… *unter der Bedingung, dass* …

Da die Konjunktionen mit konditionalem Sinn meist einen Wunsch oder eine Möglichkeit ausdrücken, folgt im abhängigen Nebensatz ein Konjunktiv.
G → 2.1; 5.2

▶ **Attenzione!**
«Caso mai» steht meist mit dem Konjunktiv Imperfekt.

e. weitere Konjunktionen

Penso **che** lui verrà.	… *dass* …
Ho mangiato **tanto che** non riesco più a muovermi.	… *so viel … dass* …
Ti ho invitato **perché** tu mi dica (!) tutto.	… *damit* …
Ci credo anche **senza che** tu me lo faccia (!) vedere.	… *ohne dass* …

▶ **Attenzione!**
Die Konjunktion «perché» hat also nicht nur kausalen, sondern auch finalen Sinn. In diesem Fall muss der Konjunktiv verwendet werden, da der Nebensatz einen Wunsch oder eine Forderung beinhaltet.

centonovantasette 197

Indice

Die folgende Liste umfasst den Grammatikstoff aus Band 1 und 2. Die grün gedruckten Zahlen beziehen sich auf die bereits aus Band 1 bekannten Grammatikkapitel, welche in der Systematischen Übersicht nach Themenbereichen zusammengefasst sind. Die Verweise auf den neuen Lernstoff aus Band 2 hingegen erscheinen rot.

grammatica

Adjektive
bello 5.3
Bildung 5.1
buono 5.4
Demonstrativbegleiter 6.1
Farbadjektive 5.1
grande 5.2
indefinite Adjektive 6.3
Interrogativadjektive 6.2
santo 5.4
Stellung 5.1
Steigerung 3.1
Superlativ (absoluter)
5.5/3.1
unveränderliche Adjektive
5.1
Vergleich 3.3

Adverbien
Bildung 2.2
Interrogativadverbien 6.2
indikatives Adverb ecco →
ecco
Negationsadverbien 2.1
Ortsadverbien 7.2
Pronominaladverbien ci, ne
7.2/6.2
Steigerung 3.2

Akzent → Schreibung

Alphabet 2

Artikel
Anrede 3.1
bestimmter Artikel
3.1/3.2/6.7
unbestimmter Artikel 3.3
preposizione articolata
3.4/3.5
Teilungsartikel 3.5

Aussprache 1.1/1.4/5.1/8.1
Buchstabenkombinationen
1.1
Doppelkonsonanten 1.1
offen/geschlossen 1.1
raddoppiamento
1.1/3.4/6.5/6.6
stimmhaft/stimmlos 1.1

Bedingungsgefüge, -sätze
→ Zeitenfolge
Begleiter
Adjektive s. dort
Artikel s. dort
Demonstrativbegleiter s.
Demonstrativpronomen
Possessivbegleiter s.
Possessivpronomen

Betonung 1.2/6.2

Ecco 6.5/7.1

Fragen
Interrogativadjektive →
Adjektive
Interrogativadverbien →
Adverbien
Interrogativpronomen →
Pronomen
Intonationsfragen 6.2
Satzfragen 6.2
Wortfragen 6.2

Grafische Besonderheiten →
Schreibung

**Hervorhebung 7.1
(rezeptiv)**

Höflichkeitsform → Verben

Imperativ → Verben

Infinitiv → Verben

Indirekte Rede → Zeitenfolge

Konjunktionen 7.2
→ Konjunktiv → Verben

Konjunktiv → Modi

Ländernamen 3.1/11.1

Mengenangaben → Zahlen

Modi
Konjunktiv Imperfekt
5.1/7.2
Konjunktiv Präsens 2.1/7.2
Gebrauch des Konjunktivs
2.1/5.2
Passiv essere/venire/
andare 6.1 (rezeptiv)
si passivante 4.1

Negation → Verneinungen

Objekte → Objektpronomen
→ Pronomen
Präpositionalobjekte
7.2/8.8
Stellung 8.9

particelle → Pronominaladverbien → Adverbien

Partizip Perfekt 8.2

Passiv → Modi

Präpositionen
3.4/3.5/6.9/7.2/11.1

preposizione articolata →
Artikel

Pronomen
Demonstrativpronomen
questo 6.1
quello 6.1/6.9
indefinite Pronomen 6.3
Interrogativpronomen 6.2
Negationspronomen 1.2
Objektpronomen
– betonte 6.4
– unbetonte
direkte 6.5/4.1
indirekte 6.6
– Kombination 6.2
– Stellung 6.5/6.6/6.8
Possessivpronomen 6.7
Reflexivpronomen 6.8
Relativpronomen
che 6.9/2.1
chi 1.4 (rezeptiv)
cui 6.9
il quale 1.4 (rezeptiv)
Subjektpronomen 6.10

raddoppiamento →
Aussprache

Satzsegmentierung →
Hervorhebung

Schreibung
Akzente 1.3
Buchstabe h
1.1/1.4/5.1/8.1

Buchstabe i
1.1/1.4/5.1/8.1

si impersonale 4.1

Steigerung → Adjektive,
Adverbien

Substantive
Besonderheiten 4.1/4.2
Plural 4.2
Singular 4.1

Verben
Ergänzungen 7.2/8.8/8.9
Höflichkeitsform 6.10/8.6
Imperativ 6.8/8.6/6.2
Infinitiv statt Konjunktiv 2.1
Konjugationsklassen 8.1
Modalverben 6.5/6.6/8.7
Partizipien 8.2
reflexive Verben 6.8
reziproke Verben 6.8
unpersönliche Ausdrücke 2.1
unregelmäßige Verben →
eigene Liste
Zeiten
– Futur I 1.1
– imperfetto 8.3/8.4
– Konditional I 1.3
– passato prossimo
6.5/8.2/8.4
– Präsens 1.7/3.4/4.1/8.1
– trapassato prossimo 3.5
(rezeptiv)

Vergleich → Adjektiv,
Adverbien

Verneinungen 10.1/1.2

Zahlen 9
Grundrechenarten 9.1
Grundzahlen 9.1
Mengenangaben 3.5
Ordnungszahlen 9.2
Uhrzeit 9.1

Zeitenfolge
Bedingungssätze 5.2
in der indirekten Rede 3.4

198 .... *centonovantotto*

Die unregelmäßigen Verben (i verbi irregolari)

Im Folgenden werden die Verben aus dem verbindlichen Wortschatz in Band 1 und 2 aufgelistet, die nach dem heutigem Sprachstand unregelmäßig sind oder zu sein scheinen. Verben aus der gleichen Wortfamilie mit analogem Bildungsmuster werden zusammengefasst. Selbstverständlich werden nur diejenigen Formen genannt, die auch wirklich unregelmäßig sind oder bei deren Bildung Unsicherheiten bestehen können.

Dabei werden folgende Abkürzungen verwendet:

pres.	*presente*	*cong. imp.*	*congiuntivo imperfetto*
cong. pres.	*congiuntivo presente*	*part. pass.*	*participio passato*
cond.	*condizionale*	*ger.*	*gerundio*
imp.	*imperfetto*		

accendere	*part. pass.* acceso
accogliere (ebenso: **raccogliere**) ↓ *accolto*	*pres.* accolgo, accogli, accoglie, accogliamo, accogliete, accolgono *cong. pres.* che io colga, che voi cogliate, che loro colgano *part. pass.* colto → *cogliae*
accorgersi	*part. pass.* accorto
aggiungere (ebenso: **raggiungere, ricongiungersi**)	*part. pass.* aggiunto
andare	*pres.* vado, vai, va, andiamo, andate, vanno *cong. pres.* che io vada, che voi andiate, che loro vadano *imperativo* va', vada, vadano *futuro* andrò *cond.* andrei
aparire ↓ *aparso*	*pres.* appaio, appari, appare, appariamo, apparite, appaiono *cong. pres.* che io appaia, che voi appariate, che loro appaiano ► **Attenzione!** Auch die regelmäßige Konjugation mit Stammerweiterung **-sc-** ist möglich.
aprire (ebenso: **riaprire, scoprire**)	*part. pass.* aperto (scoperto)
assistere (ebenso: **resistere, esistere**)	*part. pass.* assistito
avere	*pres.* ho, hai, ha, abbiamo, avete, hanno *cong. pres.* che io abbia, che voi abbiate, che loro abbiano *imperativo* abbi, abbia, abbiano *futuro* avrò *cond.* avrei

centonovantanove **199**

bere	*pres.* bevo, bevi, beve, beviamo, bevete, bevono
	cong. pres. che io beva, che voi beviate, che loro bevano
	imperativo bevi, beva, bevano
	futuro berrò
	cond. berrei
	imp. bevevo
	cong. imp. bevessi
	part. pass. bevuto
chiedere	*part. pass.* chiesto
chiudere	*part. pass.* chiuso
concedere (ebenso: **procedere, succedere** *«geschehen»*)	
	part. pass. concesso
concludere	*part. pass.* concluso
condurre (ebenso: **produrre, ridurre, tradurre**)	
	pres. conduco, conduci, conduce, conduciamo, conducete, conducono
	cong. pres. che io conduca, che loro conducano
	futuro condurrò
	cond. condurrei
	imp. conducevo
	cong. imp. conducessi
	part. pass. condotto
correggere	*part. pass.* corretto
correre (ebenso: **occorrere, trascorrere**)	
	part. pass. corso
cuocere	*pres.* cuocio, cuoci, cuoce, cociamo, cocete, cuociono
	cong. pres. che io cuocia, che voi cociate, che loro cuociano
	imperativo cuoci, cuocia, cuociano
	part. pass. cotto
	▶ **Attenzione!** Bei den endungsbetonten Formen entfällt das **u**.
dare	*pres.* do, dai, dà, diamo, date, danno
	cong. pres. che io dia, che voi diate, che loro diano
	imperativo dai/da', dia, diano
	futuro darò
	cond. darei
	cong. imp. dessi
decidere (ebenso: **uccidere**)	
	part. pass. deciso
difendere (ebenso: **offendere**)	
	part. pass. difeso

dipendere	*part. pass.* dipeso
dipingere	*part. pass.* dipinto
dire (ebenso: **benedire, contraddire**)	
	pres. dico, dici, dice, diciamo, dite, dicono
	cong. pres. che io dica, che voi diciate, che loro dicano
	imperativo di', dica, dicano
	imp. dicevo
	cong. imp. dicessi
	part. pass. detto
dirigere	*part. pass.* diretto
discutere	*part. pass.* discusso
distinguere	*part. pass.* distinto
distruggere	*part. pass.* distrutto
dividere	*part. pass.* diviso
dovere	*pres.* devo/debbo, devi, deve, dobbiamo, dovete, devono/debbono
	cong. pres. che io deva/debba, che voi dobbiate, che loro devano/debbano
	futuro dovrò
	cond. dovrei
esplodere	Wird vorwiegend in der 3. Person verwendet.
	part. pass. esploso
essere	*pres.* sono, sei, è, siamo, siete, sono
	cong. pres. che io sia, che voi siate, che loro siano
	imperativo sii, sia, siano
	futuro sarò
	cond. sarei
	imp. ero, eri, era, eravamo, eravate, erano
	cong. imp. fossi
	part. pass. stato
fare	*pres.* faccio, fai, fa, facciamo, fate, fanno
	cong. pres. che io faccia, che voi facciate, che loro facciano
	imperativo fai/fa', fate, facciano
	futuro farò
	cond. farei
	imp. facevo
	cong. imp. facessi
	part. pass. fatto
intendere (ebenso: **fraintendere**)	
	part. pass. inteso
interrompere	*part. pass.* interrotto

duecentouno

leggere (ebenso: **eleggere**)
part. pass. letto

mettere (ebenso: **intromettersi, permettere, promettere, smettere, sottomettere**)
part. pass. messo

morire
pres. muoio, muori, muore, moriamo, morite, muoiono
cong. pres. che io muoia, che voi moriate, che loro muoiano
futuro morrò/morirò
cond. morrei/morirei
part. pass. morto
▶ **Attenzione!** Bei den endungsbetonten Formen entfällt das **u**.

muovere (ebenso: **promuovere**)
pres. muovo, muovi, muove, m(u)oviamo, m(u)ovete, muovono
part. pass. mosso

nascere
part. pass. nato

offrire (ebenso: **soffrire**)
part. pass. offerto

opprimere
part. pass. opresso

parere
Wird meist nur in der 3. Person verwendet.
pres. pare, paiono
cong. pres. che paia, che paiano
futuro parrò
cond. parrebbe
part. pass. parso

perdere (ebenso: **disperdere**)
part. pass. perduto, perso

piacere (ebenso: **dispiacere**)
pres. piaccio, piaci, piace, piac(c)iamo, piacete, piacciono
cong. pres. che io piaccia, che loro piacciano

piangere
part. pass. pianto

porre (ebenso: **comporre, riporre, sovraporre**)
pres. pongo, poni, pone, poniamo, ponete, pongono
cong. pres. che io ponga, che voi poniate, che loro pongano
imperativo poni, ponga, pongano
futuro porrò
cond. porrei
imp. ponevo
cong. imp. ponessi
part. pass. posto

potere	*pres.* posso, puoi, può, possiamo, potete, possono *cong. pres.* che io possa, che voi possiate, che loro possano *futuro* potrò *cond.* potrei
prendere	*part. pass.* preso
proteggere	*part. pass.* protetto
ridere	*part. pass.* riso
riempire	*pres.* riempio, riempi, riempe, riempiamo, riempite, riempiono *cong. pres.* che io riempia, che voi riempiate, che loro riempiano *ger.* riempiendo
riflettere	*part. pass.* riflesso «*widerspiegeln*» riflettuto «*nachdenken*»
rimanere	*pres.* rimango, rimani, rimane, rimaniamo, rimanete, rimangono *cong. pres.* che io rimanga, che voi rimaniate, che loro rimangano *imperativo* rimani, rimanga, rimangano *futuro* rimarrò *cond.* rimarrei *part. pass.* rimasto
risolvere	*part. pass.* risolto
rispondere (ebenso: **corrispondere**) 	*part. pass.* risposto
rivolgersi	*part. pass.* rivolto
salire	*pres.* salgo, sali, sale, saliamo, salite, salgono *cong. pres.* che io salga, che voi saliate, che loro salgano *imperativo* sali, salga, salgano
sapere	*pres.* so, sai, sa, sappiamo, sapete, sanno *cong. pres.* che io sappia, che voi sappiate, che loro sappiano *imperativo* sappi, sappia, sappiano *futuro* saprò *cond.* saprei
scegliere	*pres.* scelgo, scegli, sceglie, scegliamo, scegliete, scelgono *cong. pres.* che io scelga, che voi scegliate, che loro scelgano *imperativo* scegli, scelga, scelgano *part. pass.* scelto
scendere	*part. pass.* sceso

grammatica

sciogliere	*pres.* sciolgo, sciogli, scioglie, sciogliamo, sciogliete, sciolgono *cong. pres.* che io sciolga, che voi sciogliate, che loro sciolgano *imperativo* sciogli, sciolga, sciolgano *part. pass.* sciolto
scrivere (ebenso: **descrivere**)	*part. pass.* scritto
sedersi (ebenso: **possedere**)	*pres.* mi siedo, ti siedi, si siede, ci sediamo, vi sedete, si siedono *cong. pres.* che io mi sieda, che voi vi sediate, che loro si siedano ▶ **Attenzione!** Bei den endungsbetonten Formen entfällt das **i**.
spargere	*part. pass.* sparso
spegnere	*part. pass.* spento
spendere	*part. pass.* speso
spingere	*part. pass.* spinto
stare	*pres.* sto, stai, sta, stiamo, state, stanno *cong. pres.* che io stia, che voi stiate, che loro stiano *imperativo* stai/sta', stia, stiano *futuro* starò *cond.* starei *cong. imp.* stessi
stendere	*part. pass.* steso
stringere (ebenso: **costringere**)	*part. pass.* stretto
tacere	*pres.* taccio, taci, tace, tacciamo, tacete, tacciono *cong. pres.* che io taccia, che voi tacciate, che loro tacciano *imperativo* taci, taccia, tacciano
tenere (ebenso: **appartenere, trattenere, mantenere**)	*pres.* tengo, tieni, tiene, teniamo, tenete, tengono *cong. pres.* che io tenga, che voi teniate, che loro tengano *imperativo* tieni, tenga, tengano *futuro* terrò *cond.* terrei
togliere	*pres.* tolgo, togli, toglie, togliamo, togliete, tolgono *cong. pres.* che io tolga, che voi togliate, che loro tolgano *imperativo* togli, tolga, tolgano *part. pass.* tolto

uscire (ebenso: **riuscire**)

pres. esco, esci, esce, usciamo, uscite, escono
cong. pres. che io esca, che voi usciate, che loro escano
imperativo esci, esca, escano

vedere (ebenso: **prevedere**)

futuro vedrò
cond. vedrei
part. pass. visto/veduto

venire (ebenso: **avvenire**)

pres. vengo, vieni, viene, veniamo, venite, vengono
cong. pres. che io venga, che voi veniate, che loro vengano
imperativo vieni, venga, vengano
futuro verrò
cond. verrei

vincere (ebenso: **convincere**)

part. pass. vinto

vivere (ebenso: **rivivere**, **sopravvivere**)

part. pass. vissuto

volere

pres. voglio, vuoi, vuole, vogliamo, volete, vogliono
cong. pres. che io voglia, che voi vogliate, che loro vogliano
futuro vorrò
cond. vorrei

grammatica

Vocabolario

Per parlare della lingua

la (prima, seconda, ...) persona		die (erste, zweite, ...) Person	
a qualcuno	*a qn*	jemandem (Dativ)	*jdm*
l'accento		der Akzent	
l'aggettivo	*agg.*	das Adjektiv	*Adj.*
l'articolo		der Artikel	
l'avverbio	*avv.*	das Adverb	*Adv.*
la comparazione		die Steigerung/der Vergleich	
il condizionale		das Konditional	
il congiuntivo		der Konjunktiv	
il discorso diretto		die direkte Rede	
il discorso indiretto		die indirekte Rede	
l'espressione di luogo		die Ortsangabe	
l'espressione di quantità		die Mengenangabe	
l'espressione di tempo		die Zeitangabe	
femminile	*f*	feminin	*f*
la forma (del verbo, della preposizione, ...)		die Form (des Verbs, der Präposition, ...)	
la forma di cortesia		die Höflichkeitsform	
la frase		der Satz	
il futuro	*fut.*	das Futur	
il gerundio		das Gerund	
l'imperativo	*imp.*	der Imperativ, die Befehlsform	
l'imperfetto	*impf.*	das Imperfekt	
(in)definito		(un)bestimmt	
l'indicativo	*ind.*	der Indikativ	
l'infinito	*inf.*	der Infinitiv	*Inf.*
irregolare		unregelmäßig	
maschile	*m*	maskulin	*m*
la messa in rilievo		die Hervorhebung	
la negazione		die Verneinung	
l'oggetto		das Objekt	
l'ordine della frase		die Satzstellung	
la parola		das Wort	
il participio (presente/passato)	*part. (pres./pass.)*	das Partizip (Präsens/Perfekt)	
partitivo		Teilungs-	
il passato prossimo	*pass. pross.*	das Perfekt	
il passivo		das Passiv	
il periodo ipotetico		der Bedingungssatz	
il plurale	*pl.*	der Plural	*Pl.*
popolare	*pop.*	umgangssprachlich	*ugs.*

206 .... *duecentosei*

la preposizione	*prep.*	die Präposition	
il presente	*pres.*	das Präsens	
il pronome (personale, possessivo, relativo, …)	*pron. (pers., poss., rel., …)*	das (Personal-, Possessiv-, Relativ-)Pronomen	
qualcosa	*qc*	etwas	
qualcuno	*qn*	jemanden (Akkusativ)	*jdn*
regolare		regelmäßig	
il raddoppiamento		die Verdoppelung	
la scenetta		das Rollenspiel	
il singolare	*sg.*	der Singular	*Sg.*
il soggetto		das Subjekt	
il sostantivo	*sost.*	das Substantiv	
il superlativo (relativo/assoluto)	*sup.*	der (relative /absolute) Superlativ	
il testo		der Text	
il trapassato prossimo		das Plusqamperfekt	
l'uso		der Gebrauch	
il verbo	*vb.*	das Verb	*V.*
in inglese		Englische Entsprechung	**E**
in francese		Französische Entsprechung	**F**
in latino		Lateinische Entsprechung	**L**

Arbeitsanweisungen

In italiano		Auf Deutsch	
Cerca/Cercate	le frasi corrispondenti nel testo.	Suche/Sucht	die entsprechenden Sätze im Text.
Completa/Completate	• la coniugazione di ogni verbo per analogia.	Vervollständige/ Vervollständigt	• analog die Konjugation aller Verben.
	• con le forme dei verbi al futuro.		• … mit den Formen der Verben im Futur.
	• con le preposizioni e, se necessario, con l'articolo.		• … mit den Präpositionen und, falls nötig, mit dem Artikel.
	• la tabella con le forme del condizionale presente nel quaderno.		• die Tabelle mit den Formen des Konditionals Präsens in deinem/eurem Heft.
Contraddite	• questi cliché	Widersprecht	• diesen Klischees
Descrivi/Descrivete i disegni	• e usa/usate forme verbali al presente/futuro/… .	Beschreibe/Beschreibt die Zeichnungen	• und benutze/benutzt Verbformen im Präsens/Futur.
	• con le indicazioni date.		• mit den vorhandenen Angaben.
	• con cinque di queste espressioni.		• mit fünf dieser Ausdrücke.
Fa'/Fate	• una ricerca su … e presenta/ presentate i risultati alla classe.		• Recherchiere/Recherchiert zu … und präsentiere/präsentiert der Klasse die Ergebnisse.
	• una discussione.		• Diskutiert.
	• un riassunto delle informazioni più importanti.		• Fasse/Fasst die wichtigsten Informationen zusammen.
Fa'/Fate attenzione	ai cambiamenti necessari.	Achte/Achtet	auf die nötigen Änderungen.
Finisci/Finite	• la lettera	Beende/Beendet	• den Brief
	• il dialogo		• den Dialog
	• il testo		• den Text
	e trova/trovate un motivo per il comportamento degli amici.		und finde/findet einen Grund für das Verhalten der Freunde.
Forma/Formate	(delle) frasi (intere/complete)	Bilde/Bildet	ganze Sätze
	• e usa/usate forme verbali al presente/futuro/… .		• und benutze/benutzt Verbformen im Präsens/Futur/… .
	• con le indicazioni date.		• mit den vorhandenen Angaben.
	• con cinque di queste espressioni.		• mit fünf dieser Ausdrücke.
Formate	gruppi di tre persone.	Bildet	Gruppen von drei Personen.
Inserisci/Inserite	• le forme corrette dell' aggettivo *tutto*.	Setze/Setzt … ein	• die richtigen Formen des Adjektivs *tutto*.
	• le forme corrette dei verbi al futuro.		• die richtigen Formen des Verbs im Futur.
	• le preposizioni con o senza l'articolo.		• die Präpositionen mit oder ohne Artikel.
	• i seguenti aggettivi e pronomi indefiniti.		• die folgenden Adjektive und Indefinitpronomen.
Metti/Mettete	• le espressioni in corsivo alla forma negativa.	Setze/Setzt/ Bringe/Bringt	• die kursiv gesetzten Ausdrücke in die negative Form.
	• le forme del presente al futuro.		• die Präsensformen ins Futur.

208 .... *duecentootto*

In italiano		Auf Deutsch	
Metti/Mettete	• le forme adatte/giuste del futuro/dei pronomi relativi/… • gli infiniti fra parentesi al futuro. • le frasi al passivo. • i pronomi doppi al posto degli elementi sottolineati.	Setze/Setzt/ Bringe/Bringt	• die passenden/richtigen Formen des Futurs/der Relativpronomen/… • die Infinitive in Klammern ins Futur. • die Sätze in die passive Form. • die doppelten Pronomen an die Stelle der unterstrichenen Elemente.
Raccogli/Raccogliete	nel testo le informazioni appropriate.	Sammle/Sammelt	die passenden Informationen aus dem Text.
Riassumi …		Fasse … zusammen	
Riferisciti/Riferitevi	alla tabella.	Beziehe dich/ Bezieht euch	auf die Tabelle.
Rileggi/Rileggete	il testo/il dialogo.	Lies/Lest nochmals	den Text/den Dialog.
Rispondi/ Rispondete	alle (seguenti) domande secondo • le tue/vostre esperienze. • la tua fantasia. • le informazioni trovate nel testo.	Beantworte/ Beantwortet	die folgenden Fragen gemäß • deiner/eurer Erfahrungen. • deiner Fantasie. • den Informationen aus dem Text.
Scrivi/Scrivete	• alcuni testi/alcune frasi. • un dialogo. • una lettera. • una storia personale.	Schreibe/Schreibt	• einige Texte/Sätze. • einen Dialog. • einen Brief. • eine persönliche Geschichte.
Spiega/Spiegate	da • quali frasi capisci/capite che … • quale commento capisci/ capite che … a chi o a che cosa si riferiscono le espressioni sottolineate.	Erkläre/Erklärt,	aus • welchen Sätzen heraus du verstehst/ihr versteht, dass … • welchem Kommentar heraus du verstehst/ihr versteht, dass … auf wen oder was sich die unterstrichenen Ausdrücke beziehen.
Trascrivi/Trascrivete	• le forme verbali al presente/futuro/passato … • il dialogo. • tutte le frasi che contengono una negazione.	Übertrage/Übertragt	• die Verbformen ins Präsens/Futur/in die Zeiten der Vergangenheit … • den Dialog. • alle Sätze, die eine Negation enthalten.
Trasforma	• il discorso diretto in discorso indiretto. • le espressioni sottolineate.	Forme … um, Verwandle … um	• die direkte in die indirekte Rede • die unterstrichenen Ausdrücke
Usa/Usate	• le espressioni del testo per le parole in grassetto. • un dizionario bilingue.	Benutze/Benutzt	• die Ausdrücke des Textes für die fett gedruckten Wörter. • ein zweisprachiges Wörterbuch.

L 1 vocabolario

Im folgenden Vokabelverzeichnis findet ihr die neuen Wörter jeder Lektion aufgeführt. Die **fettge-druckten** Wörter sind – wie in *Appunto 1* – Lernwortschatz und werden in der Folge als bekannt vorausgesetzt. Die übrigen Einträge gehören zum Verständniswortschatz und werden bei jedem weiteren Vorkommen erneut angegeben.

Lezione 1

la vacanza	der Urlaub, Urlaubsaufenthalt, die Ferien	F vacance

A

Gardaland	*Vergnügungspark am Gardasee*	
il futuro	die Zukunft	E future
il ponte *m*	die Brücke	Il Ponte Vecchio è a Firenze.
		L pons F pont
Ognissanti	Allerheiligen	Il primo novembre è la festa di Ognissanti.
l'entrata	der Eingang; der Eintritt	F entrée
nemmeno	auch nicht	Alla festa di Giulia non può venire nemmeno Nicola.
la montagna; **le montagne russe**	das Gebirge; die Achterbahn	
cambiare	ändern, sich ändern	Chiara è cambiata molto negli ultimi tempi.
innamorato, -a di; **innamorarsi**	verliebt in; sich verlieben	Chiara si è innamorata di Gennaro.
ovvio	offensichtlich	E obvious
la calma	die Ruhe, Muße	Non correre, fa' tutto con calma. E calm
la storia	die Geschichte	La prof di storia ci racconta anche la storia delle vite dei personaggi famosi. E story, history
comunque	jedenfalls, auf alle Fälle	Ha detto che arriva a casa tardi stasera, tu comunque prova a telefonargli, forse c'è già.
entusiasmante	begeisternd	Il concerto è stato veramente entusias-mante.
vincere	siegen, besiegen	Ho vinto io!!!
Ehi!	He da!	Ehi! Che fai? Dormi?
il/la chiromante	der/die Wahrsager/in	
iniziare	anfangen, beginnen	*sin.* cominciare Quando hai iniziato a studiare l'italiano?
la maniera	die Art, Weise	Lasciami fare alla mia maniera!
restare	bleiben	Fabio è restato a casa perché non stava bene.
sincero, -a	ehrlich	E sincere
la bugia	die Lüge	Non dire bugie, per favore!
la predizione *f*	die Wahrsagung	La predizione della chiromante è piaciuta molto ai ragazzi.

210 .... *duecentodieci*

funzionare	funktionieren	I progetti per le vacanze non hanno funzionato ... uffa, devo restare a casa!
scettico, -a	skeptisch	Nicola è un po' scettico se credere o meno alla chiromante.
la sfera	die Kugel	
magico, -a	magisch, Zauber-	E magic F magique
interrompere	unterbrechen	*part. pass.* interrotto; E to interrupt
trasferirsi -isc-; trasferire	umziehen; umziehen, übersiedeln, versetzen	La famiglia Rossi si è trasferita a Roma già da anni.
realizzare	realisieren, verwirklichen	E to realize
il sogno	der Traum	Ho fatto un bellissimo sogno stanotte. L somnium
continuare	weitermachen, fortfahren	Continua a studiare ma con pochi successi. E to continue F continuer
fantastico, -a	fantastisch	E fantastic F fantastique
incredibile	unglaublich	E incredible
Boh!	*Ausruf des Nichtwissens*	Boh, non lo so proprio.
indovinare	raten, erraten	Indovina chi viene a cena?
nei confronti di	jdm gegenüber	Nei confronti degli amici è sempre molto gentile.
il rapporto	die Beziehung, das Verhältnis; der Zusammenhang	*sin.* la relazione Paolo ha un buon rapporto con i suoi genitori.
l'amicizia	die Freundschaft	
per analogia	analog	
irregolare	unregelmäßig	
predire	voraussagen, vorhersagen, wahrsagen	*part. pass.* predetto La chiromante ha predetto il futuro.
intero, -a	ganz, Voll-	Oggi è sabato, le banche sono chiuse.
la banca	die Bank (das Geldinstitut)	Oggi è sabato, le banche sono chiuse.
il premio	der Preis, Gewinn; die Prämie	Gabriele ha una gran fortuna, vince sempre i premi più belli. L praemium
la lotteria	die Lotterie	
l'astro	der Stern, das Gestirn	L astrum
nascere; nato, -a	geboren werden, zur Welt kommen; geboren	Sono nata nel 1993 .... L nasci
il segno (zodiacale)	das Zeichen; *hier:* Tierkreiszeichen	... sotto il segno della Vergine.
indimenticabile	unvergesslich	
la salute *f*	die Gesundheit	Non fumare tanto, ti fa male alla salute!
stressarsi	unter Stress stehen	E non stressarti troppo con la scuola ...
l'aiuto	die Hilfe	Aiuto!
la soddisfazione *f*	die Zufriedenheit, Genugtuung	E satisfaction
il disastro	das Unglück, die Katastrophe	E desaster
la quantità	die Menge, Quantität	A Elena piacciono molto i biscotti, ne mangia una gran quantità.
il single *m, f*	der Single	Sara, 21 anni: vorrei conoscere altre single interessate allo sport e ai viaggi. Telefonatemi al ...

	infine *avv.*	schließlich
	generoso, -a	großzügig, großmütig	**E** generous
E 7	**l'oroscopo**	das Horoskop	Non dirmi che credi agli oroscopi?!
E 8	**la persona**	die Person, der Mensch	*immer feminin!* Poche persone sono venute alla festa.
	la conversazione *f*	die Unterhaltung	Fare conversazione con lui è sempre interessante.
	minimo	mindestens	
E 9	**diverso, -a**	unterschiedlich, verschieden(artig), anders	
	la giostra	das Karussell	
	emozionante	spannend, ergreifend, aufregend	Quel libro è proprio emozionante!
E 10	**guadagnare**	verdienen	Marco guadagna tanti soldi.
	contenere	beinhalten	*composto di tenere:* tengo, tieni, tiene, teniamo, tenete, tengono
	la negazione *f*	die Verneinung, Negation	
	doppio, -a	doppelt	Cerchiamo una camera doppia con bagno.
E 11	**ognun, ognuno, -a**	jeder (einzelne)	Ognuno di voi deve dirmi cosa pensa di questa offerta.
	alcuni, -e	einige, manche	
	ciascuno, - a	jeder, jede	Un po' per ciascuno … la torta non è tutta per te!
	tale	solcher, derartig, so ein, solch ein	**L** talis
	qualsiasi	irgendein, -e, -es	Dammi un giornale qualsiasi.
	qualunque	irgendein, jeder; beliebig	Per vivere fa qualunque lavoro.
	chiunque	jeder (beliebige)	Questo bambino parla con chiunque per strada.
	disposto, -a	bereit (sein) zu	Laura è sempre disposta ad aiutare gli amici.
	rovinare	ruinieren, zerstören	Nell'incidente ha rovinato la macchina, ma lui non si è fatto male.
	l'emozione *f*	die Emotion, das starke Gefühl	**E** emotion **F** émotion
	ritornare	zurückkommen, wiederkehren	Ritornare a casa dopo tanto tempo è stata una grande emozione.
	a ogni costo	um jeden Preis	Vuole vincere ad ogni costo.
	rimanere	bleiben, sich aufhalten	rimango, rimani, rimane, …, rimangono *part. pass.* rimasto
			L remanere **E** remain
	sorprendere; sorpreso, -a	überraschen; überrascht	Ero molto sorpreso di vederlo.
	la profezia	die Weissagung, Prophezeiung	
	la notizia	die Nachricht, Meldung, Neuigkeit	Abbiamo poche notizie di lui da quando è partito.
	spiacevole	unerfreulich	
E 12	**tra**	von, unter den; zwischen	Tra i miei amici pochissimi fumano.
E 13	**triste**	traurig	**L** tristis **F** triste

il senso	der Sinn	Non ha senso.
		Vorsicht: fare senso = widerlich sein, anekeln
E 15 il comportamento	das Benehmen, Verhalten	Il suo comportamento è stato generoso.
E 16 la ricerca	die Suche, Recherche, Forschung	**E** research **F** recherche
il luogo	der Platz, Ort	Visiteremo i luoghi più belli della città.
		L locus **F** lieu
la presentazione *f*	die Vorstellung, Präsentation	
l'argomento	das Argument	Il prof decide oggi gli argomenti da preparare per il compito.

B

L KAO

breve	kurz	**L** brevis
ormai	nun, bereits	Ormai è troppo tardi.
fare rima	sich reimen	"Amore" fa rima con "fiore".
curioso, -a	neugierig	**E** curious
l'origine *f*	die Herkunft	**L** origo **E** origin
lanciare	werfen	
il carnevale *m*	der Karneval	Anche in Italia mangiano i krapfen a Carnevale.
dal vivo	live, Live-	In questo ristorante c'è sempre musica dal vivo.
la manifestazione *f*	die Veranstaltung; die Demonstration	
il comune *sost. m*	die Gemeinde	
la regione *f*	die Gegend; *vgl.* Bundesland	L'Italia ha 20 regioni.
il paradiso	das Paradies	
invernale	winterlich, Winter-	In questo negozio trovi l'abbigliamento invernale elegante e sportivo.
navigare	surfen	
l'Internet *m*	das Internet	Mio fratello ha navigato in Internet per tutta la sera.
il quiz *m*	das Quiz	
gratis	gratis	
perfetto, -a	perfekt	Va bene? Perfetto!
lo statuto	das Statut, Gesetz	
l'autonomia	die Autonomie	
amministrativo, -a	administrativ, Verwaltungs-	
unico, -a	einzig	L'unica cosa bella della scuola sono gli amici.
caratterizzare	charakterisieren	
la battaglia	die Schlacht	**E** battle **F** bataille
la tradizione *f*	die Tradition	
la metà	die Hälfte, Mitte	È presente solo la metà della classe.
l'Ottocento	das *Ottocento*, das 19. Jahrhundert	L'Ottocento è un secolo ricco di storia.
il/la cittadino/a	der/die Bürger/in	Tutti i cittadini possono partecipare al voto.

duecentotredici 213

L1 vocabolario

il frutto	die Frucht, *(übtr.)* das Ergebnis	*pl.* i frutti *(übtr.)* I frutti sono quasi sempre femminili.
diventare	werden	Vorrei diventare dottore.
la seconda guerra mondiale	der Zweite Weltkrieg	
la squadra	die Mannschaft, das Team	
opporsi	sich entgegenstellen	Mi oppongo con tutte le mie forze! (ti opponi, si oppone, ..., si oppongono)
il carro	der Karren, Wagen	
il quintale *m*	der Doppelzentner, die große Menge	Ogni giorno dobbiamo portare a scuola un quintale di libri.
partecipare	teilnehmen	**E** to participate
il/la forestiero/a	der/die Fremde	Un bavarese in visita a Berlino è un forestiero.
festeggiare	feiern	

E 3 la penna — der Stift; der Füller

E 4 brutto, -a — hässlich, scheußlich;
hier: schlecht

il voto	die Note (in der Schule)	
migliore *agg./sost.*	besser, -e, -es; der/die/das Beste	Francesco è il mio migliore amico.
timido, -a	schüchtern, scheu, zurückhaltend	È un po' timido, ma è molto simpatico.

E 6 il lancio *sost.* — der Wurf — *vgl.* lanciare *v.*

solito, -a — üblich

culturale — kulturell, Kultur- — In questo museo ci sono molte manifestazioni culturali.

E 8 la situazione *f* — die Situation

contro — gegen — Oggi a Palermo c'è stata una manifestazione contro la mafia.

E 9 bussare — klopfen

servire — dienen, bedienen — Questo a cosa serve?

E 11 il monastero	das Kloster	
la confessione *f*	das Geständnis; die Beichte	
il membro	das Mitglied	
la comunità	die Gemeinschaft	
impressionante	beeindruckend	
lo scout *m*	der Pfadfinder	Gli scout sono presenti in molti paesi del mondo.

C

il simbolo	das Symbol	
l'industria	die Industrie	
il capoluogo	die Hauptstadt (der Region/der Provinz)	Il capoluogo della Val d'Aosta è Aosta.
la capitale *f*	die Hauptstadt (des Landes)	La capitale della Germania unita è Berlino.
automobilistico, -a	Automobil-	
FIAT	**F**abbrica **I**taliana **A**utomobili **T**orino	

la fabbrica	die Fabrik	
l'automobile *f*	das Auto(mobil)	*sin. l*a macchina
la libertà	die Freiheit	**L** libertas **F** liberté
la distruzione *f*	die Zerstörung, Vernichtung	
la natura	die Natur	
la caratteristica;	das Merkmal, Kennzeichen;	
caratteristico, -a *agg.*	charakteristisch, typisch	
la cultura	die Kultur	
la moda	die Mode	
la spiaggia	der Strand	*pl.* spiagge; Oggi pomeriggio andiamo in spiaggia.
il nord *m*	der Norden	
l'ovest *m*	der Westen	**F** ouest
la potenza	die Macht, Gewalt, Leistungsfähigkeit	
industriale	industriell, Industrie-	
meccanico, -a	mechanisch	Mi piacciono gli orologi meccanici.
metallurgico, -a	metallurgisch, Metall-, Hütten-	
tessile	Textil-	
chimico, -a	chemisch, Chemie-	Bisogna stare attenti con i prodotti chimici.
industrializzare	industrialisieren	
in particolare	im Besonderen	
noto, -a	bekannt	
fondare	gründen	**E** to found
legare	verbinden	
l'architetto	der/die Architekt/in	Mia sorella è architetto.
progettare	planen	
lo stabilimento	das Werk, die Werkanlage, Niederlassung	
l'architettura	die Architektur	
ristrutturare;	renovieren, sanieren;	
ristrutturato, -a	renoviert, restauriert	
il Centro Congressi	das Kongresszentrum	

Lezione 2

la faccia	das Gesicht	Dimmi in faccia quello che pensi!
il festival *m*	das Festival	Stasera in TV c'è il Festival di Sanremo.
lo speaker *m*	der (Radio-, Fernseh-)Sprecher	*pl.* gli speaker
la cittadina	die Kleinstadt, das Städtchen	Ostia è una cittadina vicino a Roma.
appunto *avv.*	gerade so, genau so, eben	
l'artista *m, f*	der/die Künstler/in	Le artiste che partecipano alla mostra sono molto brave. **E** artist
il politico	der Politiker	I politici parlano molto.
sebbene	obwohl	Sebbene Sanremo sia una piccola cittadina, è famosa in tutto il mondo.

duecentoquindici 215

12 vocabolario

la nostalgia	die Nostalgie, das Heimweh	
il pescatore/ la pescatrice	der/die Fischer/in	Il nonno di Nicola è un bravo pescatore.
pittoresco, -a	pittoresk, malerisch	Questi paesini sono davvero pittoreschi.
l'evento	das Event, Ereignis	**E** event
dare fastidio a qn	jdn stören	Chi parla troppo dà fastidio agli altri.
il movimento	die Bewegung	**E** movement **F** mouvement
la preparazione *f*	die Vorbereitung	**E** preparation
la realizzazione	die Realisierung, Verwirklichung	**E** realisation
lo spettacolo	das Spektakel, die Veranstaltung	
Mah!	Nun ja! Aber ...!	Mah, sai ... non so, devo chiedere a mia madre.
benché	obwohl	*sin.* sebbene
chic *franc., inv.*	chic	
il ristorante *m*	das Restaurant	
semplice	einfach	Questa gonna è semplice ma chic. **L** simplex **E/F** simple
insomma	schließlich, also	Insomma, quante volte devo dirlo ancora? Nooo!
il punto di vista	die Sichtweise	Dal mio punto di vista va tutto bene.
economico, -a	wirtschaftlich, Wirtschafts-	La situazione economica europea è molto difficile in questi anni.
l'ascoltatore/ ascoltatrice	der/die Zuhörer/in	
la prova	die Probe; der Beweis	
peggiore	schlechter	Queste canzoni sono brutte, ma quelle sono anche peggiori. **L** peior
l'onda; essere in onda	die Welle; live gesendet werden	Siamo già in onda?
assolutamente *avv.*	absolut	
esagerare	übertreiben	**E** to exaggerate
il rap *m*	der Rap	
Oddio!	Oh Gott!	
noioso, -a	langweilig	Che serata noiosa!
uscire	(weg-/aus-)gehen	esco, esci, esce, usciamo, uscite, escono
l'autografo	das Autogramm	Mi fa un autografo, per favore?
seguire	folgen	Mia sorella mi segue sempre.
la voce *f*	die Stimme	**L** vox **E** voice
affascinante	faszinierend, anziehend	Le voci degli speaker sono affascinanti.
sognare	träumen	*sost.* il sogno
nel frattempo *avv.*	in der Zwischenzeit	Finisci pure i compiti con calma, nel frattempo io faccio merenda.
invecchiare	alt werden	
la guerra	der Krieg	
il pubblico	das Publikum	
televisivo, -a	Fernseh-	Certi programmi televisivi sono veramente noiosi.

216 .... *duecentosedici*

fisso, -a	fest (ausgemacht)	Il giovedì ho un appuntamento fisso in palestra.
l'interesse *m*	das Interesse	Mostra un certo interesse per la matematica.
la sfortuna	das Pech	Che sfortuna!
svolgersi	stattfinden, ablaufen, sich abspielen	*part. pass.* svolto; Quando si svolge il Festival di Sanremo?
decorare	verzieren, dekorieren	
intervistare	interviewen	
l'importanza	die Wichtigkeit	E/F importance
l'economia	die Wirtschaft	E economy
la decisione *f*	die Entscheidung	E decision F décision
insegnare	unterrichten, lehren	
l'adulto/adulta; adulto, -a *agg.*	der/die Erwachsene; erwachsen	Questo spettacolo è interessante per gli adulti, ma per i ragazzi è un po' noioso. E adult
ripetere	wiederholen	
indicare	(an)zeigen	Mi indichi la strada giusta?
l'occhiata	der Blick	
l'ospite *m, f*	der Gast; der Gastgeber	
raccontare	erzählen, berichten	Raccontami qualcosa di bello!
strano, -a	seltsam	È strano, gli ospiti non sono ancora arrivati. E strange
basso, -a	niedrig	F bas
severo, -a	streng	È una prof molto severa.
in genere	im Allgemeinen, allgemein	In genere faccio dei sogni molto strani.
probabile	wahrscheinlich	E/F probable
permettere; permettersi	erlauben; sich erlauben, leisten	Non possiamo permetterci di spendere tanti soldi.
la birra	das Bier	
l'opinione *f*	die Meinung	E/F opinion
il popolo	das Volk	L populus E people F peuple
il vino	der Wein	L vinum E wine F vin
il maschio; maschio *agg.*	der Junge; männlich	Mia nonna ha avuto cinque figli, tutti maschi.
la femmina; femmina *agg.*	das Mädchen; weiblich	Mia sorella ha avuto tre gemelli: due maschi e una femmina.
concreto, -a	konkret	
trattare (di)	handeln (von)	Questo libro tratta di economia.
la politica	die Politik	
il desiderio	der Wunsch	L desiderium E desire F désir
augurare	wünschen	Ti auguro un buon compleanno: che torta desideri? Hai un desiderio speciale?
toccare a	an der Reihe sein	A chi tocca?/Ehi, ora tocca a me!
possibile	möglich	E/F possible
tecnico, -a	technisch	
collaborare	mitarbeiten, zusammenarbeiten	
il giornalino di scuola	die Schülerzeitung	

L2 vocabolario

l'intervista	das Interview	
l'intervistatore/ intervistatrice	der/die Interviewer/in	
l'atmosfera	die Atmosphäre, Stimmung	L'atmosfera in classe è tranquilla.
la trasmissione *f*	die Übertragung, Sendung	

B

superbo, -a	hochmütig	Quanto sei superba! **L** superbus
antico, -a	alt, antik	I libri antichi sono affascinanti.
il porto	der Hafen	**L** portus **F** port
massimo	größte; höchste; maximal	**L** maximus
lo splendore *m*	der Glanz, die Pracht, Herrlichkeit	Questa casa è uno splendore.
centrale; centralissimo, -a	zentral; sehr zentral	
svilupparsi	sich entwickeln	La nostra amicizia si è sviluppata con il tempo.
la lunghezza	die Länge	
il sud *m*	der Süden	Vado sempre in vacanza nel sud: conosco poco l'Italia del nord.
abituato, -a a fare qc	gewöhnt daran etwas zu tun	Chiara è abituata ad aiutare in casa.
la mancanza	der Mangel	
doc (denominazione di origine controllata)	Qualitätsmerkmal beim Wein; *hier:* waschecht	Questo vino è doc.
ironico, -a	ironisch	Non sopporto le persone ironiche.
siccome	da	Siccome so che fumare fa male, ho deciso di smettere.
comunicativo, -a	kommunikativ, Kommunikations-	
completamente *avv.*	völlig, komplett	
la fatica	die Mühe	Che fatica studiare!
il/la conoscente *m, f*	der/die Bekannte	
comune *agg.*	gemeinsam	Giulia e Chiara hanno molte cose in comune.
infatti	in der Tat, tatsächlich	Infatti, è proprio questo il problema fra noi due!
chiacchierare	schwatzen, quasseln	Quanto chiacchiera Chiara!
educato, -a	gebildet	Gennaro è un ragazzo ben educato.
gradevolmente *avv.*	angenehm	Abbiamo chiacchierato gradevolmente per ore.
la conoscenza; fare la conoscenza di qn	das Wissen, Gewissen; jdn kennenlernen	Ho fatto conoscenza con alcuni ragazzi della 3b. Che simpatici!
il marciapiede *m*	der Gehweg	Ma perché questa macchina ha parcheggiato sul marciapiede?
soltanto *avv.*	nur	*sin.* solo
impossibile	unmöglich	*contr.* possibile **E/F** impossible
da queste parti	in dieser Gegend	
la leggenda	die Legende	**E** legend
la tassa	die Steuer (Abgabe)	**E** tax

218 .... duecentodiciotto

	poiché	da	Poiché ho smesso di fumare ho più soldi da spendere per altre cose.
	il rischio	das Risiko, die Gefahr	Non correre rischi inutili!
	il tirchio; tirchio, -a *agg.*	der Geizhals, Knauser; geizig	
	il cliché *franc.*	das Klischee	Gli italiani mangiano sempre gli spaghetti e i tedeschi solo patate. Che cliché!
	lo sbaglio	der Fehler	State attenti a non fare sbagli durante il compito in classe, ragazzi.
	il/la campanilista	der/die Kirchturmpolitiker/in, Lokalpatriot/in	*eine Person, die sich nur für das eigene Umfeld interessiert*
	Beh!	Na gut! *(Ausruf)*	Beh, ragazzi, si è fatto tardi, io vado.
	la distinzione *f*	die Unterscheidung	**E** distinction
	foresti	*Dialektal für* forestiero	
	il tifoso/la tifosa	der Fan	*sin.* il/la fan; Francesco è un tifoso della Roma.
	ovviamente	selbstverständlich	Il film era parlato in una lingua a me sconosciuta e io, ovviamente, non capivo niente.
	rispecchiare	widerspiegeln	
	la realtà	die Wirklichkeit, Realität	**E** reality **F** réalité
	la vignetta	der Cartoon, die Comiczeichnung	
	la nave *f*	das Schiff	
	la traduzione *f*	die Übersetzung	Devo finire la traduzione prima di domani.
	le Indie *f pl.*	Indien	
	scoprire	entdecken	*part. pass.* scoperto
E 1	**la cartolina**	die Postkarte	Prendo queste due cartoline e vorrei anche due francobolli per la Germania.
	supremo, a	höchst, oberst, Ober-	
	il poeta/la poetessa	der/die Poet/in	
	corrispondere	übereinstimmen, entsprechen	*part. pass.* corrisposto
	accanto (a)	neben	La scuola è accanto all'ufficio postale.
	corrispondente	übereinstimmend, entsprechend	
E 4	**cattivo, -a**	böse, schlecht	Come sono cattive queste lasagne!
	aperto, -a	offen, geöffnet	Domenica la farmacia è aperta.
	cordiale	herzlich	Cordiali saluti e a presto.
E 5	**fuori**	(nach) draußen	Le macchine devono restare fuori dalla città vecchia.
	la risposta	die Antwort	
	tipico, -a	typisch	È tipico per gli italiani bere il caffè al bar.
	la fantasia	die Fantasie, Vorstellungskraft; das Stoffmuster	
	pazzo, -a	verrückt, wahnsinnig, irre	
E 7	**stupido, -a**	dumm	**L** stupidus **E** stupid
	allegro, -a	lustig, heiter, fröhlich	

duecentodiciannove 219

12/3 vocabolario

E 8	l'est *m*	der Osten	
	limitare	begrenzen, einengen	
E 9	**prestare**	leihen	Mi presti una penna?
	suggerire *-isc-*	raten, empfehlen; vorsagen	Quei due sanno tutto ma non suggeriscono mai.
E 10	**comportarsi**	sich verhalten, sich benehmen	
	la scenetta	die kleine Szene	
	a proposito	übrigens, in Bezug auf	
	la nascita	die Geburt	
E 12	bagnare	benetzen, befeuchten, umspülen	La Puglia è bagnata da due mari.

C	**la chitarra**	die Gitarre	
	la poesia	das Gedicht, die Poesie	
	la vittima *f*	das Opfer	Tra le vittime dell'incidente c'era anche un tedesco. **E** victim
	il rapimento	die Entführung	Il presidente è stato vittima di un rapimento.
	il cancro	der Krebs	Anni fa si è ammalato di cancro, ma ora sta abbastanza bene.
	il materiale *m*	das Material	
	la tecnologia	die Technologie	**E** technology
	moderno, -a	modern	

Lezione 3

Ingresso	**derivare da**	zurückgehen auf	La parola "voce" deriva dal latino "vox".
	la popolazione *f*	die Bevölkerung	**E** population
	italico, -a	italisch	

A	**il soldato**	der Soldat	
	dimostrare	zeigen	Dimostra poco interesse per la scuola.
	la trasformazione *f*	die Veränderung	**E** transformation
	interiore	innen	**E** interior
	radicale	radikal	**E** radical
	la malattia	die Krankheit	
	l'egoista *m, f*	der/die Egoist/in	Gli egoisti, in genere, non sono persone felici.
	l'uccello	der Vogel	
	disperato, -a;	verzweifelt;	Sono disperata, non trovo più i miei appunti di tedesco.
	il/la disperato/a	der/die Verzweifelte	
	il minimo; minimo, -a	das Mindeste, Minimum; geringst, gering, Mindest-	
	il vescovo	der Bischof	
	togliersi; togliere	abnehmen, wegnehmen	mi tolgo, ti togli, si toglie, ..., si tolgono; *part. pass.* tolto
	abbandonare	verlassen, zurücklassen	**E** to abandon
	la passeggiata	der Spaziergang	

220 .... *duecentoventi*

apparire	erscheinen	**appaio**, appari, appare, ... , **appaiono** *part. pass.* apparso
il dio; Dio	der Gott; Gott	Le popolazioni antiche credevano non solo in un dio, ma in molti dei.
perdonare	verzeihen	Perdonami, ecco i tuoi appunti, li ho presi io!
maggiore	größer	Il mio fratello maggiore studia economia.
il bosco	der Wald	
la valle *f*	das Tal	**L** vallis **E** valley **F** vallée
la regola	die Regel	Le regole di grammatica sono noiose ma importanti.
la fede *f*	der Glaube	**L** fides **E** faith
superiore	obere, Ober-, höher(e)	
fortunato, -a	glücklich	
l'animale *m*	das Tier	**E/F** animal
specialmente *avv.;* speciale *agg.*	speziell, besonders	Mi piace tutta la musica, ma specialmente il rock.
lodare	loben	**L** laudare
il/la santo/a, santo, -a *agg.*	der/die Heilige; heilig	**E** saint
il patrono	der (Schutz-)Patron	San Francesco è il patrono d'Italia.
il cammino	der Weg, die Wanderung	
il contatto	der Kontakt	**E** contact
la spiritualità	die Spiritualität	
attraversare	überqueren, durchqueren	Guarda bene prima di attraversare la strada!
cosiddetto, -a	sogenannt	Il cosiddetto "telefonino" si chiama ufficialmente cellulare.
la religiosità	die Religiösität	
la nazione *f*	die Nation, das Land	**L** natio **E/F** nation
cattolico, -a	katholisch	
il/la credente *m, f*	der/die Gläubige	
i costi	die Kosten	
la chiesa	die Kirche	**L** ecclesia **F** église
pregare	beten/bitten	Ti prego, non fare sciocchezze!
criticare	kritisieren	Tu mi critichi sempre.
l'insegnamento	das Unterrichten	
la religione *f*	die Religion	**E** religion
il malato/la malata; malato, -a *agg.*	der/die Kranke; krank	
la provincia	die Provinz, der Regierungsbezirk	Cividale del Friuli è in provincia di Udine.
le mura *pl.*	die Stadtmauern	**i mur**i die Hausmauern
ospitare	aufnehmen, unterbringen, beherbergen	Ho ospitato uno studente inglese per due settimane.
l'università	Universität	Le università grandi sono troppo piene, non c'è posto nemmeno per sedersi.
il duomo	der Dom	Il Duomo è la chiesa più importante della città.

INFO

IOSITÀ

INFO

vocabolario 13

duecentoventuno 221

L3 vocabolario

	romanico, -a	romanisch
	musicale	musikalisch
E 1	combattere	kämpfen, bekämpfen
	nudo, -a	nackt, kahl — Qui è vietato fare il bagno nudi.
	il fungo	der Pilz — I funghi non mi piacciono.
E 2	il fumetto	das Comic-Heft, die Sprechblase — Leggere i fumetti è il passatempo preferito di Gianpaolo.
	notare	bemerken — Hai notato come è fortunato Luca: studia poco e prende sempre bei voti.
E 3	il gatto	die Katze
	il gallo	der Hahn
	il topo	die Maus
	la volpe f	der Fuchs
	l'agnello	das Lamm
	la mucca	die Kuh
	l'ape f	die Biene
	furbo, -a	schlau
	intelligente	intelligent
	fiero, -a	stolz
	paziente agg.; il/la paziente sost.	geduldig; der/die Patient/in — Un paziente si chiama così perché deve essere paziente?!
	benevolo	wohlwollend, wohlmeinend
	pesante	schwer (Gewicht) — contr. leggero Queste valigie sono troppo pesanti.
E 4	le chiacchiere f pl.	der Klatsch, das Geschwätz — idiom. Facciamo due/quattro chiacchiere.
	la qualità	die Qualität
E 6	l'affresco	das Fresko, die Freskomalerei — Gli affreschi di Michelangelo sono famosi in tutto il mondo.
E 7	trascorrere	verbringen — part. pass. trascorso Abbiamo trascorso una vacanza meravigliosa in Liguria.
E 8	l'estremo	das Extrem, Ende; die Übertreibung
	positivo, -a	positiv — "Penso positivo" è una canzone di Jovanotti.
	il turismo	der Tourismus
	il colibrì	der Kolibri
	l'opera	das (Kunst-)Werk, die Arbeit; die Oper
	la trattoria	die Trattoria, ital. Gasthaus, Lokal, Restaurant — In trattoria o in pizzeria: l'importante è andare a mangiare, ho una fame da lupi!
	divertente agg.	unterhaltsam
E 9	veloce	schnell
	pernottare	übernachten, nächtigen — Abbiamo pernottato a casa dei nostri amici.
	l'ostello della gioventù	die Jugendherberge — All'ostello della gioventù non c'erano più posti liberi. E youth hostel
	la gioventù	die Jugend
	antipatico, -a	unsympatisch, abstoßend — Che antipatici quei due!

222   duecentoventidue

E 1			
canyoning	Canyoning		
rafting *m*	Rafting, Floßfahren		
lo sci *m sg./pl.*	der Ski, der Skisport	Lo sci è uno sport molto amato anche nell'Italia del sud.	
n**au**tico, -a	nautisch, seemännisch		
div**i**dere	(auf)teilen	*part. pass.* diviso La Germania non è più divisa in due.	

B

nazionale	national	
l'orso/orsa	der/die Bär/in	
la guida *m, f*	der/die Führer/in	Ti presento Marco: lui sarà la nostra guida qui a Roma. **E/F** guide
sottovoce *avv.*	mit leiser Stimme, halblaut	
esatto, -a	exakt, genau	
il governo	die Regierung	**E** government **F** gouvernement
creare	(er)schaffen	**L** creare **E** to create
la riserva	das Reservat, Natur- schutzgebiet	**E** reserve
reale	wirklich, tatsächlich; *hier:* königlich	**E** royal
la caccia	die Jagd	
proteggere	schützen	*part. pass.* protetto In Italia gli orsi sono protetti. **L** protegere **E** to protect **F** protéger
alcun; alcuno, -a	jemand, einer, keiner	Non abbiamo alcun consiglio da darti per questo problema.
la spe**cie** *f*	die Art	Molte specie di animali sono in pericolo per l'ambiente inquinato. **E** species
raro, -a	selten	**L** rarus **E** rare
il camo**scio**	die Gemse	
bruno, -a	braun	
naturale	natürlich, Natur-	**E** natural
cre**scere**	wachsen	*part. pass.* cresciuto Sono cresciuto in un paesino vicino al mare.
l'a**rea**	die Gegend, das Gebiet	**E** area
totale	Gesamt-	**E** total
l'e**ttaro**	der Hektar	
il/la pilota *m, f*	der/die Pilot/in	**E** pilot
europeo, -a	europäisch	Non tutti gli stati dell'Unione Europea hanno l'euro.
il visitatore/ la visitatrice	der/die Besucher/in	**E** visitor
finora	bis jetzt	Finora solo Nicola ha telefonato.
eccome	und wie!	Se mi piace il tiramisù? Eccome!
la varietà	die Unterschiedlichkeit, Vielzahl	**E** variety
il mammi**fero**	das Säugetier	**E** mammal
il re**ttile** *m*	das Reptil	
l'anfi**bio**	die Amphibie	
l'insetto	das Insekt	

duecentoventitré 223

L3 vocabolario

Italiano	Deutsch	Beispiel
odiare	hassen, absolut nicht mögen	Odiamo la caccia perché siamo amici degli animali.
il silenzio	die Ruhe, Stille	Fate silenzio, ragazzi! **E/F** silence
la zona	die Gegend	
montuoso, -a	bergig	La Svizzera è un paese montuoso.
il ghiacciaio	der Gletscher	Siamo nella zona dei ghiacciai.
particolarmente *avv.;*	besonders	Queste aree protette sono particolarmente belle.
particolare *agg.*		
l'alpinismo	das Bergsteigen	
il trekking *m*	Trekking	
pigro, -a	faul	
guidare	fahren, lenken, führen	Per guidare la macchina bisogna avere la patente.
riguardare	betreffen, angehen	Per quello che/per quanto riguarda lo sport io sono un po' troppo pigro ...
l'affermazione	die Behauptung; die Bejahung	
introdurre	einführen	introduco, introduci ... *part. pass.* introdotto
esclamare	ausrufen	
il volo	der Flug	
reagire *-isc-*	reagieren	I miei genitori reagiscono male quando prendo brutti voti.
l'acrostico	das Akrostichon	*die Anfangsbuchstaben einzelner Zeilen bilden, von oben nach unten gelesen, ein eigenes Wort*
la direzione *f*	die Richtung; die Direktion, Leitung	Qual è la direzione giusta?
verticale	vertikal, senkrecht	
la corsa	der Lauf, das Rennen	
il cero	die große Kerze, Altarkerze	
l'ascolto	das (Zu-)Hören	
la figura	die Figur, Gestalt, Form	Se portiamo questa torta faremo una bella figura.
cantico	der Gesang	
la creatura	das Geschöpf, die Kreatur	
la versione *f*	die Darstellung, Version; die Übersetzung	
il Medioevo	das Mittelalter	
il dialetto	der Dialekt	
riconoscere	(wieder)erkennen	
l'elemento	das Element	Fabio quando parla di calcio è proprio nel suo elemento.
l'autore/autrice	der/die Autor/in	
la luna	der Mond	

E 3
E 5
E 9
E 10
E 11
E 12
E 13
INFO
C

224 .... *duecentoventiquattro*

Lezione 4

vocabolario 4.1

ingresso			
orientale	orientalisch, östlich	La Germania orientale ha cinque Länder.
l'agricoltura	die Landwirtschaft	E/F agriculture
la verdura	das Gemüse	Le zucchine sono una verdura.
i servizi *m pl.*	die Serviceleistungen, Dienstleistungen	L'industria, l'agricoltura e i servizi sono i tre punti principali dell'economia di uno Stato.

A

il trullo	das Trullo, *typisches Haus in Apulien*	
il contadino/ la contadina	der Bauer/die Bäuerin	
la campagna	das Land	Preferisco vivere in città: la vita in campagna è noiosa.
l'attrezzo	das Werkzeug	
agricolo, -a	landwirtschaftlich, Landwirtschafts-	
l'abitazione *f*	die Wohnung	In questo palazzo ci sono uffici e abitazioni.
fotografare	fotografieren	
il conte/la contessa	der Graf/die Gräfin	F comte
la pietra	der Stein	
secco, -a	trocken	
smontare	abbauen, zerlegen	Ho smontato il motorino e ora non so più metterlo insieme.
l'ispezione *f*	die Inspektion, Kontrolle	
la cupola	die Kuppel	A Roma ho fotografato anche la cupola di San Pietro.
il muro	die (Außen-)Mauer	*pl.* i muri; *pl.* le mura = die Stadtmauer
stabile	stabil	
mantenere	beibehalten, behalten	mantengo, mantieni, mantiene, manteniamo, mantenete, mantengono
la temperatura	die Temperatur	
costante	konstant, gleichbleibend	
l'umidità	die Feuchtigkeit	Nelle case di Venezia c'è molta umidità.
il centimetro	der Zentimeter	
il cerchio	der Kreis	Il simbolo olimpico sono i cinque cerchi.
l'occhio	das Auge	Ho qualcosa nell'occhio: aiutami, per favore!
l'aria	die Luft	Che bell'aria fresca!
l'acustica	die Akustik	
tradizionale	traditionell	E traditional
il significato	die Bedeutung	
la cima	der Gipfel	Siamo saliti sulla cima del monte per vedere le valli.
rappresentare	darstellen, stehen für	Il Presidente rappresenta tutto lo Stato.
il segno zodiacale	das Tierkreiszeichen	
religioso, -a	religiös	

duecentoventicinque 225

vocabolario 14

E 1	**misterioso, -a**	geheimnisvoll	**E** mysterious
	dentro	innen, innerhalb	*contr.* fuori
	riflessivo, -a	reflexiv	
	impersonale	unpersönlich	
E 3	**lavare**	waschen	In italiano si "lava" tutto: i denti, i piatti, i vetri ecc. **L** lavare **F** laver
	fermare	anhalten, stoppen	Alt! Ferma la macchina! Ho dimenticato la borsa a casa.
	la lana	die Wolle	
E 4	**il nipotino/ la nipotina**	der kleine Enkel/Neffe, die kleine Enkelin/Nichte	
	annoiarsi	sich langweilen	Mi sono annoiata tutta la sera.
	accendere	anschalten, -machen	*part. pass.* acceso
	ridere	lachen	*part. pass.* riso
E 5	**l'agriturismo**	Ferien auf dem Bauernhof, der Ferienbauernhof	Mio padre vuole andare in vacanza in un agriturismo per riposarsi.
	rispettare	Respekt haben, achten	
	l'energia	die Energie	Non ha più energie, è stanchissimo.
	artigianale	kunsthandwerklich	
E 6	**coraggioso, -a**	mutig	Simona è molto coraggiosa: fa rafting, canyoning e volo libero. **E** courageous
	accontentare	zufrieden stellen	
	geloso, -a	eifersüchtig	Antonio è molto geloso di Stefania, non la lascia mai uscire. **E** jealous
E 8	**pettinarsi**	sich kämmen	
	pulire *-isc-*	putzen, reinigen	Bisogna pulire tutta la casa.
	la barba	der Bart	
E 9	**utile**	nützlich, hilfreich	I consigli di mio nonno sono molto utili, sa tantissime cose.
	evidente	offensichtlich, offenbar, offenkundig	
	indubbiamente	zweifellos, zweifelsohne	
	opportuno, -a	angemessen, opportun	
	occorrere	brauchen, notwendig sein	*nur in der 3. Ps. Sg. u. Pl.;* *part. pass.* occorso Mi occorre tempo/mi occorrono dei jeans nuovi.
	il sito	der Ort, Platz, die Stelle; die Website	
	prenotare	reservieren, buchen	Avete già prenotato il tavolo per stasera?
	il volo	der Flug	
	convincere	überzeugen	*part. pass.* convinto Mi hai convinta, andiamo a visitare i trulli.
	popolare	beliebt, volkstümlich, Volks-	**E** popular
E 12	**affacciarsi**	sich zeigen, (ans Fenster) treten	
	la lacrima	die Träne	

226 .... *duecentoventisei*

14 vocabolario

B

l'isola	die Insel	Non solo la Sicilia e la Sardegna, ma anche le isole italiane più piccole sono bellissime.
l'eroe/eroina	der Held/die Heldin	E hero/heroine
ideale	ideal, geeignet	
intatto, -a	intakt, unbeschadet	
l'opportunità	die Gelegenheit	E opportunity
l'escursione *f*	der Ausflug, die Wanderung, Exkursion	
raggiungibile	erreichbar	
l'aliscafo	das Tragflächenboot	
la motonave *f*	das Motorboot	La motonave è meno veloce dell'aliscafo.
l'elicottero	der Hubschrauber, Helikopter	E helicopter
il gommone *m*	das Schlauchboot	
mediterraneo, -a	mediterran, Mittelmeer-	Organizziamo una festa con amici greci, francesi e italiani: da mangiare avremo specialità mediterranee.
esistere	existieren	*part. pass.* esistito
la possibilità	die Möglichkeit	
alloggiare	beherbergen, unterbringen	Abbiamo alloggiato una coppia di amici durante l'Oktoberfest.

E 2	crudo, -a	roh	Prosciutto crudo o cotto nel panino?
E 3	la confusione *f*	das Durcheinander, Chaos	Che confusione!
E 4	raggiungere	erreichen	*part. pass.* raggiunto
E 5	il conflitto	der Konflikt	
	il traffico	der Verkehr	Il traffico dell'ora di punta è terribile.
	l'inquinamento	die Verschmutzung	L'inquinamento è un problema che riguarda tutti.
	il contesto	der (Sinn-/Text-)Zusammen-hang	
E 6	l'organizzazione *f*	die Organisation	
	la Legambiente *f*	*ital. Umweltschutzorganisation*	
	il sindaco	der Bürgermeister	I sindaci di tutti i comuni sono d'accordo che bisogna rispettare le nuove regole contro l'inquinamento.
E 7	lo stage *m*	das Volontariat, Praktikum	*(englische Aussprache!)*
E 8	il cantautore/ la cantautrice	der/die Liedermacher/in	
	il legame *m*	die Verbindung	

C

il clandestino/ la clandestina	der illegale Einwanderer/ die illegale Einwanderin	Anche in Sicilia sbarcano molti clandestini.
l'emergenza	der Notfall, die Notlage	
lo sbarco	die Landung	
il profugo	der Flüchtling	*Pl.* i profughi
sbarcare	landen (mit dem Schiff)	
l'odissea	die Odyssee, die Irrfahrt	
il dollaro	der Dollar	
la tariffa	der Tarif	

L4/5 vocabolario

il centro di accoglienza	das Auffanglager, Aufnahmelager	
il/la volontario/a	der/die Freiwillige	E voluntary
la miseria	das Elend	Porca miseria *(pop.)*! Ho perso le chiavi del motorino.
la persecuzione	die Verfolgung	E persecution
la procedura	die Prozedur, das Verfahren	E procedure
identificare	identifizieren	
l'asilo	das Asyl, *auch:* der Kindergarten	
previsto, -a	vorhergesehen	
entro	innerhalb *(temporal)*	I miei tornano domani: entro stasera devo rimettere tutto in ordine.
risolvere	lösen	*part. pass.* risolto
la chiusura	die Schließung	
la frontiera	die Grenze	
la speranza	die Hoffnung	

Lezione 5

Ingresso

il vulcano	der Vulkan	
attivo, -a	aktiv	L'Etna è un vulcano attivo.
il vicolo	die Gasse	Questo è un vicolo senza uscita, dobbiamo tornare indietro
il secolo	das Jahrhundert	F siècle
l'imperatore/ l'imperatrice	der/die Kaiser/in, Imperator/in	L imperator E emperor F empereur
il regno	das Reich, Königreich; die Königsherrschaft	
conservare	konservieren, aufbewahren	Voglio conservare queste vecchie foto.
la testimonianza	das Zeugnis, der Beweis	La sua testimonianza è stata utile alla polizia.
la cappella	die Kapelle	

A

la maschera	die Maske	
il naso	die Nase	Ha il naso tutto rosso per il freddo. *(Körperteile mit best. Artikel!)*
il chiacchierone/ la chiacchierona	der/die Schwätzer/in, die Plaudertasche	Chiara è davvero una chiacchierona.
ritrovarsi	sich befinden	
il guaio	die Schwierigkeit, Klemme	Si ritrova sempre nei guai, ma non ascolta mai i buoni consigli.
la filosofia	die Philosophie	In molte scuole italiane si studia filosofia.
salire	aufsteigen, hinaufsteigen, einsteigen	salgo, sali, sale, ..., salgono *contr.* scendere
amaro, -a	bitter	Com'è amaro questo caffè! L amarus
l'odore (m)	der Geruch	Apri la finestra, c'è un cattivo odore qui.

	la camminata	der Spaziergang, Gang; die Wanderung	*sin.* passeggiata
INFO	il repertorio	das Repertoire	
	il Novecento	das 20. Jahrhundert	"Novecento" è un famoso film italiano.
	la melodia	die Melodie	
	il modo	die Art, Weise	*sin.* maniera **L** modus
	sentimentale	sentimental, gefühlsbetont	
	esprimere, esprimersi	(sich) ausdrücken	*part. pass.* espresso Esprimetevi meglio, non capisco!
	la patria	die Heimat, das Vaterland	
	inaugurare	eröffnen, (feierlich) einführen	Oggi hanno inaugurato una nuova pizzeria accanto a casa mia.
	la funicolare *f*	die Seilbahn	
E 2	l'affermazione *f*	die Behauptung, Bejahung	
	l'attore/l'attrice	der/die Schauspieler/in	
	perciò *cong.*	deshalb, daher, darum, deswegen	Gigi D'Alessio ha un repertorio sentimentale, perciò non ascolto mai le sue canzoni.
E 3	significare	bedeuten	Che cosa significa "campanilista"?
	tutto sommato	alles in allem	Tutto sommato Piero è una persona simpatica.
	largo, -a	breit	I pantaloni larghi ti stanno male, sembri un clown.
	riflettere	nachdenken, überlegen, bedenken	Rifletti prima di parlare!
	piovere	regnen	*part. pass.* è piovuto
E 5	la chiave *f*	der Schlüssel	Qualcuno ha visto le mie chiavi? **L** clavis **F** clé
	bruciare	brennen, verbrennen	
	sbrigarsi	sich beeilen	Sbrighiamoci, se no perdiamo il tram.
	rompere	brechen, zerbrechen, zerschlagen	*part. pass.* rotto
E 6	lo zoo *m*	der Zoo	
	esotico, -a	exotisch	
E 7	l'immagine *f*	das Bild, das Image	Per un artista l'immagine è importantissima. **L** imago
E 8	colorare	einfärben, farbig machen	
E 9	l'album *m*	das Album	A casa abbiamo tutti gli album dei Beatles.
	musicale	musikalisch	
	il jazz *m*	der Jazz	
	etnico, -a	ethnisch, Volks-	Ascolto spesso musica etnica ma mi piace anche il jazz.
B	sospeso	aufgehängt, hängend, erhoben, unterbrochen *hier:* aufgehoben	
	il pelo	das (Körper-)Haar	Ha molti peli sulle braccia.

duecentoventinove 229

15 vocabolario

l'attività	die Aktivität, Aktion, Handlung
fermo, -a	bewegungslos, still
la velocità	die Geschwindigkeit

130 km all'ora è la velocità massima sulle autostrade in Italia.

il ritmo	der Rhythmus
quotidiano, -a	täglich

Il ritmo della vita quotidiana è spesso uno stress unico.

continuo, -a	andauernd
l'usanza (f.)	der Gebrauch, Brauch, die Tradition
la vincita	der Sieg
sconosciuto, -a;	unbekannt;
lo/la sconosciuto/a	der/die Unbekannte
il lotto	das Lotto

A proposito di vincita al lotto, mi presti 20 euro?

la combinazione	die Kombination
la religiosità	die Religiosität
la superstizione f	der Aberglaube

Non esci di casa perché è venerdì 17?
Ma dai, è una superstizione!
E superstition

il culto	der Kult
vario, -a	unterschiedlich

Ci sono varie possibilità, scegli tu!
L varius **E** various

la sopravvivenza	das Überleben

In molti paesi del Terzo Mondo la sopravvivenza è una battaglia continua.

il mandolino	die Mandoline
il valore m	der Wert
medio, -a	mittlere, Durchschnitts-

È molto bravo a scuola, ha la media dell'otto.

normale	normal
il venditore/ la venditrice (ambulante)	der/die (Straßen-)Verkäufer/in

In piazza ci sono molti venditori di cartoline.

annunciare	ankündigen
il cesto	der Korb
la corda	das Seil
magari	vielleicht; schön wäre es!

Se studi di più magari prendi un bel voto …

la sfogliatella	Blätterteigtasche (neapolitan. Spezialität)
il babà	Gebäck mit Sahne oder Früchten (neapolitan. Spezialität)
l'aspetto (m.)	das Aussehen

Il nuovo prof è una persona elegante e di bell'aspetto.

delizioso, -a	köstlich

E delicious

la criminalità	die Kriminalität
consultare	zurate ziehen, konsultieren

Consulta un po' il dizionario, se non sei sicuro!

corrispondente	entsprechend

	principale	Haupt-, hauptsächlich	È questa la strada principale del paese?
E 5	il dentista	der Zahnarzt	E dentist
	lo spettatore/ la spettatrice	der/die Zuschauer/in	E spectator
	applaudire	Beifall klatschen, applaudieren	"applaudisco" und "applaudo" möglich
	la memoria	das Gedächtnis, die Erinnerung	a memoria = auswendig
	il dente m	der Zahn	Lavati i denti! L dens F dent
E 6	l'asino	der Esel	L asinus
E 8	l'aumento	der Anstieg, Zuwachs	
	lo stipendio	das Gehalt, die Bezüge	das Stipendium = la borsa di studio
	litigare	streiten	Mio fratello e io litighiamo spesso, ma non sono mai conflitti gravi.
E 10	il ritorno	die Rückkehr	E return
	il soggiorno	der Aufenthalt; auch: das Wohnzimmer	Un soggiorno a Parigi: ecco come imparare bene il francese.
E 11	la riflessione f	die Überlegung, Beobachtung; der Gedanke	
	incluso, -a	eingeschlossen, inbegriffen, inklusive	sin. compreso
E 12	la difficoltà	die Schwierigkeit	Quante difficoltà che fai! E difficulty
E 13	l'indirizzo	die Adresse	Ecco il mio nuovo indirizzo: ...
INFO	l'onore m	die Ehre	L honos E honour F honneur
	il basilico	das Basilikum	Metti il basilico sulla pizza Margherita?
E 15	in generale	im Großen und Ganzen, generell, allgemein	sin. in genere

Lezione 6

A	il divo/la diva	der Star, wörtl. der/die Göttliche	L divus vgl. D die Diva
	la statua	die Statue	
	il bronzo	die Bronzestatue	
	immobile	unbeweglich	
	salvare	retten/speichern	Salva quello che hai scritto finora! L salvare F sauver
	laggiù	dort unten/hinten	Abito laggiù di fronte al bar.
	liberare	befreien	E to liberate
	scherzare	scherzen, Spaß machen	Andrea scherza sempre: è proprio un tipo divertente.
	Magna Grecia	Regionen im antiken Süditalien und Sizilien	L Magna Graecia: „Großgriechenland"
	la bellezza	die Schönheit	Che bellezza, domani non c'è scuola!
	dipingere	malen	part. pass. dipinto I trulli sono dipinti di bianco.
	il Mar Tirreno	das Tyrrhenische Meer	
	il Mar Ionio	das Ionische Meer	I mari italiani sono quattro: quali sono gli altri due?

15/6 vocabolario

vocabolario

	l'epoca	die Epoche	Nelle epoche passate ci sono state molte guerre in Europa.
	duramente *avv.;* duro, -a *agg.*	hart, fest	L durus
	colpire *-isc-*	treffen, schlagen, beeindruckt sein	
	l'attacco	der Angriff	E attack
	difendersi	sich verteidigen	E to defend F défendre
	influenzare	beeinflussen	E to influence
	filosofico, -a	philosophisch, Philosophie-	
	l'enciclopedia	die Enzyklopädie, das Nachschlagewerk	
	Chissà!	Wer weiß!	*Zusammensetzung aus:* Chi + sa Chissà dove sono finiti i miei calzini?!
	violento, -a	gewaltsam, gewalttätig	E violent
INFO	storico, -a	historisch, Geschichts-	Il centro storico è chiuso al traffico.
	la collina	der Hügel	
	il golfo	der Golf	Il golfo di Napoli è di una bellezza indimenticabile.
E 2	il/la protagonista *m, f*	der/die Hauptdarsteller/in	I protagonisti di questo film sono tutti attori famosi.
	mettere a confronto qc con qc	etw. mit etw. vergleichen	*part. pass.* (avere) messo a confronto Ho messo a confronto i nostri due compiti: tu hai fatto meno errori.
E 4	archeologico, -a	archäologisch	
	l'esperto/a	der Experte/die Expertin	
	l'interpretazione *f*	die Interpretation	
	inoltre	außerdem	Non posso venire al concerto: devo studiare e inoltre non ho un soldo!
	il libretto	das kleine Buch, Büchlein, Textbuch	
E 5	il dépliant *franc. m*	das Faltblatt, Werbeprospekt, die Infobroschüre	Vorrei alcuni dépliant delle città umbre.
	la birreria	die Brauerei	
	celebrare	feiern, feierlich begehen	
	il monaco/la monaca	der Mönch, die Nonne	Da questa parola deriva il nome di Monaco di Baviera.
	consumare	konsumieren, verzehren	E to consume
E 6	il viaggiatore/ la viaggiatrice	der/die Reisende	
E 7	l'arrivo	die Ankunft	*contr.* partenza
E 8	inventare	erfinden	Ha molte idee, inventa sempre qualcosa di nuovo. E to invent
E 9	il diario	das Tagebuch	Tieni un diario? E diary
	il figo	*toller Typ (ugs.)*	
	il prof/la profa	*Kurzform von professore/ professoressa (ugs.)*	
	l'hobby *m*	das Hobby	Ha l'hobby della chimica, speriamo bene!

eccetera (ecc.)	und so weiter, etcetera (etc.)	
E 10 la **strategia**	die Strategie	
ispirare	inspirieren	**E** to inspire

B

il **sasso**	der (Kiesel-)Stein, das Gestein	
splendido, -a	glänzend, prächtig, strahlend, hervorragend	**E** splendid **F** splendide
la **vista**	das Sehen; der (Aus-)Blick, die Aussicht	Vorrei una camera con vista sul mare.
la **troupe** *franc. f*	die (Film-)Crew	
l'**agitazione** *f*	die Aufregung, Unruhe	*sin.* nervosismo *agg.* nervoso
il **miracolo**	das Wunder	È un miracolo se Paolo riesce a finire il compito, con l'agitazione che ha! **E/F** miracle
il **set** *ingl. m*	das Set, der Drehort	
il **cameriere**/ la **cameriera**	der/die Kellner/in	Cameriere, mi può portare un'altra forchetta, per favore?!
gli **esterni** *m pl.*	die Außenaufnahmen	
Gesù	Jesus	
il **giubileo**	das Jubiläum	**E** jubilee
il **tufo**	der Tuffstein	
il **patrimonio**	das (Kultur-)Erbe	**E** patrimony
l'**umanità**	die Menschlichkeit, Humanität	Patrimonio dell'umanità: Weltkulturerbe **E** humanity
la **prenotazione** *f*	die Reservierung	*v.* prenotare
l'**ottimismo**	der Optimismus	
la **scena**	die Szene	
praticamente *avv.;* **pratico**, -a *agg.*	praktisch	Pratico questo attrezzo! Sì, è vero, serve praticamente a tutto.
E 1 **migliorare**	verbessern	Le sue condizioni sono migliorate. Ha migliorato molto il suo comportamento.
E 3 **mandare**	schicken, senden	Mandateci un'e-mail stasera!
il **fax** *m*	das (Tele-)Fax	
il **poliziotto**/ la **donna poliziotto**	der/die Polizist/in	Io e la mia amica vogliamo diventare donne poliziotto: è un lavoro pericoloso, ma interessante.
E 5 **mostrare**	zeigen, herzeigen	
E 6 **personale**	persönlich	
il **cibo**	die Speise, Nahrung; das Essen	**L** cibus
la **registrazione** *f*	die (Ton-)Aufnahme, Aufzeichnung; die Registrierung	Ho ascoltato la registrazione del concerto: ovviamente dal vivo è più emozionante!
E 7 la **passione** *f*	die Leidenschaft	Gli spaghetti sono la mia passione. **E/F** passion
l'**agenzia**	die Agentur	Pronto? Agenzia "Vacanziamo"? Vorrei prenotare un viaggio in Calabria.
precedere	vorangehen, vorausgehen	**L** praecedere **E** to precede
la **crisi** *f*	die Krise	Poveretta, è all'ospedale, ha avuto diverse crisi di nervi.

divorziare	sich scheiden lassen	Lo sapevi che gli Scicolone hanno divorziato?
la droga	die Droge, das Rauschgift	
approfondire -isc-	vertiefen	
il Vangelo	das Evangelium	
la Bibbia	die Bibel	
lo schermo	der (Bild-)Schirm	Il grande schermo: il cinema. Il piccolo schermo: la TV.
realistico, -a *agg.*	realistisch	Due settimane di vacanza in Sardegna con 200 euro? Cerca di fare progetti un po' più realistici!

C

la minoranza (linguistica)	die (Sprach-)Minderheit	
la comunità	die Gemeinschaft	**E** community
il crocifisso	der Gekreuzigte	
il cambiamento	der Wechsel, die Wandlung	*v.* cambiare
comunicare	mitteilen, sich unterhalten, kommunizieren	È facile comunicare con lei, è una ragazza molto aperta.
la ricchezza	der Reichtum	
E 1 **la madrelingua**	die Muttersprache	Dora è di Budapest, è di madrelingua ungherese.
documentare	festhalten, festschreiben, dokumentieren	
il poster *m*	das Poster	

Lezione 7

A

il traghetto	die Fähre	Il traghetto è già partito, dobbiamo restare sull'isola ancora una notte.
l'aereo	das Flugzeug	C'è caos oggi nelle partenze degli aerei per il cattivo tempo.
la barca	das Boot, der Kahn	Abbiamo fatto una gita in barca da Venezia a Chioggia.
basarsi su qc	auf etw. fußen, sich auf etw. stützen	*sost.* la base
il/la pirata *m, f*	der/die Pirat/in	Nelle epoche antiche i pirati erano un grave pericolo per la gente che abitava sulle coste mediterranee.
la malaria	die Malaria	
la posizione *f*	die Stellung, Position, Lage	Devo cambiare posizione, mi fa male il braccio. **E/F** position
la pecora	das Schaf	**L** pecus
governare	regieren	**E** to govern **F** gouverner *sost.* governo
l'identità	die Identität	Tutti i cittadini italiani hanno la carta d'identità.
il continente *m*	der Kontinent, *im Ital. auch:* das Festland	Fra il continente e l'isola c'è un servizio di traghetti. **E** continent

	continentale	kontinental, Kontinental-	
	la sensazione *f*	das Gefühl, der Eindruck	Ho la sensazione che Giorgio non verrà.
	sottile	dünn, schmal	Questo muro è molto sottile, si sente tutto quello che succede nell'appartamento accanto.
	il matrimonio	die Ehe; die Hochzeit	
	l'artigianato	das Kunsthandwerk	Non voglio andare all'università, l'artigianato mi affascina.
	la ceramica	die Keramik	
	il ricamo	das Sticken, die Stickerei	
	la lavorazione *f*	die Bearbeitung, Verarbeitung	*v.* lavorare
	il ferro	das Eisen	**L** ferrum
	il sughero	der Kork; die Korkeiche	
	il gioiello	das Juwel, der Schmuck	Sua madre porta molti gioielli.
	il tessuto	der Stoff, das Gewebe	
	la cooperativa	die Genossenschaft	
	l'artigiano/a	der/die Handwerker/in	Gli artigiani che lavorano ceramiche e tessuti sono veri artisti.
	raccogliere	sammeln, pflücken, aufheben	raccolgo, raccogli, raccoglie,..., raccolgono; *part. pass.* raccolto
	evitare	vermeiden, umgehen, aus dem Weg gehen	Evita di parlargli quando è così nervoso! **L** vitari **F** éviter
	l'anemia	die Anämie, Blutarmut	
	ereditario, -a	erblich, Erb-	
	la trasfusione *f*	die Transfusion	
	il sangue *m*	das Blut	Una trasfusione di sangue gli ha salvato la vita dopo l'incidente. **L** sanguis **F** sang
	il trapianto	die Umpflanzung, Verpflanzung; die Transplantation	
	il midollo	das (Knochen-/ Rücken-)Mark	
	curare	pflegen, behandeln	**L** curare
	specializzato, -a	spezialisiert, Fach-	
E 2	a confronto	im Vergleich	*v.* mettere a confronto, confrontare
	l'interno	das Innere	
E 3	per la maggior parte	größtenteils, mehrheitlich	Durante le vacanze leggo per la maggior parte del tempo.
	tenere; tenersi	halten, sich halten	tengo, tieni, tiene, teniamo, tenete, tengono; *vgl.* mantenere
E 4	**frequentare**	(regelmäßig) besuchen; verkehren, frequentieren	
	il/la tradizionalista *m, f*	der/die Traditionalist/in, Traditionsverbundene	
	attirare	anziehen, ziehen	Mio fratello attira l'attenzione di tutti, io a confronto sono molto timido.
	il jet-set *m*	der Jet-set	
E 5	il panorama *m*	das Panorama, der Ausblick	Da questa finestra si vede il panorama di tutta la città.

duecentotrentacinque

17 vocabolario

	deserto, -a	wüst, öde, verlassen	**E** desert(ed)
E 6	mettere in evidenza	aufzeigen, hervorheben	*part. pass.* messo in evidenza
E 7	l'Odissea	die Odyssee, die Irrfahrt	
	appartenere	gehören, angehören	appartengo, appartieni, appartiene, ..., appartengono
	il metro	der Meter	
	il peso	das Gewicht	Un peso di 62 chili per 1 metro e 75 va benissimo: mangia!
	definitivo, -a	endgültig, definitiv	
E 8	la meta	das Ziel, der Zweck	la metà = die Hälfte
E 10	stabilirsi *-isc-*	sich niederlassen	Gli Schmidt si sono stabiliti in Italia.
	la comunicazione f	die Unterhaltung, Kommunikation, das Gespräch	*v.* comunicare
E 11	**l'estero**	das Ausland	
E 12	**produrre**	herstellen, erzeugen, produzieren	produco, produci...; *part. pass.* prodotto
	il tappeto	der Teppich	

B

il contrasto	der Gegensatz, Kontrast	
la povertà	die Armut, der Mangel	**E** poverty **F** pauvreté *agg.* povero
convivere	zusammenleben	*part. pass.* convissuto
distruggere	zerstören, vernichten	*part. pass.* distrutto **E** to destroy
il terremoto	das Erdbeben, Beben	In Italia ci sono spesso i terremoti.
ricostruire *-isc-*	wieder aufbauen, rekonstruieren, wieder herstellen	
il criterio	das Kriterium, der Maßstab	Non capisco con che criterio dà i voti quella prof!
commerciale	kaufmännisch, kommerziell, Handels-	
l'azienda	der Betrieb, das Unternehmen	
il settore *m*	der Sektor, Bereich, das Gebiet	
la produzione f	die Fertigung, Herstellung, Produktion	*v.* produrre
il microchip	der Mikrochip	
artistico, -a	künstlerisch, Kunst-	
il convento	das (Frauen-)Kloster, der Konvent	
lo stile *m*	der Stil, die Art	Di che stile è questa chiesa?
barocco, -a	barock, Barock-	
il petrolio	das Erdöl	**E** petrol
panoramico, -a	Aussichts-, Panorama-	Che vista panoramica che c'è dall'ultimo piano di questo palazzo!
la fortezza	die Festung; die Stärke, Kraft	
il mercato	der Markt	Andare al mercato in Italia è molto divertente.
la mandorla	die Mandel	
il tempio	der Tempel	La Valle dei Templi è meravigliosa. "tempi" è *pl. di* "tempo" **L** templum
la salina	die Saline, das Salzwerk	

la scatola	– die Schachtel, Dose, Büchse	Non mangio mai carne in scatola.
la benzina	– das Benzin	Facciamo benzina qui?
il cratere *m*	der Krater	
la funivia	die Seilbahn	
il/la solito/a	das/der/die Übliche, Gewohnte, Gleiche	Uffa, sempre la solita storia, non volete mai camminare! Va bene, prendiamo la funivia ...
la mafia	die Mafia	
il restauro	die Restaurierung, Restauration	
l'itinerario	die Route, der Weg, der Rundgang	
nascosto, -a	verborgen, versteckt	
l'albero	– der Baum	Gli alberi sono quasi tutti maschili. **L** arbor **F** arbre
la nocciola	die Haselnuss	
il pistacchio	die Pistazie	
il pompelmo	die Pampelmuse, Grapefruit	
il mandarino	die Mandarine	
la Proloco	*das örtliche Fremdenverkehrsamt*	
concentrarsi	sich konzentrieren, sammeln	
a causa di	wegen, aufgrund	A causa del brutto tempo siamo rimasti a casa. *Der Sinn ist immer negativ!*
l'abbraccio	die Umarmung	
E 2 progettare	planen	
E 4 il paesaggio	die Landschaft	**F** paysage
E 6 ricoprire	bedecken, abdecken	*part. pass.* ricoperto
il forno	der Herd, Ofen	
morire	sterben	muoio, muori, muore, moriamo, morite, muoiono; *part. pass.* morto; **F** mourir In questa stanza si muore di caldo, sembra un forno.
fuggire	– fliehen, flüchten	Molti fuggono dalla miseria nei loro paesi e cercano fortuna in Europa. **L** fugere
E 7 gigantesco, -a	riesig, gigantisch	
il carro	der Karren, Wagen	
la processione *f*	die Prozession, der feierliche Umzug	
la cattedrale *f*	die Kathedrale	
il/la musicante	der/die Musiker/in	
la costruzione *f*	das Gebilde, die Konstruktion	
il cocktail	der Cocktail	
lo sciroppo	der Sirup, Saft	Questo tè è dolcissimo, sembra sciroppo.
il ribes *inv. m*	die Johannisbeere	
la fettina	das Scheibchen	Per me solo una fettina sottile di torta: ho già mangiato troppo!
la ciliegina candita	die kandierte Kirsche	

duecentotrentasette ·········· 237

decorare	verzieren, dekorieren	
riempire	füllen	
lo shaker *m*	der (Cocktail-)Shaker	
il ghiaccio	das Eis (gefrorenes Wasser)	≠ il gelato *(das Speiseeis)*
versare	eingießen, einschenken	Versa ancora un po' di succo se vuoi riempire il bicchiere.
l'ingrediente *m*	die Zutat, der Inhaltsstoff	Ho comprato tutti gli ingredienti per fare le lasagne.
agitare	schütteln, schwenken	
ricominciare	wieder anfangen, wieder beginnen	Papà, hai ricominciato a fumare? Sbrigati! Il film è già ricominciato!
lento, -a	langsam	
la coppa	der Becher, Kelch	Vorrei una "Coppa Squisita" con la frutta, ma senza cioccolata, per favore.
la granatina	Grenadine, Granatapfelsirup	
la gazzosa, gassosa	die Limonade	
procedere	vorangehen, fortfahren	Le lasagne, che buone! Come procediamo?

Lezione 8

il sentiero	der Pfad, Weg	Prendiamo questo sentiero e forse possiamo raccogliere un po' di funghi: qui si trovano.
ufficialmente *avv.*	offiziell	
compreso, -a	inbegriffen, einschließlich, inklusive	
percorrere	durchlaufen, durchqueren, fahren	*part. pass.* percorso
il pellegrino/ la pellegrina	der/die Pilger/in	
il Medioevo	das Mittelalter	
suddividere	unterteilen, verteilen	*part. pass.* suddiviso
la tappa	die Zwischenstation, Etappe	Il Giro d'Italia è una corsa in bicicletta a tappe.
segnare	anstreichen, markieren	
il filo	der Faden, das Garn	Cosa stavo dicendo?? ... ho perso il filo!
la coscienza	das Gewissen, Bewusstein	
ecologico, -a	ökologisch, Öko-	
la folla	die (Menschen-, Volks-)Menge	C'era una gran folla a visitare i restauri dell'antico convento.
il dado	der Würfel	
la pedina	der Spielstein; der Bauer (beim Schach)	
l'ostacolo	das Hindernis	E obstacle
superare	überwinden, besiegen, überschreiten, übertreffen	Hai superato tutti gli esami? Brava!
recitare	rezitieren, vortragen, spielen	

soddisfatto, -a	zufrieden	
la punta	die Spitze, Landspitze; der Gipfel	Cos'hai sulla punta del naso?
nei dintorni di	in der Nähe von, in der Umgebung von	Nei dintorni di Milano ci sono molte industrie.
l'orario	der Stunden-, Zeit-, Fahrplan	**F** horaire
l'Orto Botanico	der Botanische Garten	
il pullman *m*	der Autobus, Reisebus	Prendiamo il pullman, costa meno del treno.
diretto, -a	direkt, geradewegs	
la casella	das Kästchen, Spielfeld	
il lupo	der Wolf	"Balla coi lupi" è il più bel film di Kevin Costner. **L** lupus
impressionato, -a	beeindruckt	
il riposo	die Erholung, Ruhe	*v.* riposarsi
proporre	vorschlagen	propongo, proponi, ... propongono *part. pass.* proposto
il pastore *m*	der Schäfer, Hirte	I pastori e le loro pecore scendono a valle prima dell'inverno.
il gregge *m*	die Herde	**L** grex
l'alloggio	die Unterkunft, das Quartier	*v.* alloggiare
i confetti *m pl.*	die Zuckermandeln	Al matrimonio di mia cugina abbiamo mangiato confetti deliziosi.
la specialità	die Spezialität	
l'autista *m, f*	der Fahrer, Chauffeur	Non molte donne sono autiste.
in pubblico	öffentlich	
il kit *ingl. m*	der (Bau-)Satz, das Set	
utilizzare	gebrauchen	Si possono utilizzare ancora questi biglietti per l'autobus?
la cava	die Grube, der (Stein-, Marmor-)Bruch	
il marmo	der Marmor	
nominare	nennen, benennen	
lo scultore/la scultrice	der/die Bildhauer/in	
il pesto	*typische Soße aus der Gegend um Genua*	
l'ingrediente *m*	die Zutat, der Inhaltsstoff	**E** ingredient
incuriosire *-isc-*	neugierig machen	
la cioccolata	die Schokolade	
assaggiare	kosten, schmecken, probieren	assaggio, assaggi, assaggia ...
i gianduiotti	*typische Nusspralinen aus Turin*	Il prossimo compito per casa sarà assaggiare i gianduiotti!
la funivia	die Seilbahn, Drahtseilbahn	
l'altezza	die Höhe	
ambientare	platzieren, (einen Film, Roman) spielen lassen	
il romanzo	der Roman	Hai letto l'ultimo romanzo di Camilleri?
lo sciopero	der Streik	Domani gli aerei fanno sciopero.
l'episodio	die Episode	

duecentotrentanove 239

18 vocabolario

Italiano	Deutsch	Note / Esempi
la fonte *f*	die Quelle, der Brunnen	**L** fons **E** fountain **F** fontaine
accorgersi di	sich bewusst machen, bemerken	Mi sono accorta di avere una scarpa rotta.
i documenti *m pl.*	die Papiere (Urkunde, Ausweis)	
indietro	zurück, rückwärts	
riprendere	zurückholen, abholen	*part. pass.* ripreso
il santuario	das Heiligtum, die Wallfahrtskirche	I pellegrini sono arrivati al santuario a piedi e si riposano un po' al bar prima della messa.
il padrone/la padrona	der/die Eigentümer/in, Besitzer/in	
gli alcolici *m*	alkoholische Getränke	Non bere alcolici quando guidi!
l'unità	die Einheit	
riferirsi a	sich beziehen auf	Se non sai come cominciare, riferisciti a quello che ha detto il prof.
il premio Nobel	der Nobelpreis	
il motore *m*	der Motor	La macchina si è fermata, spero che non sia un guasto al motore!
la gastronomia	die Gastronomie	
il Nordest *m*	der Nordosten	Il Trentino-Alto Adige, il Veneto e il Friuli-Venezia Giulia formano il cosiddetto Nordest.
la pallacanestro *f*	Basketball	
l'hockey *m*	Hockey	

240 .... *duecentoquaranta*

vocabolario

Le venti regioni d'Italia e i loro capoluoghi

Val d'Aosta	valdostano, -a	**Marche**	marchigiano, -a
Aosta	aostano, -a	**Ancona**	anconetano, -a
Piemonte	piemontese	**Umbria**	umbro, -a
Torino	torinese	**Perugia**	perugino, -a
Lombardia	lombardo, -a	**Lazio**	laziale
Milano	milanese (meneghino, -a)	**Roma**	romano, -a
Trentino-Alto Adige	trentino, -a/ alto atesino, -a	**Abruzzo**	abruzzese
		L'Aquila	aquilano, -a
Trento	trentino, -a	**Molise**	molisano, -a
Bolzano	bolzanino, -a	**Campobasso**	campobassano, -a
Veneto	veneto, -a	**Campania**	campano, -a
Venezia	veneziano, -a	**Napoli**	napoletano, -a
Friuli-Venezia Giulia	friulano, -a/ giuliano, -a	**Puglia**	pugliese
		Bari	barese
Trieste	triestino, -a	**Basilicata**	lucano, -a
Liguria	ligure	**Potenza**	potentino, -a
Genova	genovese	**Calabria**	calabrese
Emilia-Romagna	emiliano, -a/ romagnolo, -a	**Catanzaro**	catanzarese
		Sicilia	siciliano, -a
Bologna	bolognese	**Palermo**	palermitano, -a
Toscana	toscano, -a	**Sardegna**	sardo, -a
Firenze	fiorentino, -a	**Cagliari**	cagliaritano, -a

Città del mondo

Amburgo	Hamburg	**Marsiglia**	Marseille
Barcellona	Barcelona	**Monaco (di Baviera)**	München
Basilea	Basel	**Mosca**	Moskau
Berlino	Berlin	**Parigi**	Paris
Colonia	Köln	**Praga**	Prag
Francoforte	Frankfurt	**Salisburgo**	Salzburg
Lione	Lyon	**Stoccarda**	Stuttgart
Lipsia	Leipzig	**Strasburgo**	Straßburg
Lisbona	Lissabon	**Varsavia**	Warschau
Londra	London	**Vienna**	Wien
Lubiana	Ljubiliana	**Winterthur**	Winterthur
Madrid	Madrid	**Zurigo**	Zürich
Manchester	Manchester		

duecentoquarantuno **241**

Città italiane

Agrigento	Agrigent	Mantova	Mantua	Siracusa	Syrakus
Bergamo		Milano	Mailand	Torino	Turin
Bolzano	Bozen	Modena		Trento	Trient
Brindisi		Napoli	Neapel	Trieste	Triest
Cagliari		Padova	Padua	Udine	
Firenze	Florenz	Roma	Rom	Venezia	Venedig
Genova	Genua				

Paesi europei

l'Albania	albanese	Albanien	albanisch
l'Austria	austriaco, -a	Österreich	österreichisch
il Belgio	belga	Belgien	belgisch
la Bosnia	bosniaco, -a	Bosnien	bosnisch
la Croazia	croato, -a	Kroatien	kroatisch
la Danimarca	danese	Dänemark	dänisch
la Finlandia	finlandese	Finnland	finnisch
la Francia	francese	Frankreich	französisch
la Germania	tedesco, -a	Deutschland	deutsch
la Grecia	greco, -a	Griechenland	griechisch
l'Inghilterra	inglese	England	englisch
l'Irlanda	irlandese	Irland	irisch
l'Islanda	islandese	Island	isländisch
l'Italia	italiano, -a	Italien	italienisch
la Norvegia	norvegese	Norwegen	norwegisch
l'Olanda (i Paesi Bassi)	olandese	Holland (die Niederlande)	holländisch
la Polonia	polacco, -a	Polen	polnisch
il Portogallo	portoghese	Portugal	portugiesisch
la Russia	russo, -a	Russland	russisch
la Spagna	spagnolo, -a	Spanien	spanisch
la Svezia	svedese	Schweden	schwedisch
la Svizzera	svizzero, -a	die Schweiz	schweizerisch
la Turchia	turco, -a	die Türkei	türkisch

Paesi nel mondo

il Canada	canadese	Kanada	kanadisch
gli Stati Uniti/USA	statunitense/americano	die Vereinigten Staaten	amerikanisch
la Cina	cinese	China	chinesisch
il Giappone	giapponese	Japan	japanisch

Continenti

l'Europa	europeo	Europa	europäisch
l'Africa	africano	Afrika	afrikanisch
l'America	americano	Amerika	amerikanisch
l'Asia	asiatico	Asien	asiatisch
l'Australia	australiano	Australien	australisch

Alphabetisches Vokabelverzeichnis

a causa di	wegen, aufgrund 7
a confronto	im Vergleich 7
a ogni costo	um jeden Preis 1
a proposito	übrigens, in Bezug auf 2
abbandonare	verlassen, zurücklassen 3
abbraccio	Umarmung 7
abitazione *f*	Wohnung 4
abituato a fare qc	gewöhnt daran etwas zu tun 2
accanto (a)	neben 2
accendere	anschalten, -machen 4
accontentare	zufrieden stellen 4
accorgersi di	sich bewusst machen, bemerken 8
acrostico	Akrostichon 3
acustica	Akustik 4
adulto/a; adulto, -a *agg.*	Erwachsene/r; erwachsen 2
aereo	Flugzeug 7
affacciarsi	sich zeigen, (ans Fenster) treten 4
affascinante	faszinierend, anziehend 2
affermazione *f*	Behauptung; Bejahung 3, 5
affresco	Fresko, Freskomalerei 3
agenzia	Agentur 6
agitare	schütteln, schwenken 7
agitazione *f*	Aufregung, Unruhe 6
agnello	Lamm 3
agricolo, -a	landwirtschaftlich, Landwirtschafts- 4
agricoltura	Landwirtschaft 4
agriturismo	Ferien auf dem Bauernhof, Ferienbauernhof 4
aiuto	Hilfe 1
albero	Baum 7
album *m*	Album 5
alcolici *m*	alkoholische Getränke 8
alcuni, -e	einige, manche 1
alcun; alcuno, -a	jemand, einer, keiner 3
aliscafo	Tragflächenboot 4
allegro, -a	lustig, heiter, fröhlich 2
alloggiare	beherbergen, unterbringen 4
alloggio	Unterkunft, Quartier 8
alpinismo	Bergsteigen 3
altezza	Höhe 8
amaro, -a	bitter 5
ambientare	platzieren, (einen Film, Roman) spielen lassen 8
amicizia	Freundschaft 1
amministrativo, -a	administrativ, Verwaltungs- 1
anemia	Anämie, Blutarmut 7
anfibio	Amphibie 3
animale *m*	Tier 3
annoiarsi	sich langweilen 4
annunciare	ankündigen 5
antico, -a	alt, antik 2
antipatico, -a	unsympathisch, unfreundlich; abstoßend 3
ape *f*	Biene 3
aperto, -a	offen, geöffnet 2
apparire	erscheinen 3
appartenere	(an)gehören 7
applaudire	Beifall klatschen, applaudieren 5
approfondire *-isc-*	vertiefen 6
appunto *avv.*	gerade so, genau so, eben 2
archeologico, -a	archäologisch 6
architetto	Architekt/in 1
architettura	Architektur 1
area	Gegend, Gebiet 3
argomento	Thema; Argument 1
aria	Luft 4
arrivo	Ankunft 6
artigianale	kunsthandwerklich 4
artigianato	Kunsthandwerk 7
artigiano/a	Handwerker/in 7
artista *m, f*	Künstler/in 2
artistico, -a	künstlerisch, Kunst- 7
ascoltatore/ascoltatrice	Zuhörer/in 3
ascolto	(Zu-)Hören 3
asilo	Asyl; *auch:* Kindergarten 4
asino	Esel 5
aspetto	Aussehen 5
assaggiare	kosten, schmecken, probieren 8
assolutamente *avv.*	absolut 2
astro	Stern, Gestirn 1
atmosfera	Atmosphäre, Stimmung 2
attacco	Angriff 6
attirare	anziehen, ziehen 7
attività	Aktivität, Aktion, Handlung 5
attivo, -a	aktiv 5
attore/attrice	Schauspieler/in 5
attraversare	überqueren, durchqueren 3
attrezzo	Werkzeug 4
augurare	wünschen 2
aumento	Anstieg, Zuwachs 5
autentico, -a	authentisch, echt, original 7
autista *m, f*	Fahrer, Chauffeur 8
autografo	Autogramm 2
automobile *f*	Auto(mobil) 1
automobilistico, -a	Automobil- 1
autonomia	Autonomie 1
autore/autrice	Autor/in, Verfasser/in 3
azienda	Betrieb, Unternehmen 7
babà	Gebäck mit Sahne oder Früchten (*neapolitan. Spezialität*) 5
bagnare	benetzen, befeuchten, umspülen 2
banca	Bank (*Geldinstitut*) 1
barba	Bart 4
barca	Boot, Kahn 7
barocco, -a	barock, Barock- 7
basarsi su qc.	auf etw. fußen, sich auf etw. stützen 7
basilico	Basilikum 5
basso, -a	niedrig 2
battaglia	Schlacht 1
Beh!	Na gut! (*Ausruf*) 2
bellezza	Schönheit 6

duecentoquarantatré 243

vocabolario

benché	obwohl **2**
ben**e**volo	wohlwollend, wohlmeinend **3**
benzina	Benzin **7**
B**i**bbia	Bibel **6**
birra	Bier **2**
birrer**i**a	Brauerei **6**
Boh!	*Ausruf des Nichtwissens* **1**
bosco	Wald **3**
breve	kurz **1**
bronzo	Bronzestatue **6**
bruciare	brennen, verbrennen **5**
bruno, -a	braun **3**
brutto, -a	hässlich, scheußlich; *hier:* schlecht **1**
bug**i**a	Lüge **1**
bussare	klopfen **1**
c**a**ccia	Jagd **3**
calma	Ruhe, Muße **1**
cambiamento	Wechsel, Wandlung **6**
cambiare	ändern, sich ändern **1**
cameriere/a	Kellner/in **6**
camminata	Spaziergang, Gang; Wanderung **5**
cammino	Weg, Wanderung **3**
cam**o**scio	Gemse **3**
campagna	Land **4**
campanilista	Kirchturmpolitiker/in; Lokalpatriot/in **2**
cancro	Krebs **2**
cantautore/cantautrice	Liedermacher/in **4**
cantico	Gesang **3**
canyoning	Canyoning **3**
capitale *f*	Hauptstadt (des Landes) **1**
capoluogo	Hauptstadt (der Region/ der Provinz) **1**
cappella	Kapelle **5**
caratteristica; caratter**i**stico, -a *agg.*	Merkmal, Kennzeichen; charakteristisch, typisch **1**
caratterizzare	charakterisieren **1**
carnevale *m*	Karneval **1**
carro	Karren, Wagen **1, 7**
cartolina	Postkarte, Ansichtskarte **2**
casella	Kästchen, Spielfeld **8**
cattedrale *f*	Kathedrale **7**
cattivo, -a	böse, schlecht **2**
catt**o**lico, -a	katholisch **3**
cava	Grube, (Stein-, Marmor-)Bruch **8**
celebrare	feiern, feierlich begehen **6**
cent**i**metro	Zentimeter **4**
centrale; central**i**ssimo, -a	zentral; sehr zentral **2**
Centro Congressi	Kongresszentrum **1**
centro di accoglienza	Auffanglager, Aufnahmelager **4**
cer**a**mica	Keramik **7**
c**e**rchio	Kreis **4**
cero	große Kerze, Altarkerze **3**
cesto	Korb **5**
chiacchierare	schwatzen, quasseln **2**
chi**a**cchiere *f pl.*	Klatsch, Geschwätz **3**
chiacchierone/a	Schwätzer/in; Plaudertasche **5**
chiave *f*	Schlüssel **5**
chic *franc., inv.*	chic **2**
chiesa	Kirche **3**
ch**i**mico, -a	chemisch, Chemie- **1**
chiromante	Wahrsager/in **1**
Chissà!	Wer weiß! **6**
chitarra	Gitarre **2**
chiunque	jeder (beliebige) **1**
chiusura	Schließung **4**
ciascuno, -a	jeder, jede **1**
cibo	Speise, Nahrung; Essen **6**
ciliegina candita	kandierte Kirsche **7**
cima	Gipfel **4**
cioccolata	Schokolade **8**
cittadina	Kleinstadt, Städtchen **2**
cittadino/a	Bürger/in **1**
cliché *m franc.*	Klischee **2**
cocktail	Cocktail **7**
colibrì	Kolibri **3**
collaborare	mitarbeiten, zusammenarbeiten **2**
collina	Hügel **6**
colorare	einfärben, farbig machen **5**
colpire *-isc-*	treffen, schlagen, beeindruckt sein **6**
comb**a**ttere	kämpfen, bekämpfen **3**
combinazione	Kombination **5**
commerciale	kaufmännisch, kommerziell, Handels- **7**
completamente *avv.*	völlig, komplett **2**
comportamento	Benehmen, Verhalten **1**
comportarsi	sich verhalten, sich benehmen **2**
compreso, -a	inbegriffen, einschließlich, inklusive **8**
comune *agg.*	gemeinsam **2**
comune *sost. m*	Gemeinde **1**
comunicare	mitteilen, sich unterhalten, kommunizieren **6**
comunicativo, -a	kommunikativ, Kommunikations- **2**
comunicazione *f*	Unterhaltung, Kommunikation, Gespräch **7**
comunità	Gemeinschaft **1, 6**
comunque	jedenfalls, auf alle Fälle **1**
concentrarsi	sich konzentrieren, sammeln **7**
concreto, -a	konkret **2**
confessione *f*	Geständnis; Beichte **1**
confetti *m pl.*	Zuckermandeln **8**
conflitto	Konflikt **4**
confusione *f*	Durcheinander, Chaos **4**
conoscente *m, f*	Bekannte/r **2**
conoscenza; fare la conoscenza di qn	Wissen, Gewissen; jdn kennenlernen **2**
conservare	konservieren, aufbewahren **5**
consultare	zurate ziehen, konsultieren **5**
consumare	konsumieren, verzehren **6**
contadino/a	Bauer/Bäuerin **4**
contatto	Kontakt **3**
conte/contessa	Graf/Gräfin **4**

contenere	beinhalten 1
contesto	(Sinn-/Text-)Zusammenhang 4
continentale	kontinental, Kontinental- 7
continente *m*	Kontinent; *im Ital. auch:* Festland 7
continuare	weitermachen, fortfahren 1
continuo, -a	andauernd 5
contrasto	Gegensatz, Kontrast 7
contro	gegen 1
convento	(Frauen-)Kloster, Konvent 7
conversazione *f*	Unterhaltung, Konversation 1
convincere	überzeugen 4
convivere	zusammenleben 7
cooperativa	Genossenschaft 7
coppa	Becher, Kelch 7
coraggioso, -a	mutig 4
corda	Seil 5
cordiale	herzlich 2
corrispondente	übereinstimmend, entsprechend 2, 5
corrispondere	übereinstimmen, entsprechen 2
corsa	Lauf, Rennen 3
coscienza	Gewissen, Bewusstsein 8
cosiddetto, -a	sogenannt 3
costante	konstant, gleichbleibend 4
costi	Kosten 3
costruzione *f*	Gebilde, Konstruktion 7
cratere *m*	Krater 7
creare	(er)schaffen 3
creatura	Geschöpf, Kreatur 3
credente *m, f*	Gläubige/r 3
crescere	wachsen 3
criminalità	Kriminalität 5
crisi *f*	Krise 6
criterio	Kriterium, Maßstab 7
criticare	kritisieren 3
crocifisso	der Gekreuzigte 6
crudo, -a	roh 4
culto	Kult 5
cultura	Kultur 1
culturale	kulturell, Kultur- 1
cupola	Kuppel 4
curare	pflegen, behandeln 7
curioso, -a	neugierig 1
dado	Würfel 8
dal vivo	Live, Live- 1
da queste parti	in dieser Gegend 2
dare fastidio a qn	jdn stören 2
decisione *f*	Entscheidung 2
decorare	verzieren, dekorieren 2, 7
definitivo, -a	endgültig, definitiv 7
delizioso, -a	köstlich 5
dente *m*	Zahn 5
dentista	Zahnarzt 5
dentro	innen, innerhalb 4
dépliant *franc. m*	Faltblatt, Werbeprospekt, Infobroschüre 6
derivare da	zurückgehen auf 3
deserto, -a	wüst, öde, verlassen 7
desiderio	Wunsch 2
dialetto	Dialekt 3
diario	Tagebuch 6
difendersi	sich verteidigen 6
difficoltà	Schwierigkeit 5
dimostrare	zeigen 3
dio; Dio	Gott; Gott 3
dipingere	malen 6
diretto, -a	direkt, geradewegs 8
direzione *f*	Richtung; Direktion, Leitung 3
disastro	Unglück, Katastrophe 1
disperato, -a; disperato/a	verzweifelt; Verzweifelte/r 3
disposto, -a	bereit (sein) zu 1
distinzione *f*	Unterscheidung 2
distruggere	zerstören, vernichten 7
distruzione *f*	Zerstörung, Vernichtung 1
diventare	werden 1
diverso, -a	unterschiedlich, verschieden(artig), anders 1
divertente *agg.*	unterhaltsam 3
dividere	(auf)teilen 3
divo/diva	Star, *wörtl:* Göttliche/r 6
divorziare	sich scheiden lassen 6
doc (denominazione di origine controllata)	*Qualitätsmerkmal beim Wein; hier:* waschecht 2
documentare	festhalten, festschreiben, dokumentieren 6
documenti *m pl.*	Papiere (Urkunde, Ausweis) 8
dollaro	Dollar 4
doppio, -a	doppelt 1
droga	Droge, Rauschgift 6
duomo	Dom 3
duramente *avv.*; **duro, -a** *agg.*	hart, fest 6
eccetera (ecc.)	und so weiter, et cetera 6
eccome	und wie! 3
ecologico, -a	ökologisch, Öko- 8
economia	Wirtschaft 2
economico, -a	wirtschaftlich, Wirtschafts- 2
educato, -a	gebildet 2
egoista *m, f*	Egoist/in 3
Ehi!	He da! 1
elemento	Element 3
elicottero	Hubschrauber, Helikopter 4
emozionante	spannend, ergreifend, aufregend 1
emozione *f*	Emotion, starkes Gefühl 1
enciclopedia	Enzyklopädie, Nachschlagewerk 6
energia	Energie 4
entrata	Eingang; Eintritt 1
entro	innerhalb *(temporal)* 4
entusiasmante	begeisternd 1
episodio	Episode 8
epoca	Epoche 4
ereditario, -a	erblich, Erb- 7
eroe/eroina	Held/Heldin 4
esagerare	übertreiben 2
esatto, -a	exakt, genau 3
esclamare	ausrufen 3

vocabolario

escursione *f*	Ausflug, Wanderung, Exkursion 4
esistere	existieren 4
esotico, -a	exotisch 5
esperto/a	Experte/Expertin 6
esprimere, esprimersi	(sich) ausdrücken 5
est *m*	Osten 2
esterni *m pl.*	Außenaufnahmen 6
estero	Ausland 7
estremo	Extrem, Ende; Übertreibung 3
etnico, -a	ethnisch, Volks- 5
ettaro	der Hektar 3
europeo, -a	europäisch 3
evento	Event, Ereignis 2
evidente	offensichtlich, offenbar, offenkundig 4
evitare	vermeiden, umgehen, aus dem Weg gehen 7
fabbrica	Fabrik 1
faccia	Gesicht 2
fantasia	Fantasie, Vorstellungskraft; Stoffmuster 2
fantastico, -a	fantastisch 1
fare rima	sich reimen 1
fatica	Mühe 2
fax *m*	(Tele-)Fax 6
fede *f*	Glaube 3
femmina; femmina *agg.*	Mädchen; weiblich 2
fermare	anhalten, stoppen 4
fermo, -a	bewegungslos, still 5
ferro	Eisen 7
festeggiare	feiern 1
festival *m*	Festival 2
fettina	Scheibchen 7
fiero, -a	stolz 3
figo	toller Typ *(ugs.)* 6
figura	Figur, Gestalt, Form 3
filo	Faden, Garn 8
filosofia	Philosophie 5
filosofico, -a	philosophisch, Philosophie- 6
finora	bis jetzt 3
fisso, -a	fest (ausgemacht) 2
folla	(Menschen-, Volks-)Menge 8
fondare	gründen 1
fonte *f*	Quelle, Brunnen 8
foresti	*Dialektal für* forestiero 2
forestiero/a	Fremde/r 1
forno	Ofen 7
fortezza	Festung; Stärke, Kraft 7
fortunato, -a	glücklich 3
fotografare	fotografieren 4
frequentare	(regelmäßig) besuchen; verkehren, frequentieren 7
frontiera	Grenze 4
frutto	Frucht; *übertr.:* Ergebnis 1
fuggire	fliehen, flüchten 2
fumetto	Comic-Heft, Sprechblase 3
fungo	Pilz 3
funicolare *f*	Seilbahn 5
funivia	Seilbahn, Drahtseilbahn 7, 8
funzionare	funktionieren 1
fuori	(nach) draußen 2
furbo, -a	schlau 3
futuro	Zukunft 1
gallo	Hahn 3
Gardaland	*Vergnügungspark am Gardasee* 1
gastronomia	Gastronomie 8
gatto	Katze 3
gazzosa, gassosa	Limonade 7
geloso, -a	eifersüchtig 4
generoso, -a	großzügig, großmütig 1
Gesù	Jesus 6
ghiacciaio	Gletscher 3
ghiaccio	Eis (gefrorenes Wasser) 7
gianduiotti	*typische Nusspralinen aus Turin* 8
gigantesco, -a	riesig, gigantisch 7
gioiello	Juwel, Schmuck 7
giornalino di scuola	Schülerzeitung 2
giostra	Karussell 1
gioventù	Jugend 3
giubileo	Jubiläum 6
golfo	Golf 6
gommone *m*	Schlauchboot 4
governare	regieren 7
governo	Regierung 3
gradevolmente *avv.*	angenehm 2
granatina	Grenadine, Granatapfelsirup 7
gratis	gratis 1
gregge *m*	Herde 8
guadagnare	verdienen 1
guaio	Schwierigkeit, Klemme 5
guerra	Krieg 2
guida *m, f*	Führer/in 3
guidare	fahren, lenken, führen 3
hobby *m*	Hobby 6
hockey *m*	Hockey 8
ideale	ideal, geeignet 4
identificare	identifizieren 4
identità	Identität 7
immagine *f*	Bild, Image 5
immobile	unbeweglich 6
imperatore/imperatrice	Kaiser/in, Imperator/in 5
impersonale	unpersönlich 4
importanza	Wichtigkeit 2
impossibile	unmöglich 2
impressionante	beeindruckend 1
impressionato, -a	beeindruckt 8
in generale	im Großen und Ganzen, generell, allgemein 5
in genere	im Allgemeinen, allgemein 2
in particolare	im Besonderen 1
in pubblico	öffentlich 8
inaugurare	eröffnen, (feierlich) einführen 7
incluso, -a	eingeschlossen, inbegriffen, inklusive 5
incredibile	unglaublich 1
incuriosire	neugierig machen 8

246 .... *duecentoquarantasei*

indicare	(an)zeigen **2**	*Legambiente f*	*ital. Umweltschutzorganisation* 4
Indie *f pl.*	Indien 2	legame *m*	Verbindung 4
indietro	rückwärts, zurück 8	**legare**	binden, verbinden **1**
indimenticabile	unvergesslich 1	**leggenda**	Legende **2**
indirizzo	Adresse **5**	lento, -a	langsam 7
indovinare	raten, erraten **1**	**liberare**	befreien **6**
indubbiamente	zweifellos, zweifelsohne 4	libertà	Freiheit 1
industria	Industrie **1**	libretto	kleines Buch, Büchlein,
industriale	industriell, Industrie- **1**		Textbuch 6
industrializzare	industrialisieren 1	limitare	begrenzen, einengen 2
infatti	in der Tat, tatsächlich **2**	**litigare**	streiten **5**
infine *avv.*	schließlich 1	**lodare**	loben **3**
influenzare	beeinflussen **6**	lotteria	Lotterie 1
ingrediente *m*	Zutat, Inhaltsstoff 7, 8	**lotto**	Lotto **5**
iniziare	anfangen, beginnen **1**	**luna**	Mond **3**
innamorato, -a di;	verliebt in;	**lunghezza**	Länge **2**
innamorarsi di qn	sich in jdn verlieben **1**	**luogo**	Platz, Ort **1**
		lupo	Wolf 8
inoltre	außerdem **6**		
inquinamento	Verschmutzung **4**	**madrelingua**	Muttersprache **6**
insegnamento	Unterrichten 3	**mafia**	Mafia **7**
insegnare	unterrichten, lehren **2**	**magari**	vielleicht; schön wäre es! **5**
insetto	Insekt **3**	maggiore	größer 3
insomma	schließlich, also **2**	**magico, -a**	magisch, Zauber- **1**
intatto, -a	intakt, unbeschadet **4**	Magna Grecia	*Regionen im antiken Süd-*
intelligente	intelligent **3**		*italien und Sizilien* 6
interesse *m*	Interesse **2**	Mah!	Nun ja! Aber …! 2
interiore	innen **3**	malaria	Malaria 7
Internet *m*	Internet **1**	**malato/malata;**	Kranke/r; krank **3**
interno	Inneres 7	**malato, -a**	
intero, -a	ganz, Voll- **1**	**malattia**	Krankheit **3**
interpretazione *f*	Interpretation 6	**mammifero**	Säugetier **3**
interrompere	unterbrechen **1**	**mancanza**	Mangel **2**
intervista	Interview **2**	**mandare**	schicken, senden **6**
intervistare	interviewen **2**	**mandarino**	Mandarine **7**
intervistatore/	Interviewer/in 2	**mandolino**	Mandoline **5**
intervistatrice		**mandorla**	Mandel **7**
introdurre	einführen **3**	**maniera**	Art, Weise **1**
invecchiare	alt werden **2**	**manifestazione** *f*	Veranstaltung; Demonstration **1**
inventare	erfinden **6**	**mantenere**	beibehalten, behalten **4**
invernale	winterlich, Winter- **1**	Mar Ionio	Ionisches Meer 6
ironico, -a	ironisch **2**	Mar Tirreno	Tyrrhenisches Meer 6
irregolare	unregelmäßig 1	**marciapiede** *m*	Gehweg **2**
isola	Insel **4**	marmo	Marmor 8
ispezione *f*	Inspektion, Kontrolle **4**	**maschera**	Maske **5**
ispirare	inspirieren 6	maschio; maschio *agg.*	Junge; männlich 2
italico, -a	italisch 3	**massimo**	größte; höchste; maximal **2**
itinerario	Route, Weg, Rundgang 7	**materiale** *m*	Material **2**
		matrimonio	Ehe; Hochzeit **7**
jazz *m*	Jazz 5	meccanico, -a	mechanisch 1
jet-set *m*	Jet-set 7	**medio, -a**	mittlere, Durchschnitts- **5**
		Medioevo	Mittelalter 3, 8
kit *m*	(Bau-)Satz, Set 8	**mediterraneo, -a**	mediterran, Mittelmeer- **4**
		melodia	Melodie **5**
lacrima	Träne 4	membro	Mitglied 1
laggiù	dort unten, hinten **6**	**memoria**	Gedächtnis, Erinnerung **5**
lana	Wolle **4**	**mercato**	Markt **7**
lanciare	werfen **1**	meta	Ziel, Zweck 7
lancio *sost.*	Wurf 1	**metà**	Hälfte, Mitte **1**
largo, -a	breit **5**	metallurgico, -a	metallurgisch, Metall-,
lavare	waschen **4**		Hütten- 1
lavorazione *f*	Bearbeitung, Verarbeitung 7	**metro**	Meter **7**

duecentoquarantasette . . . . **247** _vocabolario_

mettere a confronto qc con qc	etw. mit etw. vergleichen 6	Novecento	20. Jahrhundert 5
mettere in evidenza	aufzeigen, hervorheben 7	nudo, -a	nackt, kahl 3
microchip	Mikrochip 7		
midollo	(Knochen-/Rücken-)Mark 7	occhiata	Blick 2
migliorare	verbessern 6	occhio	Auge 4
migliore agg./sost.	besser, -e, -es; Beste/s/r 1	occorrere	brauchen, notwendig sein 4
minimo; minimo, -a	Mindeste, Minimum; geringst, gering, Mindest- 3	Oddio!	Oh Gott! 2
		odiare	hassen, absolut nicht mögen 3
minoranza linguistica	(Sprach-)Minderheit 6	odissea	Odyssee, Irrfahrt 4, 7
miracolo	Wunder 6	odore m	Geruch 5
miseria	Elend 4	Ognissanti	Allerheiligen 1
misterioso, -a	geheimnisvoll 4	ognun, ognuno, -a	jeder (einzelne) 1
moda	Mode 1	onda; essere in onda	Welle; live gesendet werden 2
moderno, -a	modern 2	onore m	Ehre 5
modo	Art, Weise 5	opera	(Kunst-)Werk, Arbeit; Oper 3
monaco/monaca	Mönch, Nonne 6	opinione f	Meinung 2
monastero	Kloster 1	opporsi	sich entgegenstellen 1
montagna; montagne russe	Gebirge; Achterbahn 1	opportunità	Gelegenheit 4
		opportuno, -a	angemessen, opportun 4
montuoso, -a	bergig 3	orario	Stunden-, Zeit-, Fahrplan 8
morire	sterben 7	organizzazione f	Organisation 4
mostrare	(her)zeigen 6	orientale	orientalisch, östlich 4
motonave f	Motorboot 4	origine f	Herkunft 1
motore m	Motor 8	ormai	nun, bereits 1
movimento	Bewegung 2	oroscopo	Horoskop 1
mucca	Kuh 3	orso/a	Bär/in 3
mura pl.	Stadtmauern 3	Orto Botanico	Botanischer Garten 8
muro	(Außen-)Mauer 4	ospitare	aufnehmen, unterbringen, beherbergen 3
musicale	musikalisch 3, 5		
musicante	Musiker/in 7	ospite m, f	Gast; Gastgeber 2
		ostacolo	Hindernis 8
nascere; nato, -a	geboren werden, zur Welt kommen; geboren 1	ostello della gioventù	Jugendherberge 3
		ottimismo	Optimismus 6
nascita	Geburt 2	Ottocento	Ottocento, das 19. Jahrhundert 1
nascosto, -a	verborgen, versteckt 7	ovest m	Westen 1
naso	Nase 5	ovviamente	selbstverständlich 2
natura	Natur 1	ovvio	offensichtlich 1
naturale	natürlich, Natur- 3		
nautico, -a	nautisch, seemännisch 3	padrone/padrona	Eigentümer/in, Besitzer/in 8
nave f	Schiff 2	paesaggio	Landschaft 7
navigare	surfen 1	pallacanestro f	Basketball 8
nazionale	national 3	panorama m	Panorama, Ausblick 7
nazione f	Nation, Land 3	panoramico, -a	Aussichts-, Panorama- 7
negazione f	Verneinung, Negation 1	paradiso	Paradies 1
nei confronti di	jdm gegenüber 1	partecipare	teilnehmen 1
nei dintorni di	in der Nähe von, in der Umgebung von 8	particolarmente avv.; particolare agg.	besonders 3
		passeggiata	Spaziergang 3
nel frattempo avv.	in der Zwischenzeit 2	passione f	Leidenschaft 6
nemmeno	auch nicht 1	pastore m	Schäfer, Hirte 8
nipotino/a	Neffe/Nichte; Enkel/in 4	patria	Heimat, Vaterland 5
nocciola	Haselnuss 7	patrimonio	(Kultur-)Erbe 6
noioso, -a	langweilig 2	patrono	(Schutz-)Patron 3
nominare	nennen, benennen 8	paziente agg.; paziente sost.	geduldig; Patient/in 3
nord m	Norden 1		
Nordest m	Nordosten 8	pazzo, -a	verrückt, wahnsinnig, irre 2
normale	normal 5	pecora	Schaf 7
nostalgia	Nostalgie, Heimweh 2	pedina	Spielstein; Bauer (beim Schach) 8
notare	bemerken 3	peggiore	schlechter 2
notizia	Nachricht, Meldung, Neuigkeit 1	pellegrino/a	Pilger/in 8
		pelo	(Körper-)Haar 5
noto, -a	bekannt 1	penna	Stift; Füller 1

248 .... _duecentoquarantotto_

per analogia	analog 1	
perciò *cong.*	deshalb, daher, darum, deswegen 5	
percorrere	durchlaufen, durchqueren, fahren 8	
perdonare	verzeihen 3	
perfetto, -a	perfekt 1	
per la maggior parte	größtenteils, mehrheitlich 7	
permettere; permettersi	erlauben; sich erlauben, leisten 2	
pernottare	übernachten, nächtigen 3	
persecuzione	Verfolgung 4	
persona	Person, Mensch 1	
personale	persönlich 6	
pesante	schwer (Gewicht) 3	
pescatore/pescatrice	Fischer/in 2	
peso	Gewicht 7	
pesto	*typische Soße aus der Gegend um Genua* 8	
petrolio	Erdöl 7	
pettinarsi	sich kämmen 4	
pietra	Stein 4	
pigro, -a	faul 3	
pilota *m, f*	Pilot/in 3	
piovere	regnen 5	
pirata *m, f*	Pirat/in 7	
pistacchio	Pistazie 7	
pittoresco, -a	pittoresk, malerisch 2	
poesia	Gedicht, Poesie 2	
poeta/poetessa	Poet/in 2	
poiché	da 2	
politica	Politik 2	
politico	Politiker 2	
poliziotto/ donna poliziotto	Polizist/in 6	
pompelmo	Pampelmuse, Grapefruit 7	
ponte *m*	Brücke 1	
popolare	beliebt, volkstümlich, Volks- 4	
popolazione *f*	Bevölkerung 3	
popolo	Volk 2	
porto	Hafen 2	
positivo, -a	positiv 3	
posizione *f*	Stellung, Position, Lage 7	
possibile	möglich 2	
possibilità	Möglichkeit 4	
poster *m*	Poster 6	
potenza	Macht, Gewalt, Leistungs- fähigkeit 1	
povertà	Armut, Mangel 7	
praticamente *avv.;* pratico, -a *agg.*	praktisch 6	
precedere	vorangehen, vorausgehen 6	
predire	voraussagen, vorhersehen, wahrsagen 1	
predizione *f*	Wahrsagung 1	
pregare	beten, bitten 3	
premio	Preis, Gewinn; Prämie 1	
premio Nobel	Nobelpreis 8	
prenotare	reservieren, buchen 4	
prenotazione *f*	Reservierung 6	
preparazione *f*	Vorbereitung 2	
presentazione *f*	Vorstellung, Präsentation 1	

prestare	leihen 2	
previsto, -a	vorhergesehen 4	
principale	Haupt-, hauptsächlich 5	
probabile	wahrscheinlich 2	
procedere	vorangehen, fortfahren 7	
procedura	Prozedur, Verfahren 4	
processione *f*	Prozession, feierlicher Umzug 7	
produrre	herstellen, erzeugen, produzieren 7	
produzione *f*	Fertigung, Produktion, Herstellung 7	
prof/profa	Kurzform von professore/ professoressa (ugs.) 6	
profezia	Weissagung, Prophezeiung 1	
profugo	Flüchtling 4	
progettare	planen 1, 7	
Proloco	*örtliches Fremdenverkehrsamt* 7	
proporre	vorschlagen 8	
protagonista *m, f*	Protagonist/in, Hauptfigur 6	
proteggere	schützen 3	
prova	Probe; Beweis 2	
provincia	Provinz, Regierungsbezirk 3	
pubblico	Publikum 2	
pulire *-isc-*	putzen, reinigen 4	
pullman *m*	Autobus, Reisebus 8	
punta	Spitze, Landspitze; Gipfel 8	
punto di vista	Sichtweise 2	
qualità	Qualität 3	
qualsiasi	irgendein, -e, -es 1	
qualunque	irgendein, jeder; beliebig 1	
quantità	Menge, Quantität 1	
quintale *m*	Doppelzentner, große Menge 1	
quiz *m*	Quiz 1	
quotidiano, -a	täglich 5	
raccogliere	sammeln, pflücken, aufheben 7	
raccontare	erzählen, berichten 2	
radicale	radikal 3	
rafting *m*	Rafting, Floßfahren 3	
raggiungere	erreichen 4	
raggiungibile	erreichbar 4	
rap *m*	Rap 2	
rapimento	Entführung 2	
rapporto	Beziehung, Verhältnis; Zusammenhang 1	
rappresentare	darstellen, stehen für 4	
raro, -a	selten 3	
reagire *-isc-*	reagieren 3	
reale	wirklich, tatsächlich; *hier:* königlich 3	
realistico, -a *agg.*	realistisch 6	
realizzare	realisieren, verwirklichen 1	
realizzazione	Realisierung, Verwirklichung 2	
realtà	Wirklichkeit, Realität 2	
recitare	rezitieren, vortragen, spielen 8	
regione *f*	Gegend; vgl. Bundesland 1	
registrazione *f*	(Ton-)Aufnahme, Aufzeichnung; Registrierung 1	
regno	Reich, Königreich; Königsherr- schaft 5	

duecentoquarantanove

regola	Regel 3
religione *f*	Religion 3
religiosità	Religiosität 3, 5
religioso, -a	religiös 4
repertorio	Repertoire 5
restare	bleiben 1
restauro	Restaurierung, Restauration 7
rettile *m*	Reptil 3
ribes *inv. m*	Johannisbeere 7
ricamo	Sticken, Stickerei 7
ricchezza	Reichtum 6
ricerca	Suche, Recherche, Forschung 1
ricominciare	wieder anfangen, wieder beginnen 7
riconoscere	(wieder)erkennen 3
ricoprire	bedecken, abdecken 7
ricostruire *-isc-*	wieder aufbauen, rekonstru-ieren, wieder herstellen 7
ridere	lachen 4
riempire	füllen 7
riferirsi a	sich beziehen auf 8
riflessione *f*	Überlegung, Beobachtung; Gedanke 5
riflessivo, -a	reflexiv 4
riflettere	nachdenken, überlegen, bedenken 5
riguardare	betreffen, angehen 3
rimanere	bleiben, sich aufhalten 1
ripetere	wiederholen 2
riposo	Erholung, Ruhe 8
riprendere	zurückholen, abholen 8
rischio	Risiko, Gefahr 2
riserva	Reservat, Naturschutzgebiet 3
risolvere	(auf)lösen, klären 4
rispecchiare	widerspiegeln 2
rispettare	Respekt haben, achten 4
risposta	Antwort 2
ristorante *m*	Restaurant 2
ristrutturare; ristrutturato, -a	renovieren, sanieren; renoviert, restauriert 1
ritmo	Rhythmus 5
ritornare	zurückkommen, wieder-kehren 3
ritorno	Rückkehr 5
ritrovarsi	sich befinden 5
romanico, -a	romanisch 3
romanzo	Roman 8
rompere	brechen, zerbrechen, zerschlagen 5
rovinare	ruinieren, zerstören 1
salina	Saline, Salzwerk 7
salire	aufsteigen, hinaufsteigen, einsteigen 5
salute *f*	Gesundheit 1
salvare	retten, speichern 6
sangue *m*	Blut 3
santo/a; santo, -a	Heilige/r, heilig 3
santuario	Heiligtum, Wallfahrtskirche 8
sasso	(Kiesel-)Stein, Gestein 6
sbaglio	Fehler 2
sbarcare	landen (mit dem Schiff) 4

sbarco	Landung 4
sbrigarsi	sich beeilen 5
scatola	Schachtel, Dose, Büchse 7
scena	Szene 6
scenetta	kleine Szene 2
scettico, -a	skeptisch 1
schermo	(Bild-)Schirm 6
scherzare	scherzen, Spaß machen 6
sci *m sg./pl.*	Ski, Skisport 3
sciopero	Streik 8
sciroppo	Sirup, Saft 7
sconosciuto, -a; sconosciuto/a	unbekannt; Unbekannte/r 5
scoprire	entdecken 2
scout *m*	Pfadfinder 1
scultore/scultrice	Bildhauer/in 8
sebbene	obwohl 2
secco, -a	trocken 4
secolo	Jahrhundert 5
seconda guerra mondiale	Zweiter Weltkrieg 1
segnare	anstreichen, markieren 8
segno (zodiacale)	Zeichen; *hier:* Tierkreiszeichen 1, 4
seguire	folgen 2
semplice	einfach 2
sensazione *f*	Gefühl, Eindruck 7
senso	Sinn 1
sentiero	Pfad, Weg 8
sentimentale	sentimental, gefühlsbetont 5
servire	dienen, bedienen 1
servizi *m pl.*	Serviceleistungen, Dienstleis-tungen 4
set *ingl. m*	Set, Drehort 6
settore *m*	Sektor, Bereich, Gebiet 7
severo, -a	streng 2
sfera	Kugel 1
sfogliatella	Blätterteigtasche *(neapolitan. Spezialität)* 5
sfortuna	Pech 2
shaker *m*	(Cocktail-)Shaker 7
siccome	da 2
significare	bedeuten 5
significato	Bedeutung 4
silenzio	Ruhe, Stille 3
simbolo	Symbol 1
sincero, -a	ehrlich 5
sindaco	Bürgermeister 4
single *m, f*	Single 1
sito	Ort, Platz, Stelle; Website 4
situazione *f*	Situation 1
smontare	abbauen, zerlegen 4
soddisfatto, -a	zufrieden 8
soddisfazione *f*	Zufriedenheit, Genugtuung 1
soggiorno	Aufenthalt; *auch:* Wohn-zimmer 5
sognare	träumen 2
sogno	Traum 1
soldato	Soldat 3
solito/a	Übliches, Gewohntes, Gleiches 7
solito, -a	üblich 1
soltanto *avv.*	nur 2
sopravvivenza	Überleben 5

250 .... *duecentocinquanta*

sorprendere; sorpreso, -a	überraschen; überrascht **1**
sospeso	aufgehängt, hängend, erhoben, unterbrochen *hier:* aufgehoben **5**
sottile	dünn, schmal **7**
sottovoce *avv.*	mit leiser Stimme, halblaut **3**
speaker *m*	(Radio-, Fernseh-)Sprecher **2**
specialità	Spezialität **8**
specializzato, -a	spezialisiert, Fach- **7**
specialmente *avv.;* speciale *agg.*	speziell, besonders **3**
specie *f*	Art **3**
speranza	Hoffnung **4**
spettacolo	Spektakel, Veranstaltung **2**
spettatore/spettatrice	Zuschauer/in **5**
spiacevole	unerfreulich **1**
spiaggia	Strand **1**
spiritualità	Spiritualität **3**
splendido, -a	glänzend, prächtig, strahlend, hervorragend **6**
splendore *m*	Glanz, Pracht, Herrlichkeit **2**
squadra	Mannschaft, Team **1**
stabile	stabil **4**
stabilimento	Werk, Werkanlage, Niederlassung **1**
stabilirsi *-isc-*	sich niederlassen **7**
stage *m*	Volontariat, Praktikum **4**
statua	Statue **6**
statuto	Statut, Gesetz **1**
stile *m*	Stil, Art **7**
stipendio	Gehalt, Bezüge **5**
storia	Geschichte **1**
storico, -a	historisch, Geschichts- **6**
strano, -a	seltsam **2**
strategia	Strategie **6**
stressarsi	unter Stress stehen **1**
stupido, -a	dumm **2**
sud *m*	Süden **2**
suddividere	unterteilen, verteilen **8**
suggerire *-isc-*	raten, empfehlen; vorsagen **2**
sughero	Kork; Korkeiche **7**
superare	überwinden, besiegen, überschreiten, übertreffen **8**
superbo, -a	hochmütig **2**
superiore	höher, -e; obere, Ober- **3**
superstizione *f*	Aberglaube **5**
supremo, -a	höchst, oberst, Ober- **2**
svilupparsi	sich entwickeln **2**
svolgersi	stattfinden, ablaufen, sich abspielen **2**
tale	solcher, derartig, so ein, solch ein **1**
tappa	Zwischenstation, Etappe **8**
tappeto	Teppich **7**
tariffa	Tarif **4**
tassa	Steuer (Abgabe) **2**
tecnico, -a	technisch **2**
tecnologia	Technologie **2**
televisivo, -a	Fernseh- **2**
temperatura	Temperatur **4**

tempio	Tempel **7**
tenere, tenersi	halten, sich halten **7**
terremoto	Erdbeben, Beben **7**
tessile	Textil- **1**
tessuto	Stoff, Gewebe **7**
testimonianza	Zeugnis, Beweis **5**
tifoso/a	Fan **2**
timido, -a	schüchtern, scheu, zurückhaltend **1**
tipico, -a	typisch **2**
tirchio; tirchio, -a *agg.*	Geizhals, Knauser; geizig **2**
toccare a	an der Reihe sein **2**
togliersi; togliere	abnehmen, wegnehmen **3**
topo	Maus **3**
totale	Gesamt- **3**
tra	von, unter den; zwischen **1**
tradizionale	traditionell **4**
tradizionalista *m, f*	Traditionalist/in, Traditionsverbundene/r **7**
tradizione *f*	Tradition **1**
traduzione *f*	Übersetzung **2**
traffico	Verkehr **4**
traghetto	Fähre **7**
trapianto	Umpflanzung, Verpflanzung; Transplantation **7**
trascorrere	verbringen **3**
trasferirsi *-isc-;* trasferire	umziehen; umziehen, übersiedeln, versetzen **1**
trasformazione *f*	Veränderung **3**
trasfusione *f*	Transfusion **7**
trasmissione *f*	Übertragung, Sendung **2**
trattare (di)	handeln (von) **2**
trattoria	Trattoria, *ital. Gasthaus, Lokal, Restaurant* **3**
trekking *m*	Trekking **3**
triste	traurig **1**
troupe *franc. f*	(Film-)Crew **6**
trullo	Trullo, *typisches Haus in Apulien* **4**
tufo	Tuffstein **6**
turismo	Tourismus **3**
tutto sommato	alles in allem **5**
uccello	Vogel **3**
ufficialmente	offiziell **8**
umanità	Menschlichkeit, Humanität **6**
umidità	Feuchtigkeit **4**
unico, -a	einzig **1**
unità	Einheit **8**
università	Universität **3**
usanza	Gebrauch, Brauch, Tradition **5**
uscire	(weg/aus)gehen **2**
utile	nützlich, hilfreich **3**
utilizzare	gebrauchen **8**
vacanza	Urlaub, Urlaubsaufenthalt, Ferien **1**
valle *f*	Tal **3**
valore *m*	Wert **5**
Vangelo	Evangelium **6**
varietà	Unterschiedlichkeit, Vielzahl **3**
vario, -a	unterschiedlich **5**
veloce	schnell **3**

duecentocinquantuno 251

vocabolario

velocità	Geschwindigkeit 5
venditore/venditrice (ambulante)	(Straßen-)Verkäufer/in 5
verdura	Gemüse 4
versare	eingießen, einschenken 7
versione *f*	Darstellung, Version; Übersetzung 3
verticale	vertikal, senkrecht 3
vescovo	Bischof 3
viaggiatore/viaggiatrice	Reisende/r 6
vicolo	Gasse 5
vignetta	Cartoon, Comiczeichnung 2
vincere	siegen, besiegen 1
vincita	Sieg 5
vino	Wein 2
violento, -a	gewaltsam, gewalttätig 6
visitatore/visitatrice	Besucher/in 3
vista	Sehen; (Aus-)Blick, Aussicht 6
vittima *f*	Opfer 2
voce *f*	Stimme 2
volo	Flug 3, 4
volontario/a	Freiwillige/r 4
volpe *f*	Fuchs 3
voto	Note *(in der Schule)* 1
vulcano	Vulkan 5
zona	Gegend 3
zoo *m*	Zoo 5

Auf der folgenden Doppelseite findet sich der vergrößerte Spiel-
plan für Lezione 8, Il Sentiero Italia. →

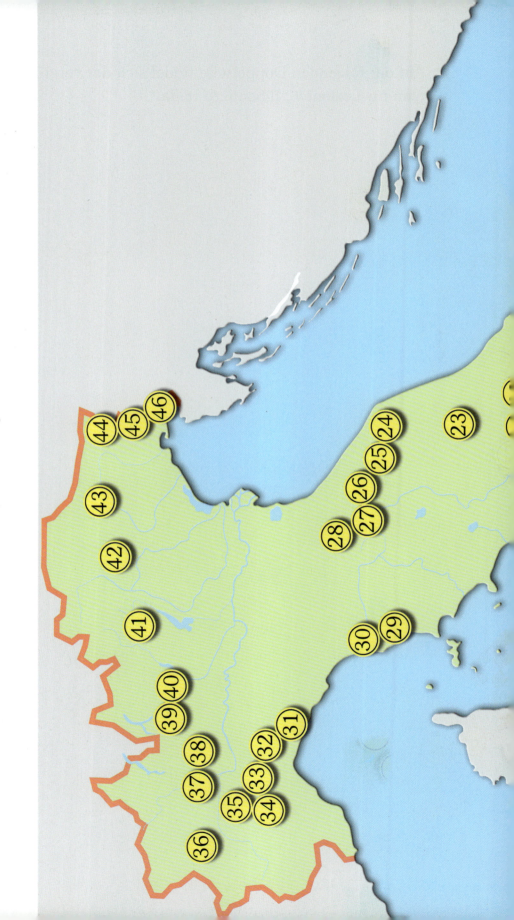
Il Sentiero Italia

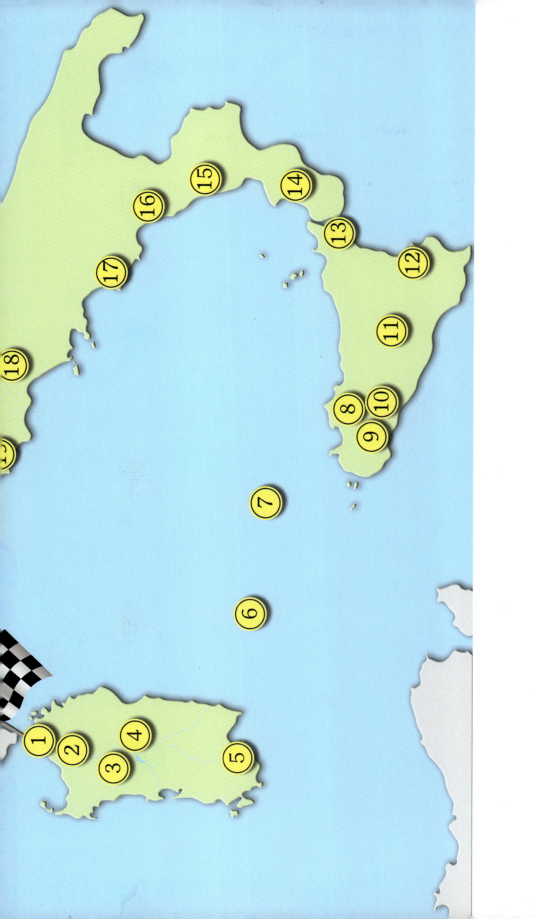